COLLECTION POUR L'ÉTUDE DES ANTIQUITÉS NATIONALES

II

LA
LANGUE GAULOISE

GRAMMAIRE, TEXTES ET GLOSSAIRE

PAR

GEORGES DOTTIN

DOYEN DE LA FACULTÉ DES LETTRES DE RENNES

PARIS

LIBRAIRIE C. KLINCKSIECK

11, RUE DE LILLE, 11

1918

COLLECTION POUR L'ÉTUDE

DES

ANTIQUITÉS NATIONALES

II

LA LANGUE GAULOISE

LA LANGUE GAULOISE

Le livre de M. Dottin renferme tout ce que nous savons de la langue gauloise, c'est-à-dire de la langue parlée dans la Gaule, il y a deux mille ans, par les peuples qui s'appelaient les Gaulois.

Ce que nous savons de cette langue est malheureusement fort peu de chose : quelques mots, conservés par les Anciens ; beaucoup de noms propres, dont le sens est souvent douteux ; un lot assez restreint d'inscriptions, plus faciles à déchiffrer qu'à traduire. Si le vocabulaire ne nous est point inconnu, la structure de la langue, qui est l'essentiel, nous échappe à peu près complètement. Ce livre, si copieux soit-il, n'est donc qu'un monument d'attente en vue d'un avenir qu'on a le droit d'espérer.

Je dis qu'on a le droit d'espérer un avenir qui nous fera connaître, de la langue gauloise, beaucoup de ce que nous ignorons. La manière dont nous avons appris ce que nous savons d'elle est, en effet, une très sûre garantie que des faits nouveaux et importants viendront, à très bref délai, satisfaire notre curiosité scientifique. Regardez, dans le livre de M. Dottin, l'ignorance en laquelle, au xviᵉ siècle, on vivait de la langue gauloise ; l'étonnement dans lequel, il y a moins d'un siècle, la découverte des premières inscriptions celtiques plongea nos-plus anciens maîtres ; la surprise et la joie à moitié délirante où nous mit, il y a moins de vingt-cinq ans, le calendrier de Coligny ; la stupeur avec laquelle on accueillit, quelques années après, la tablette magique de Rom, la première inscription renfermant quelques phrases en langue celtique. Si le livre de M. Dottin avait été composé en 1880, il n'eût pas eu vingt pages. Il en a plus de deux cents, dont pas une n'est inutile. L'enrichissement rapide de nos connaissances nous fait présager de très glorieux lendemains. On peut dire que ce livre travaille surtout pour annoncer et hâter l'avenir.

Voilà pourquoi nous avons été heureux que M. Dottin consacrât une très longue partie de son livre à des études historiques sur l'érudition ès lettres celtiques. D'abord, l'histoire de cette érudition est un chapitre de l'humanisme, de l'esprit scientifique, ou, plutôt, de l'acheminement progressif de l'esprit vers des conclusions scientifiques, et rien de ce qui touche aux efforts intellectuels de nos ancêtres ne doit nous être indifférent. Puis, M. Dottin nous montre les erreurs qu'on a commises dans la méthode ou dans les conclusions, et connaître des erreurs c'est se rapprocher de la vérité. Enfin, il y a pour nous un encouragement à constater tout ce que l'on ignorait il y a cent ans, à mettre en regard tout ce qu'on sait aujourd'hui : il résulte beaucoup de réconfort de ces chapitres rétrospectifs, et, même en matière scientifique, l'espérance est un gage de progrès.

Nous savons gré à M. Dottin de n'avoir point été méprisant à l'endroit des modestes ou audacieux chercheurs qui, dans les temps passés, ont émis sur la langue celtique tant d'étranges hypothèses. Leurs besognes n'ont pas été inutiles ; elles ont attiré le monde savant vers les questions de nos origines linguistiques ; et à travers mille erreurs il reste toujours une part de vérité. Plus nous saurons sur la Gaule d'autrefois, plus nous serons indulgents pour les initiateurs, depuis Ramus jusqu'à Le Brigant, et il n'est pas jusqu'au faussaire Annius de Viterbe qu'il faille se garder de négliger : je suis convaincu, pour ma part, qu'il a eu sous les yeux des documents, en particulier des scholiastes, qui nous manquent et qui auraient une valeur réelle. Ramus, tout différent de lui, est la droiture, la conscience, la sécurité même ; et il n'allègue rien, sur les Gaulois, qui ne soit dans les textes ; celui-ci est un modèle, du genre de Tillemont, et dont l'exemple est toujours à méditer. Le Brigant est, lui, le type de la hardiesse, j'ose dire de l'imprudence presque démesurée dans l'hypothèse, le type de la demi-science appliquée aux plus déconcertantes visions ; et cependant, tout n'est point ridicule chez lui, par exemple dans sa prétention à voir en son nom de *Le Brigant* la survivance d'une population maîtresse de tout l'Occident : car, précisément, le radical *brig-* est un des radicaux les plus universellement répandus dans cet Occident au troisième millénaire avant le temps actuel ; il est, ce radical, une des preuves les plus nettes qu'une seule et même langue était parlée entre les Sierras et le Danube, les Apennins et la mer d'Écosse, et il y a une intuition de l'avenir scientifique dans les élucubrations de Le Brigant. Je cite à dessein ces trois noms comme représentant chacun une modalité de la vie scientifique d'autrefois : le pastiche, la conscience, l'imagination.

Malgré les moissons qui nous attendent, il est certain que la langue gauloise demeurera éternellement une sacrifiée dans la science des langues d'autrefois. Il nous manquera toujours, pour la connaître, ce que nous savons des langues ses contemporaines, le latin ou le grec, il nous manquera la littérature, poétique ou en prose, c'est-à-dire ce qui nous aiderait le mieux à apprécier sa structure profonde, sa valeur intellectuelle, son rôle comme instrument de l'esprit humain. Les plus longs documents que nous pouvons espérer d'elle ne seront jamais que des documents épigraphiques, statistiques, textes juridiques, *graffiti* populaires.

Victime, la langue gauloise le restera donc. Nous serons tentés toujours de méconnaître les services qu'elle a rendus à la civilisation.

Je dis services et civilisation, non pas parce que j'écris sur terre qui fut gauloise, non pas par chauvinisme rétrospectif, mais par conviction absolue. C'est être mauvais savant et piètre historien que de juger les choses d'autrefois uniquement d'après ce qui nous reste d'elles, il faut voir aussi leur place dans le monde, il faut, si hardie que soit cette expression, il faut deviner ce qu'elles ont valu, je dis deviner par la réflexion. Voici une langue, la langue gauloise, dont le domaine a été presque aussi étendu que celui du latin ou que celui du grec. Elle a été parlée du pied des monts Grampians jusqu'au sommet des Apennins, des bords de l'Elbe aux bords du Danube ; on l'a comprise près du Bosphore et sur l'Ida de Phrygie : et vous ne voulez pas croire que cette langue a joué dans l'histoire du monde un rôle à peine inférieur au rôle du latin et du grec, elle qui a servi de lien et de communion aux pensées et au commerce de près de cent millions d'hommes ? — Oui ; mais il ne nous reste rien d'elle. — Disant cela, vous dites une double injustice. D'abord vous transformez en motif de condamnation le résultat d'un hasard. Et ensuite vous oubliez que si elle n'a rien laissé, ce n'est pas parce qu'elle n'a point produit. Je le répète avec tristesse et colère : misérables sont les historiens qui ne comprennent le passé que par les restes de ce passé : ils le tuent, si je peux dire, une seconde fois. La langue gauloise a eu le grand tort, qu'elle a partagé avec l'indo-européen primitif, de ne pas être une langue écrite ; les Celtes trouvaient plus beau, plus noble, plus pieux, de parler, d'entendre et de se souvenir. Ce n'est pas à dire qu'ils ne parlassent pas fort bien. Les langues seulement parlées ont parfois, me disait M. Meillet, des beautés supérieures qui manquent aux langues écrites. Toutes les formes de la littérature étaient représentées chez les Gaulois : la rhétorique, où excellaient tous leurs chefs de guerre ; les épopées cosmogoniques, histo- riques ou éthiques, composées par les druides ; les poésies lyriques ou les chants satiriques des bardes.

Je vous assure qu'il y avait chez eux l'équivalent de l'*Iliade* ou de la *Genèse*, des *Atellanes* ou des odes de Pindare. Je vous assure que cette littérature était aussi riche, plus riche même, que celle de Rome avant Ennius. La langue gauloise rendait beaucoup à ceux qui s'en servaient.

Tout cela a disparu pour toujours. Aucun historien de l'avenir n'en connaîtra jamais rien. Un des plus nobles chapitres de l'esprit humain nous sera éternellement caché.

Je ne pardonne point à Rome et à César d'avoir été la cause de ce meurtre intellectuel, venant après d'autres meurtres. Hé quoi ! Charlemagne a eu la pensée de noter les chants populaires des Francs ; et personne dans l'Empire romain n'a eu l'idée de transcrire des poèmes de druides ou des strophes de bardes ? Comment était donc faite l'intelligence de ces maîtres du monde, s'ils n'ont pas vu la beauté de ces œuvres de vaincus, s'ils n'ont pas compris le devoir de les conserver ? Rien ne fait mieux sentir l'incroyable petitesse morale du grand Empire romain, que le dédain des pensées et des lettres qui ne venaient pas d'eux-mêmes ou de la Grèce. Débarrassons-nous, une fois pour toutes, de notre admiration convenue pour les formes impériales du passé, somptueux édifices qui ne sont que des façades, enveloppant surtout des cadavres d'hommes et des souffrances de patries.

Notre regret, de la disparition de cette langue, est

d'autant plus grand qu'elle n'a pas été seulement une langue, c'est-à-dire l'instrument d'une civilisation collective, mais qu'elle a été aussi, dans .l'histoire générale de l'Europe, une langue maîtresse et primordiale. Ne croyez pas que je veuille, à la manière d'un Le Brigant ou d'un La Tour d'Auvergne, voir en elle la langue universelle de l'Ancien Monde, ancêtre ou aïeule de toutes les autres; mais cependant il faut regarder ce qui a été.

Ce qui a été, c'est, je le répète, que la moitié de l'Europe, au moins, entre 400 et 150 avant notre ère, a parlé le gaulois. C'est, ensuite, que le gaulois se rattache étroitement à la forme la plus ancienne de l'unité linguistique de l'Europe. Voici du moins ce que, depuis près de trente ans, j'ai commencé à penser de l'histoire du gaulois, et ce que j'en pense toujours.

Lorsque l'unité indo-européenne, ou, ce qui vaut mieux, lorsque l'unité européenne fut brisée, il resta toujours, maîtresse de tout l'Occident, l'unité italo-celtique, c'est-à-dire une langue parlée en Gaule, en Italie, en Espagne, dans les Iles Britanniques, dans la vallée du Danube, même dans la Basse-Allemagne au moins jusqu'à l'Elbe. Et c'est cette unité dont les Anciens ont conservé un vague souvenir en parlant des temps « ligures » qui, ont-ils dit, embrassaient tout l'Occident.

Puis, un beau jour, et pas très loin de l'an mille avant notre ère, cette unité italo-celtique s'est décomposée à son tour. Il y a eu d'un côté la langue italiote et de l'autre la langue gauloise. Il n'est guère de linguiste, aujourd'hui, qui n'admette de profondes ressemblances entre le gaulois et les langues de l'Italie, ressemblances qui dénotent une parenté originelle, tout ainsi que les similitudes entre les différentes langues romanes décèlent une commune origine latine.

Cette parenté, cette ascendance unique explique pourquoi tant de mots celtiques, voire de formes grammaticales, se retrouvent en latin et en osco-ombrien ; et M. Dottin, après avoir accepté toutes les analogies qu'on avait autrefois signalées, a eu le mérite, dans ce livre, d'en observer de nouvelles. J'ai été heureux en particulier de le voir noter, encore qu'avec une nécessaire timidité, certaines correspondances du celtique plus fortes avec l'osco-ombrien qu'avec le latin : et cela est naturel, car le latin, plus proche de la mer, plus en contact avec des allogènes, a dû évoluer plus vite que l'ombrien des Apennins.

Le gaulois de son côté a dû, dans ces régions lointaines de l'Europe où arrivaient si peu de marchands, le gaulois a dû évoluer moins vite encore que les langues italiotes, demeurer beaucoup plus voisin de l'italo-celtique ou du ligure primitif, et, partant, de l'européen originel. C'est du moins ce que je pense.

Par conséquent, entre la langue dite ligure et la langue gauloise, je n'admets pas plus de divergence essentielle qu'entre le latin de Grégoire de Tours et le français des Serments de Strasbourg. Faire des Ligures l'opposé des Celtes est pour moi la négation même des faits historiques. Ils se tiennent, comme les Gallo-Romains de Charles le Chauve tiennent aux Gallo-Romains de Drusus ou de Claude. J'ai cherché, je puis presque dire à la loupe, tous les vestiges linguistiques fournis par les textes, par l'anthroponymie ou par la toponymie dans les pays soi-disant de langue ligure. Je n'en ai pas trouvé un seul qui ne puisse s'expliquer par la langue gauloise.

Celle-ci donc est la fille de la langue italo-celtique la plus semblable à sa mère, et par suite, — j'ajoute ici sans doute ou peut-être — la petite-fille de la langue indo-européenne la plus semblable à son aïeule. Connaître le gaulois, c'est donc se rapprocher davantage de la connaissance des origines européennes, de la solution de ce problème qui est le plus passionnant peut-être de l'histoire de l'humanité.

Si cela m'était permis ici, je montrerais que cette idée, que cette hypothèse, à laquelle peut-être certains linguistes feraient des objections, trouve sa confirmation, non pas seulement dans des faits linguistiquès, mais dans des faits archéologiques de tout ordre : institutions, religions, manières de combattre et de gouverner. J'aperçois à chaque instant, dans le monde celtique avant notre ère, des vestiges qui me rappellent la plus ancienne Italie et des vestiges qui me font songer à l'Indo-Européen primitif. Je ne dis pas que le Gaulois soit pareil à ce dernier, loin de là. Mais entre tous les hommes du passé, il est encore celui qui diffère le moins du grand aïeul, ancêtre et fondateur des âmes souveraines de l'humanité.

Voilà pourquoi le livre de M. Dottin vient à son heure. Voilà pourquoi, si spécial qu'il paraisse, il touche à tous les problèmes de notre histoire primitive. Voilà pourquoi, du sol français où il a ses racines, il peut étendre son influence sur toutes les nations qui, aujourd'hui encore, se réclament du nom de l'Europe.

Camille JULLIAN.

15 août 1918.

AVANT-PROPOS DE L'AUTEUR

Ce livre contient à peu près tout ce que l'on sait
de la langue des Gaulois. Mais le mot *Gaulois* y est
pris au sens restreint d' « habitants de la Gaule ».
Il y a quelque intérêt, si l'on veut que les problèmes
qui concernent la langue gauloise soient posés clairement, à ne pas étendre à tous les pays occupés plus
ou moins longtemps par les Celtes le champ, déjà
vaste, des recherches linguistiques. En ce qui touche
l'onomastique, qui est de beaucoup la plus riche
matière dont nous disposions, il apparaît dès maintenant que certains noms relevés comme celtiques
sont caractéristiques de l'Europe centrale ; d'autres
noms sont propres aux Iles Britanniques. Peut-être
les uns et les autres ont-ils aussi été employés en
Gaule, mais il est aussi vraisemblable que des différences importantes aient, dans l'Antiquité comme de
nos jours, séparé, de ce point de vue, les divers dialectes celtiques [1]. On ne trouvera donc ici que les
noms et les mots dont l'usage est attesté en Gaule [2].

1. Cette question spéciale sera traitée dans l'Introduction au
Lexique des noms gaulois de personnes, qui paraîtra dans la *Collection pour l'étude des Antiquités nationales*.
2. Les quelques mots celtiques étrangers à la Gaule et cités à
titre de comparaison dans le *Glossaire* sont entre [ ]. Je ne me dissi-

Ces noms et ces mots ne sont pas, sans doute, tous d'origine celtique ; ils doivent être mélangés d'éléments divers empruntés aux peuples qui ont précédé les Celtes dans notre pays, ou avec lesquels les Celtes ont été en contact. De ces peuples nous ne savons que peu de chose, et, comme nous ignorons presque complètement leurs langues [1], leur apport linguistique n'a pu être précisé. D'autre part, l'absorption par la langue latine des éléments du gaulois qu'elle a pu assimiler et que les langues celtiques des Iles Britanniques n'ont point conservés empêche de reconnaître la nationalité celtique à des mots qui appartenaient sans doute à la langue gauloise, mais que nous n'avons aucun droit d'admettre dans un glossaire gaulois tant que les moyens de déterminer leur origine nous feront défaut. Il y a donc, dans le glossaire qui termine ce livre, des mots qui ne sont pas celtiques et il y manque des mots dont la qualité celtique n'a pu être reconnue.

Malgré l'effort que j'ai fait pour admettre le moins possible de formes hypothétiques, je ne dois pas dissimuler au lecteur que notre science du gaulois est fondée, pour la plus grande part, sur des étymologies, toujours discutables, de noms propres.

La première partie de ce livre, outre l'histoire de

mule pas que si, pour les noms de lieux, il ne peut y avoir doute sur la provenance, la présence en Gaule de tel ou tel nom de personne ne suffit pas à en attester l'origine gauloise.

1. Sur ces peuples, voir le tome I de la *Collection pour l'étude des Antiquités nationales*.

la philologie gauloise et la comparaison du gaulois avec les autres langues indo-européennes et spécialement avec les autres langues celtiques, comprend l'étude des sources et quelques notions grammaticales [1] ; la seconde partie contient les textes (inscriptions et manuscrits) ; la troisième partie est constituée par le glossaire [2]. Un index alphabétique permet de retrouver les détails que la table générale ou les titres courants n'indiquent pas avec assez de précision.

Rennes, le 1er octobre 1917.

[1]. Il ne peut être question d'écrire une grammaire du gaulois, pour laquelle les éléments les plus essentiels nous font encore défaut.

[2]. Je remercie M. C. Jullian de m'avoir fait part des observations que la lecture des épreuves lui a suggérées.

PREMIÈRE PARTIE

—————

LA LANGUE GAULOISE

LA LANGUE GAULOISE

LES ANCIENNES THÉORIES SUR LE GAULOIS

La langue principale parlée en Gaule avant la conquête romaine est désignée par le nom de gaulois ou de celtique de Gaule. Nous la connaissons mal. A l'époque la plus ancienne, nous ne trouvons que des noms propres et quelques noms communs. Plus tard, aux matériaux onomastiques s'ajoutent des inscriptions, dont le sens est encore obscur. Aussi, les savants ont-ils tenté d'acquérir indirectement les renseignements qui ne leur avaient pas été transmis directement. Ils cherchèrent à tâtons leur route et s'égarèrent en de multiples erreurs, jusqu'à ce que la méthode comparative, qui date seulement du milieu du XIXe siècle, leur permît d'arriver à des résultats incontestables.

Retracer brièvement ici l'histoire de ces erreurs [1] n'est
ni superflu ni inutile. Des hommes d'esprit et de talent y
ont attaché leur nom. Elles ont persisté jusqu'à nos jours.
Réfutées dans les revues scientifiques, elles se répandent
par les revues générales [2], par les journaux [3], par les livres.
Ceux qui les propagent n'ont pas cette froide sérénité qui
n'agit guère sur l'opinion publique ; ils sont enflammés du
vibrant enthousiasme qui entraîne les foules, ils font figure
d'apôtres plutôt que de savants. C'est, et ce sera sans
doute encore, la raison de leur succès.

C'est dans l'ouvrage formé de textes apocryphes par
Annius de Viterbe [4] (1432-1502), que l'on trouve pour la
première fois une liste de noms gaulois ; c'est celle des

1. Cette histoire a été écrite par M. Victor Tourneur, *Esquisse
d'une histoire des études celtiques*, Liège, 1905, p. 188-206, livre que
j'analyse et complète ici. Un résumé sur l'origine du gaulois est dans
l'*Histoire littéraire de la France*, p. 62-65. Une bibliographie des livres
anciens relatifs à la langue des Gaulois se trouve chez Lelong et
Fontette, *Bibliothèque historique de la France*, 1768, I, p. 219-248.
Cf. *Mémoires de l'Académie celtique*, IV (1809), p. 321-324. Voir C.
Jullian, *Histoire de la Gaule*, II, p. 360, n. 4 ; p. 363, n. 4.

2. En janvier 1905, la *Nouvelle Revue* publiait (p. 145-162) une
explication des inscriptions gauloises par le français, l'allemand et
l'anglais, où PO CARADITONV est traduit par « peu donc qui a
roue dit cela à homme alors », et REMI FILIA par « j'ai rendu la
fille ». Quant à l'inscription des tours Seguin à Nîmes : Εσκιγγορειξ
Κονδιλλεος, elle signifierait : « Obliquement en ce que ici fugitif
esquivé je viens au roi (de Nîmes), qui quand je ne dis pas *ille*
(quand je ne parle pas latin) ne lutte pas contre le oui (ne proscrit
pas le patois gaulois). »

3. Voir par exemple, *Le ·Rhin français*, journal panceltique, qui
publiait en 1917 les *Origines gauloises* de La Tour d'Auvergne.

4. *Commentaria fratris Joannis Annii Viterbensis, super opera
diversorum auctorum de antiquitatibus loquentium confecta.* Rome,
1498. Cf. la liste des rois gaulois chez P. Berthault, *Florus gallicus
sive rerum a veteribus Gallis bello gestarum epitome*, Caen, 1581 ;
J. Le Maire de Belges, *Les illustrations de la Gaule et singularités
de Troye*, 1548, réimprimé par Stecher, Louvain, 1882-1891 ;
Jacques de Guyse (xive siècle), *Histoire du Hainaut*, éd. Fortia d'Ur-
ban, 1826-1838 ; J. de Charron, *Histoire universelle de toutes nations
et speciallement des Gaulois ou François*, 1621.

rois gaulois, soi-disant tirée de Bérose et du sixième livre
de Diodore de Sicile. Ces noms avaient été créés à l'aide
de mots plus ou moins gaulois cités par les Anciens : *Samothès* d'après Sotion [1], *Magus* d'après Pline [2], *Sarron*
d'après Diodore [3], *Dryiudes* d'après Lucain [4], *Bardus* d'après
Diodore [5] et Strabon [6], *Longo* d'après le nom des Lingons,.
Namnes d'après le nom des Namnètes, *Celtes* d'après le
nom des Celtes, *Galathes* d'après le nom des Galates..
Beatus Rhenanus (1485-1547) affirme que le gaulois était
différent du germanique, et que, d'après certains auteurs,
il est identique à la langue des habitants de la Grande-
Bretagne [7]. Pour Guillaume Postel (1560-1681), le breton
et le français sont la même langue ; la parenté du gaulois
et du grec se prouve en rapprochant des mots grecs de
mots français [8]. Guillaume Paradin (1510-1590), au contraire, soutient que les Gaulois parlaient une langue germanique [9]. Joachim Périon (mort vers 1560) reprend l'opinion de Guillaume Postel et essaie de démontrer que le
français dérive du gaulois et que le gaulois vient du grec,.
mais s'est mélangé de mots latins [10]. Jean Picard (fin du
XVIᵉ siècle) soutient la même thèse, mais en faisant obser-

1. δρυίδας καὶ σεμνοθέους. Diogène Laerce, *Vies des philosophes*, I,.
préf. 1.

2. *druidae* (ita suos appellant magos). *Histoire naturelle*, XVI,
249.

3. Σαρονίδας des manuscrits corrigés en Σαρωνίδας.

4. *dryadae*, variante de *druidae*. *Pharsale*, I, 451.

5. *Bibliothèque*, V, 31, 2.

6. *Géographie*, IV, 4, 4.

7. *Rerum germanicarum libri tres*, Bâle, 1531. En 1533, Charles
de Bovelles publiait un *Liber de differentia vulgarium linguarum...
de hallucinatione Gallicanorum nominum.*

8. *De originibus, seu de hebraicae linguae et gentis antiquitate,
deque variarum linguarum affinitate liber*, Paris, 1538.

9. *De antiquo statu Burgundiae liber*, Lyon, 1541.

10. *J. Perionii Benedictini Cormœriacensi Dialogorum de linguae
gallicae origine, eiusque cum graeca cognatione libri quatuor*,
1555.

ver que, d'après les documents publiés par Annius de Viterbe, la civilisation des Gaulois est antérieure à celle des Grecs [1]. Ramus (1515-1572) rejette les opinions d'après lesquelles les Suisses parleraient le gaulois et le gaulois serait le germanique ; il se rallie à la doctrine de la parenté du gaulois avec l'armoricain et le gallois [2]. La doctrine de l'origine germanique reparaît avec Goropius Becanus (1518-1572), qui explique le gaulois par le flamand [3]. François Hotman de la Tour (1524-1590) reprend l'idée de Beatus Rhenanus, et, s'appuyant sur les témoignages de César et de Tacite, décide que le gaulois devait se rapprocher du breton de Grande-Bretagne [4]. C'est aussi l'opinion de Camden (1551-1623), qui explique par le gallois les mots gaulois conservés par les Anciens [5]. Mais Isaac Pontanus (1571-1639) explique les mots gaulois par des mots hollandais et allemands [6]. Ph. Cluvier (1580-1623) soutient la même thèse avec des arguments historiques et géographiques [7]. Claude Fauchet (1530-1601) ne trouve pas vraisemblable que le langage breton bretonnant soit celui des vrais Gaulois [8]. Avec A. van Schrieck (1560-1621) apparaît la thèse de l'origine hébraïque de toutes les langues [9]. Les premiers historiens des Gaulois, Antoine de Lestang (mort en 1617) et Antoine

1. *De prisca Celtopaedia libri V*, 1556.

2. *Liber de moribus veterum Gallorum*, Bâle, 1572, p. 76-77 (1e éd., Paris, 1559).

3. *Origines Antwerpianae*, Anvers, 1569. Dans l'ouvrage intitulé *Gallica* (Anvers, 1580), il s'attache surtout à réfuter la théorie d'après laquelle le gaulois serait d'origine grecque.

4. *Franco-Gallia*, Genève, 1573.

5. *Britannia*, trad. Gibson, Londres, 1695, p. xviii-xxiii (1e éd., 1586).

6. *Itinerarium Galliae narbonensis, cum glossario prisco gallico seu de lingua Gallorum veteri dissertatione.* Leyde, 1606.

7. *Germaniae antiquae libri tres*, Leyde, 1616.

8. *Recueil de l'origine de la langue et poésie françoise*, 1610 (1re édition, 1581).

9. *Originum rerumque celticarum et belgicarum libri XXIII*, Ypres, 1615. *Europa rediviva*, Ypres, 1625.

Gosselin (né en 1580) n'apportent aucune solution nouvelle au problème de l'origine du gaulois : le premier reste sceptique en face des contradictions qu'offrent les théories jusqu'alors émises [1] ; le second adopte les idées de Jean Picard [2]. Le célèbre Mézerai (1610-1683) ne fait guère que reproduire la thèse de Pontanus [3]. Samuel Bochart (1599-1667) développe et précise l'origine hébraïque du gaulois [4], et il a pour adeptes Dickinson (1624-1707) en Angleterre [5], et P. Borel (1620-1689) en France [6].

Un progrès notable fut accompli au xviie siècle par le savant hollandais Boxhorn (1612-1653). Celui-ci, reprenant l'œuvre de Camden, et profitant de la publication du dictionnaire de Davies [7], put appuyer par des exemples l'idée, émise dès le xve siècle, de l'identité du gaulois et du celtique des Iles Britanniques, mais il rattacha au scythique l'origine du gaulois [8].

L'idée de la parenté du gaulois et des langues celtiques des Iles Britanniques resta longtemps méconnue en Allemagne. Andreas Jäger essaya une synthèse linguistique en posant, comme la langue la plus ancienne de l'Europe, le scythique qui aurait donné naissance au phrygien, à l'italique et au celtique ; mais les Celtes et les Germains

1. *Histoire des Gaules et conquêtes des Gaulois en Italie, Grèce et Asie*, Bordeaux, 1617.

2. Gosselin, *Historia Gallorum veterum*, Caen, 1636.

3. Mézerai, *Histoire de France avant Clovis,* 1696.

4. *Geographiae sacrae pars prior. Phaleg seu de dispersione gentium et terrarum. Geographiae sacrae pars altera. Canaan, seu de coloniis et sermone Phœnicum*, Caen, 1646 ; 3e éd., Leyde, 1692.

5. *Delphi phœnicizantes cum diatriba de Noe in Italiam adventu necnon de origine Druidum*, Oxford, 1655.

6. *Trésor des recherches et antiquités gauloises et françoises*, 1655. Marcel, *Histoire de l'origine et du progrez de la monarchie françoise*, 1686, I, p. 11.

7. *Antiquae linguae britannicae dictionarium duplex*, Londres, 1632.

8. *Originum gallicarum liber cui accedit antiquae linguae britannicae lexicon britannico-latinum*, Amsterdam, 1654.

n'auraient formé qu'un seul peuple [1]. J. G. Eccard (1674-1730) introduisit, pour démontrer la parenté des Celtes et des Germains, la comparaison de l'irlandais avec l'allemand et le frison [2]. M. Hiller (1639-1706) ne fait guère que reproduire Cluvier [3]. J. G. Keyssler [4], V. E. Lœscher [5], J. G. Wachter [6] continuent à confondre Celtes et Germains. Leibnitz déclare tenir le milieu entre ceux qui identifient le gaulois au germanique et ceux qui ne reconnaissent pas assez la parenté de ces deux langues ; pour lui, la langue galloise ou bretonne est très parente à la gauloise, et à demi germanique ; le grec, le latin, le germain, le gaulois viennent de Scythie [7].

En France, Pelloutier (1694-1753) confondait germanique et celtique [8]. Mais avant lui Pezron (1639-1706) donnait le celtique comme ayant fourni des mots au grec, au latin et au teuton [9]. Lempereur (1656-1724) concluait que le breton et l'allemand ne sont pas le celtique et qu'il ne faut pas chercher celui-ci ailleurs qu'en français [10]. J. Astruc dressait la liste des mots languedociens qu'il retrouvait en breton et en gallois [11], et D. Schœpflin (1694-

1. *De lingua vetustissima Europae, scytho-celtica et gothica*, Wittemberg, 1686.

2. *De origine Germanorum eorumque vetustissimis coloniis*, Gœttingue, 1750.

3. Hillerus, *De origine gentium celticarum*, Tubingue, 1707.

4. *Antiquitates selectae septentrionales et celticae*, Hanovre, 1720.

5. *Literator celta, seu de excolenda literatura europaea occidentali et septentrionali consilium et conatus*, Leipzig, 1726.

6. *Glossarium germanicum*, Leipzig, 1727.

7. *Collectanea etymologica*, Hanovre, 1717, I, p. 57-58, 72-74, 147-148. *Nouveaux Essais sur l'entendement humain*, III, 2, 1.

8. *Histoire des Celtes, et particulièrement des Gaulois et des Germains, depuis les tems fabuleux jusqu'à la prise de Rome par les Gaulois*, La Haye, 1740-1750 ; 2e éd., Paris, 1770-1771.

9. *Antiquités de la nation et de la langue des Celtes autrement appelés Gaulois*, 1703.

10. *Dissertations historiques sur divers sujets d'antiquité*, 1706.

11. *Mémoires pour l'histoire naturelle de la province de Languedoc*, 1737.

1771) démontrait que les Celtes étaient distincts des Germains [1]. Bullet (1699-1775) recherchait le vieux celtique, non seulement dans les langues celtiques des Iles Britanniques, mais aussi dans le latin du Moyen-Age, les patois français et le basque [2]. Du Buat reprenait l'idée de Jäger et faisait venir les Celtes de Scythie [3]. Court de Gébelin expliquait le français par le grec, le latin, les langues orientales, le breton et le gallois [4]. La réaction contre les théories qui expliquaient le gaulois par les langues germaniques conduisit ceux que l'on a appelés les celtomanes à attribuer aux langues celtiques modernes, et en particulier au breton armoricain, une importance singulièrement exagérée. Le fantaisiste Le Brigant (1720-1804) et l'héroïque La Tour d'Auvergne (1743-1800) déclarèrent que la langue bretonne était la mère de toutes les langues et qu'elle expliquait non seulement le gaulois, mais presque toutes les langues modernes de l'Europe [5]. Éloi Johanneau (1770-1851), secrétaire perpétuel de l'Académie celtique, fondée en 1804 [6], exposa, avec une méthode plus scientifique, que l'ancienne langue celtique se retrouvait non seulement dans les auteurs et monuments anciens, mais

---

1. *Vindiciae celticae*, Strasbourg, 1754; traduit chez Pelloutier, éd. de 1771, I, p. 473.

2. *Mémoires sur la langue celtique*, Besançon, 1754-1760.

3. *Histoire ancienne des peuples de l'Europe*, 1772.

4. *Monde primitif ou Dictionnaire étymologique de la langue françoise*, 1778.

5. Le Brigant, *Éléments de la langue des Celto-gomérites ou bretons : introduction à cette langue et par elle à celle de tous les peuples connus*, Strasbourg, 1779. *Observations fondamentales sur les langues anciennes et modernes*, ou prospectus de l'ouvrage : *La langue primitive retrouvée*, 1787. La Tour d'Auvergne-Corret, premier grenadier de la République française, *Origines gauloises, celles des plus anciens peuples de l'Europe puisées dans leur vraie source*, 3e éd. Hambourg, 1801 (1re éd., Bayonne, 1792).

6. L'Académie celtique, réorganisée en 1814, devint la Société des Antiquaires de France.

aussi dans le breton et le gallois et même dans les patois et jargons de la France [1].

Enfin, avec Adelung (1734-1800), apparut une classification exacte des langues celtiques : le premier groupe comprenant l'irlandais et le gaélique d'Écosse ; le second, le gallois, le cornique et le breton ; tandis que le premier était pur de tout mélange, le second, importé par les Belges, serait mélangé de celtique et de germanique. Le gaulois était une langue celtique différente des autres langues indo-européennes, et, en particulier, du germanique [2].

Cette classification ne devait pas imposer silence aux partisans de l'identité du germanique et du celtique. Cette identité fut encore soutenue par Radlof en 1822 [3], par Holtzmann en 1855 [4], par Moke en 1855 [5], par Künssberg en 1861 [6]. Mais Diefenbach [7] s'efforçait d'expliquer surtout à l'aide des langues celtiques modernes les mots gaulois transmis par les Anciens, et Brandes [8] réfutait Holtzmann. En France, A. de Chevallet [9] n'assignait une origine gauloise qu'aux mots français qui lui semblaient identiques à des mots gallois, bretons, irlandais ou écossais.

La méthode historique, qui permettait de comparer les

1. *Mémoires de l'Académie celtique*, I (1805), p. 63-64.

2. *Mithridates, oder allgemeine Sprachkunde*, II, Berlin, 1809.

3. *Neue Untersuchungen des Keltenthumes zur Aufhellung der Urgeschichte der Teutschen*, Bonn, 1822. J. de Bast (*Recherches historiques et littéraires sur les langues celtique, gauloise et tudesque*, Gand, 1815) admet une même racine pour les langues celtique, germanique et gauloise, quelle que soit celle de ces trois langues que l'on mette au premier rang.

4. *Kelten und Germanen*, Stuttgart, 1855.

5. *La Belgique ancienne et ses origines gauloises, germaniques et franques*, Bruxelles, 1855 ; 2e éd., 1860.

6. *Wanderung in das germanische Alterthum*, Berlin, 1861.

7. *Celtica, sprachliche Documente zur Geschichte der Kelten*, Stuttgart, 1839-1840.

8. *Das ethnographische Verhältniss der Kelten und Germanen*, Leipzig, 1857.

9. *Origine et formation de la langue française*, I, 1853, p. 216-310.

mots des diverses langues en leur restituant des formes anciennes, contemporaines les unes des autres, naissait, enfin, de la grammaire comparée des langues celtiques. Pressentie dès le xviiie siècle par Edward Lhwyd (1660-1709) qui avait écrit le premier dictionnaire comparé des langues celtiques [1], puis par Prichard qui démontra la parenté des langues celtiques avec les langues indo-européennes [2], ensuite par Pictet [3] qui soutint les idées de Prichard, enfin par le créateur de la grammaire comparée Fr. Bopp, qui fit définitivement admettre les langues celtiques dans la famille indo-européenne [4], la grammaire historique et comparée des langues celtiques ne fut écrite que par l'illustre Zeuss, dans la *Grammatica celtica* [5], en 1853. Cette date marquait le commencement d'une nouvelle ère pour les études celtiques [6].

L'apparition de la *Grammatica celtica* n'avait pourtant pas complètement mis fin aux fantaisies des érudits. En 1857, F. J. Mone trouvait du celtique dans toute l'Europe, car les noms celtiques de lieux et de personnes auraient été germanisés, romanisés, slavisés et même grécisés, et Mone prétendait, à l'aide du gallois et de l'irlandais, en donner l'explication étymologique [7]. En 1866, Léo-

---

1. *Archaeologia Britannica*, Oxford, 1807.

2. *The eastern origin of the Celtic nations, proved by a comparison of their dialects with the Sanscrit, Greek, Latin and Teutonic languages*, Londres, 1831.

3. *De l'affinité des langues celtiques avec le sanscrit*, Paris, 1837, et *Journal Asiatique*, 1836, p. 263-290, 417-448.

4. *Ueber die keltischen Sprachen. Philosophische und historische Abhandlungen der königlichen Akademie der Wissenschaften zu. Berlin*, 1838, p. 187-292.

5. *Grammatica celtica, e monumentis vetustis tam hibernicae linguae quam britannicae dialecti, cambricae, cornicae, armoricae, nec non e gallicae priscae reliquiis*, Leipzig, 1853.

6. On trouvera ci-après une histoire de la philologie celtique depuis 1853.

7. *Celtische Forschungen zur Geschichte Mitteleuropas*, Fribourg-en-Brisgau, 1857.

pold Hugo recherchait encore dans l'allemand moderne l'explication des inscriptions gauloises [1]. En 1872, Granier de Cassagnac soutenait que le bas-breton n'était qu'un dialecte français et que le français et les autres langues romanes venaient du gaulois [2]. En 1883, M. G. Touflet expliquait les inscriptions gauloises, quelques noms propres et les formules de Marcellus, par les langues scandinaves [3]. En 1884, H. Lizeray essayait de démontrer à l'aide des mots irlandais, empruntés ou apparentés au latin, que le français dérive du celtique [4]. En 1889, M. J. Guillemaud tentait d'expliquer les inscriptions gauloises par l'irlandais, le gallois et le breton modernes, sans tenir compte de l'évolution phonétique de ces langues [5]. En 1889, M. C. A. Serrure publiait dans le *Muséon* un essai de grammaire gauloise où il démontrait que le latin est une langue celtique et que l'irlandais et le gallois sont des langues cimmériennes [6]. En 1903, M. A. Beretta produisait un essai d'explication des inscriptions gauloises par le bas-latin, ce qu'il n'avait pu faire sans altérer les textes,

1. L. Hugo, *Interprétation de l'inscription d'Alise*, 1866. Voir la réfutation par A. Maury. *Revue archéologique*, XIV (1866), p. 8-16, 222-223.

2. *Histoire des origines de la langue française*, 1872.

3. G. Touflet, *Épigraphie de la Gaule Sceltane. Marcellus*, 1883.

4. H. Lizeray, *La langue française dérive du celtique et non du latin*, Paris, 1884. En 1903 et 1904, M. P. Malvezin publiait un *Dictionnaire des racines celtiques* où il exposait le résultat, trop souvent contestable, de ses recherches des éléments celtiques du français. En 1914, M. Pelletier, directeur de *La Revue des Nations* et secrétaire général de la Ligue celtique française, faisait remarquer que le bas-latin fut presque un patois celtique, ce qui est à la rigueur possible, mais ajoutait que les mots d'origine celtique sont en français au nombre de plusieurs milliers, ce qu'il est impossible de démontrer. Voir des articles de M. Ch. Le Goffic sur le néo-celtisme, dans *La République française* des 5, 8, 9 mars 1914.

5. *Revue archéologique*, XIII (1889), p. 381-397. C'est aussi la méthode de M. Courcelle-Seneuil dans la seconde partie de son livre, *Les dieux gaulois d'après les monuments figurés*, 1910.

6. *Muséon*, VI-VIII (1887-1889).

et résolvait la question du gaulois en supprimant celui-ci [1].

Cette brève histoire des théories sur le gaulois et de la marche, sans cesse interrompue et sans cesse reprise, de la science vers la vérité, permet d'entrevoir à quelles difficultés se heurtèrent, le plus souvent faute de documents, les intrépides chercheurs de nos origines. Il importe maintenant de montrer les sources de leurs erreurs [2], que l'on se contente, d'ordinaire, de condamner doctoralement, sans tenir compte de leur savoir et de leurs efforts.

La principale cause de leur échec fut le manque de la notion du développement historique. Il semble que l'on crût jadis qu'une langue n'évoluait pas ou guère, et que l'on pouvait comparer directement les mots des langues modernes avec les mots gaulois du premier siècle avant notre ère, sans tenir compte des changements que les seconds auraient subis s'ils avaient persisté jusqu'à nos jours, et sans rétablir les premiers sous la forme qu'ils auraient eue en remontant le cours des siècles.

Si on laisse de côté les théories qui rattachaient le gaulois à l'hébreu, au grec [3], au scythique, et les théo-

---

1. *Origine et traduction de l'inscription cello-grecque de Malaucène. Origine et traduction de l'inscription celto-grecque de Nîmes* dite « des Mères Nîmoises », Lyon, 1903. *Origine et traduction de l'inscription celtique d'Alise-Sainte-Reine*, Lyon, 1904. Voici, par exemple, la traduction de l'inscription de Nîmes : « Garta a donné deux fois L sayons de laine, aussi M mesures de bon bois ou de brindilles » ; et de l'inscription d'Alise : « O guerrier, sois insensible à un tel désastre, défends-toi contre César vainqueur. Relève ton courage, ne te rends pas. Et maintenant, ô chef suprême. réjouis-toi de la bonne nouvelle. Contre César victorieux défends-toi ! ici, dans Alésia. »

2. C'est ce que Gaston Paris lui-même avait jugé nécessaire de faire en rendant compte dans la *Revue critique d'histoire et de littérature*, 1873, I, p. 289-301, du livre de Granier de Cassagnac sur les origines de la langue française, cité ci-dessus, p. 12.

3. De 1739 à 1742, une polémique s'engageait encore à ce sujet

ries, bien plus extraordinaires encore, qui l'expliquaient par lui-même sans l'intervention d'autres langues [1], on est en présence de trois tendances à peu près également réparties parmi les savants ; les uns regardaient le gaulois comme identique au germanique [2] ; les autres considéraient le breton d'Armorique comme la survivance du gaulois ; d'autres s'efforçaient de prouver l'identité du français et du gaulois [3]. Les uns et les autres s'accordaient ainsi, inconsciemment, à ranger le gaulois parmi les langues indo-européennes, et à le regarder comme plus particulièrement apparenté au latin et au germanique.

La confusion des Germains et des Gaulois remonte aux Grecs, qui employaient, pour désigner les uns et les autres, tantôt le nom Κελτοί, tantôt le nom Γαλάται [4]. Strabon lui-même remarque que les deux peuples se ressemblent beaucoup, physiquement et socialement, et, sauf que les Germains sont plus sauvages, plus grands et plus blonds que les Celtes, on trouve chez les Germains les mêmes traits, le même caractère, le même genre de vie que Strabon attribue aux Gaulois [5]. Quoique les Anciens n'eussent pas parlé de la parenté des langues gauloise et germanique [6],

entre M*** et R. D. R. dans le *Mercure de France*, août 1739, p. 1773-1782 ; décembre 1739, p. 2777-2787 ; avril 1740, p. 640-658 : août 1740, p. 1737-1741. De 1886 à 1890, M. Espagnolle s'efforçait de démontrer par diverses publications que, dans le fond gaulois de notre langue, le grec abonde ou peut-être même domine.

1. Telle semble être la méthode de G. Touflet, *Onomastique de la Gaule sceltane*, 1884.

2. Ces théories sont étudiées à fond et réfutées par Roget de Belloguet, *Glossaire gaulois*, 2ᵉ éd.. 1872, p. 22-58.

3. Dans un article de la *Revue des patois gallo-romans*, I, 1887, p. 161-171, H. d'Arbois de Jubainville a réfuté une fois de plus cette théorie et démontré par des exemples bien choisis que le français ne vient pas du gaulois.

4. H. d'Arbois de Jubainville, *Les premiers habitants de l'Europe*, II, 1894, p. 393-409.

5. Strabon, VII, 1, 2 ; IV, 4, 2.

6. Voir ci-après, p. 26-27, 128-129.

les Modernes, dès le xvie siècle, ont tiré, des remarques
ethnographiques de Strabon, des conclusions linguistiques. A une époque où l'on n'avait point idée de l'évolution que subissent au cours des siècles les sons d'une
langue, tout rapprochement même superficiel entre les
quelques mots gaulois que l'on connaissait alors et des
mots pris dans les dialectes germaniques vivants passait
pour valable. La loi de mutation des consonnes germaniques,
que l'on désigne maintenant sous le nom de *lautverschie-
bung*, et qui donne aux mots des langues germaniques,
et surtout à l'allemand, une physionomie si différente de
celle des autres langues indo-européennes [1], nécessite
qu'avant tout rapprochement on rétablisse les consonnes
germaniques dans leur ancien état. Cette loi, de même que
les lois d'inflexion et de fracture des voyelles, resta
inconnue jusqu'au xixe siècle. Toutes les comparaisons
fondées sur des analogies, le plus souvent dues au hasard,
étaient donc sujettes à caution. A supposer même que
quelques-unes d'entre elles se trouvassent exactes, les
savants n'étaient point alors en état de distinguer si les
coïncidences de vocabulaire, dues à l'origine indo-européenne commune au celtique et au germanique, démon-
traient entre ces deux langues une parenté plus étroite
qu'entre les autres langues de la même famille. Ainsi,
Pelloutier [2] expliquait les mots gaulois -*magus*, -*briga*
et -*durum*, si fréquents dans les noms de lieux, par des
mots allemands : *mag* « habitation, ville », *brig* « pont »
et *dur* « porte » ; en citant ces mots sous cette forme, il
montrait d'abord qu'il n'hésitait pas à les déformer ou à
les inventer pour les besoins de sa cause ; le mot *mag*
n'existe pas et la traduction en provenait d'un soi-disant

---

1. Sur les caractéristiques des langues germaniques, voir A.
Meillet, *Caractères généraux des langues germaniques*, 1917.
2. *Histoire des Celtes*, nouv. éd. par de Chiniac, I, 1770, p. 284-
295.

texte de Pline ; « pont » se dit *brücke* et avait pour forme primitive *brukkja ;* « porte » se dit *tür*, anciennement *turī*, got. *daurō*. Pelloutier croyait trouver *gau* « pays », got. v. h. a. *gawi*, dans *Ingaunum, Gergovia*, et *land* « terre » dans *Medio-lanum*, sans tenir compte de la dérivation gauloise et des différences de vocalisme. Il ignorait que l'équivalent de *-dunum* est l'anglo-saxon *tūn*, v. h. a. *zūn*, all. *zaun*. Quant aux mots gaulois, Pelloutier n'hésitait pas à expliquer par le même mot allemand tous ceux qui présentaient quelques ressemblances ; il identifiait *-briga* à *-briva* et à *-bria ; -durum* à *dorum ; -dunum* à *-tunum* de *Andematunnum ; -rigum* à *ricum* de *Avaricum, Autricum*. Les rapprochements de mots n'étaient fondés que sur des indices extérieurs, souvent trompeurs, et qui n'étaient probants que par hasard.

L'idée de considérer le breton d'Armorique comme une forme moderne du gaulois n'avait rien de paradoxal, tant qu'on ignorait la parenté étroite du breton et du gallois et l'histoire des invasions bretonnes en Armorique [1]. Mais si le breton était le dernier survivant du celtique continental, on ne pourrait expliquer qu'il fût en si étroit rapport avec le gallois, et on devrait interpréter plus facilement par le breton que par toute autre langue celtique les mots et les noms gaulois qui nous sont parvenus ; or il arrive que c'est l'irlandais qui nous fournit le plus grand nombre d'interprétations, et la phonétique gauloise s'accorde, à peu près également, tantôt avec la phonétique gaélique, tantôt avec la phonétique brittonique. Le gaulois appartient donc à un troisième groupe de langues celtiques, et n'est pas spécialement apparenté au breton.

Qu'il ait subsisté, dans la presqu'île armoricaine, sous la domination romaine, jusqu'à l'arrivée des Bretons insu-

1. Cette idée a encore été soutenue par A. Travers, *De la persistance de la langue celtique en Basse-Bretagne,* Rennes, 1906. *Les inscriptions gauloises et le celtique de Basse-Bretagne*, Rennes, 1907.

laires, un patois gaulois, c'est une hypothèse qui n'a rien d'invraisemblable. Mais ce patois, quelque apparenté qu'on le suppose avec le breton de Grande-Bretagne [1], n'a pas laissé de traces. Là où les Bretons insulaires ne se sont pas établis, les noms de lieux étaient gallo-romains, les noms de personnes étaient latins ou germaniques [2].

Les Bretons qui furent chassés de Grande-Bretagne par les Saxons, et qui, de 460 à la fin du vi^e siècle, débarquèrent en Armorique, apportèrent, avec leur civilisation, leur langue [3]. Du ixe siècle au xie siècle, date des plus anciens textes brittoniques, le breton armoricain n'est pas seulement très rapproché du breton insulaire : il lui est identique.

La démonstration de l'identité du gaulois et du français présentait de plus graves difficultés que la comparaison du gaulois et du breton armoricain. Issue de l'idée que la romanisation de la Gaule avait dû pourtant laisser subsister, à côté de la langue officielle, les parlers populaires, et que ces parlers, lorsque l'enseignement des écoles romaines fut en décadence, étouffèrent de leur floraison vigoureuse le latin classique, idée raisonnable et juste pour une petite part, la théorie des partisans de l'origine gauloise du français ne pouvait s'appuyer sur des faits suffisamment nombreux qu'en attribuant au gaulois tous les mots et toutes les formes françaises que le latin n'explique point. Outre le vocabulaire abondant, pour lequel il n'y a d'autres prototypes bas-latins que ceux que les linguistes ont rétablis d'après la comparaison des

----

1. Cette parenté s'expliquerait par les rapports continuels entre l'Armorique et la Grande-Bretagne. Jullian, *Histoire de la Gaule*, II, 1908, p. 227-228.

2. J. Loth, *L'émigration bretonne en Armorique du Ve au VIIe siècle de notre ère*, 1883. A. de la Borderie, *Histoire de Bretagne*, I, p. 247-256.

3. Nous la connaissons par des gloses à des auteurs latins. J. Loth, *Vocabulaire vieux-breton avec commentaire*, 1884.

langues romanes et qui n'est pas nécessairement d'origine
latine, la morphologie française apparaissait. comme assez
indépendante de la morphologie latine. Le rapport entre
la déclinaison latine et la déclinaison française n'était pas
niable. Mais le système de la conjugaison française et,
plus visiblement encore, certains détails de cette conjugaison, sont assez différents de la conjugaison latine. La
syntaxe latine diffère souvent de la syntaxe française :
l'emploi de l'article et du conditionnel en français, de la
proposition infinitive en latin, la disparition en français du
passif et déponent latin, la construction de la phrase et
l'ordre des mots sont autant de faits qui différencient les
deux langues, mais qui ne peuvent être attribués, sans
une étude précise et minutieuse, à l'influence celtique.
L'article irlandais et breton, le passif et le déponent irlandais et breton n'ont aucun analogue dans les langues
romanes ; le conditionnel en celtique est, comme en français, une forme secondaire du futur ; l'ordre des mots est
différent en celtique de ce qu'il est en français [1].

Quant à la démonstration de l'origine celtique du français au moyen des langues celtiques et en particulier du
breton, elle s'appuyait sur les mots communs au français
et au celtique moderne, sans tenir compte des changements qu'ont subis indépendamment ces deux familles de
langues, et sans distinguer les mots empruntés par le
breton au latin ou au français des mots appartenant à l'ancien fonds celtique [2]. Ce fut parce qu'ils méconnaissaient
la notion du développement historique et parce qu'ils ren-
versaient l'ordre des rapports entre le latin ou le français

---

1. Pour le détail de ces rapprochements voir ci-après, p. 77-79.

2. C'est par cette méthode que Chevallet dresse la liste des mots
français venus du gaulois. Il en est de même de A. de Courson, *Histoire des peuples bretons*, I, 1846, p. 7-46.

Sur les mots latins empruntés par le breton, le gallois et le cornique, voir J. Loth, *Les mots latins dans les langues brittoniques*,
1892.

et le celtique [1] que, d'abord les « celtomanes », puis des savants moins fantaisistes obscurcirent pour longtemps le problème, pourtant aisé à résoudre, de la formation de la langue française.

LA MÉTHODE HISTORIQUE ET COMPARATIVE

Du jour où il fut démontré qu'aucune langue celtique ou romane encore vivante n'était la forme moderne du gaulois, il fallut se contenter d'utiliser, pour la connaissance directe de la langue gauloise, les mots qui nous étaient conservés par les Anciens et ceux que nous faisaient connaître les inscriptions gauloises. D'autre part, la méthode historique, qui, en éliminant les comparaisons douteuses avec les langues modernes, avait semblé réduire beaucoup les moyens d'accroître notre science, permettait au contraire d'augmenter indirectement le vocabulaire gaulois et même de déterminer les traits principaux de la grammaire. Cette méthode a utilisé deux sources différentes : les langues celtiques et les langues romanes.

Nous connaissons deux groupes encore vivants de

1. Ainsi, d'après La Tour d'Auvergne, le français *air* viendrait du breton *ér*, *chambre* du breton *cambr*, *dent* du breton *dant*, *haleine* du breton *halan*, *chaîne* du breton *chaden*, *matin* du breton *mintin*, *prix* du breton *pris*. Si La Tour d'Auvergne avait connu d'autres langues celtiques que le breton, il aurait pu remarquer, comme l'ont fait les celtistes modernes, que la plupart de ces mots, n'existant point dans les langues gaéliques, sont d'introduction récente en breton et viennent, les uns du latin : gall. *cadwyn*, lat. *catena*; bret. *mintin*, lat. *mat(u)tina ;* les autres du français : *ér*, *cambr*, *chaden* (v. fr. *chadenc*), *pris* (v. fr. *pris*) ; les seuls qui puissent être anciens sont : *dant* « dent », gall. *dant*, irl. *dét; alan* « haleine », gall. *anadl*, irl. *anál;* mais les mots français correspondants à *dant* et à *alan* viennent du latin *dente* et *anhela*. La distinction des mots celtiques anciens et des mots d'emprunt ne pouvait être faite que par des savants rompus à l'étude de la phonétique.

langues celtiques : le gaélique, dès le ixe siècle, par des gloses copieuses qui ont permis d'établir la grammaire du vieil-irlandais ; le brittonique, à peu près dès la même époque, mais par des gloses moins développées et qui ont surtout un intérêt lexicographique. Quand apparaissent les textes proprement dits des littératures celtiques, vers le ixe siècle en Irlande, vers le xe siècle au Pays de Galles, le gallois a perdu la déclinaison, tandis que l'irlandais l'a conservée ; le système de la conjugaison, singulièrement compliqué en irlandais, est très simplifié en gallois. Mais la comparaison des voyelles et des consonnes du gallois et de l'irlandais permet de déterminer l'histoire des sons, et de reconstituer les formes archaïques des mots variables et des mots invariables, telles qu'elles étaient à une époque très antérieure à l'ère chrétienne. On peut donc écrire la grammaire et le vocabulaire préhistoriques du celtique tel qu'il était avant la séparation des deux rameaux brittonique et gaélique. Cette grammaire et ce vocabulaire sont parfois, dans le détail, hypothétiques ; des formes anciennes n'ont pas laissé de traces ; des formes relativement modernes peuvent nous apparaître comme archaïques. La comparaison du vieux-celtique avec les autres langues indo-européennes permet quelquefois de dater les uns par rapport aux autres les divers changements qui se sont successivement introduits en celtique à l'époque préhistorique.

Les pays que les Celtes ont occupés (l'ouest de la péninsule ibérique, la Gaule, le nord de l'Italie) sont devenus, après la conquête romaine, des pays de langue latine. Mais il est vraisemblable que dans la phonétique, le vocabulaire, la syntaxe, la morphologie, le latin parlé par ces pays ait subi l'influence du celtique qu'il a remplacé et que cette influence soit visible en italien dans le dialecte lombard, en français du nord et du sud, et en portugais. Il est même possible que des mots celtiques aient pénétré en latin et se soient répandus dans tout le monde romain. Chercher dans les dialectes romans les éléments celtiques est une tâche complexe, dont la difficulté n'a point rebuté les érudits, mais qui n'a pu être entreprise avec quelque chance de succès qu'après le développement des études romanes. Il est possible que de nombreux mots d'origine celtique soient encore cachés dans des parlers locaux [1], mais on ne peut identifier que ceux qui présentent un rapport, scientifiquement vérifiable, avec des mots appartenant aux langues celtiques. L'influence du celtique sur la phonétique romane est vraisemblable, quoique difficile à déterminer, les modes de prononciation changeant d'une génération à l'autre. L'action qu'aurait pu avoir la morphologie celtique sur la morphologie romane est sans doute peu importante, la morphologie constituant l'ossature même d'une langue et ne se prêtant guère aux emprunts où aux imitations. Quant aux faits de syntaxe, aussi variés et aussi complexes que l'esprit humain lui-même, ils constituent la caractéristique la plus persistante des parlers provinciaux et ils ont dû laisser des traces dans les langues romanes. Mais l'étude comparée du celtique et du roman présentera toujours cette difficultè que le seul celtique, duquel on pourra rapprocher les dialectes romans, est le celtique des Iles et non le celtique continental, et que nous manquons d'éléments pour établir les différences qui séparaient ces deux langues celtiques, et permettre la transposition de l'une dans l'autre. En outre, nous ignorons à peu près complètement les patois à demi latins des provinces barbares, et, tous les pays qui sont actuellement de langue romane ayant été occupés en tout ou en partie par les Celtes, la présence d'un mot dans l'ensemble des langues romanes ne suffit pas à faire douter

---

1. M. F. N. Nicollet (*Phonétique du patois alpin*, Gap, 1900) a tenté de les découvrir dans les parlers des Alpes.

de son origine celtique, pas plus que la présence d'un mot dans une seule des langues romanes, par exemple en français, ne peut prouver cette origine celtique.

LE VIEUX-CELTIQUE CONTINENTAL [1]

En dehors de Gaule, la langue que les Gaulois propagèrent dans leurs établissements de l'Europe continentale et jusqu'en Asie Mineure ne nous est connue directement que par quelques mots et par quelques noms propres.

De la langue des Celtes d'Espagne, nous avons conservé le celtibère *viriae* « bracelet », que Pline cite en même temps que le celtique *viriolae* [2]. Les noms de lieux à apparence celtique que l'on rencontre dans la péninsule ibérique sont six noms en *-dunum* et une trentaine de noms en *-briga* ; mais ces composés, dont le premier terme ne semble pas celtique dans la plupart des cas, n'étaient sans doute déjà que des survivances d'une langue disparue [3]. Parmi les noms de personnes sûrement celtiques, conservés par les inscriptions d'Espagne, on peut citer *Magilo, Vindius, Rectugenus, Caranto, Catuenus, Boudica, Clutamus, Medugenus, Broccus* [4].

La langue des Gaulois cisalpins nous est un peu mieux connue. Les Anciens y rapportaient expressément les mots *ceva*, espèce de vache, *tuceta* « porc farci », *rodarum*

1. Voir Windisch, chez Gröber, *Grundriss der romanischen Philologie*, 2ᵉ éd., 1905, p. 372-404. H. d'Arbois de Jubainville, *Les Celtes depuis les temps les plus anciens jusqu'en l'an 100 avant notre ère*, 1904, p. 91-204.

2. Rien n'indique que les mots *caelia* et *cerea*, sorte de boissons, *caetra* « bouclier », usités en Espagne, soient d'origine celtique.

3. Sur les Celtes en Espagne, voir H. d'Arbois de Jubainville, *Revue celtique*, XIV (1893), p. 357-395 ; XV (1894), p. 1-64. C. Jullian, *Histoire de la Gaule*, I, 1908, p. 305-308.

4. *C. I. L.*, II. Fr. P. Garofalo, *Revue celtique*, XXI (1900), *p.* 200-202. *Ambatus, Ambata* sont peut-être pour *Ambactus, Ambacta*.

« reine des prés » ; sans doute aussi : *padi* « sapins », *rumpotinus* « arbre servant de support à la vigne », *opulus* « érable », μανιάκης « collier » ; et il est probable qu'un bon nombre des mots gaulois qu'ils nous ont transmis sont originaires de Cisalpine ; cela est sûr de ceux qui proviennent des auteurs anciens antérieurs à la conquête de la Province (en 118), comme Ennius, Polybe, Lucilius. Arrien remarquait que des termes relatifs à la cavalerie avaient été empruntés par les Romains aux Celtes de Cisalpine [1].

Outre ces quelques mots, nous avons conservé non seulement des noms de personnes, mais aussi des noms de villes : *Eporedia*, dont Pline explique le nom par un mot gaulois signifiant « bons dompteurs de chevaux » ; *Mediolanum*, dont le sens est encore obscur et pour lequel les Anciens ont proposé diverses explications [2] ; deux noms en -*dunum* et cinq noms en -*magus*. Enfin, on a trouvé à Novare et à Todi deux inscriptions gauloises en caractères étrusques, qui semblent dater de la fin du IIe siècle avant notre ère, et on rapporte au gaulois un grand nombre de courtes inscriptions de la Cisalpine [3]. Il est vraisemblable que les Gaulois avaient fourni quelques mots à leurs voisins ; le premier terme de *Bodinco-magus*, ville située près du Pô, était, d'après Pline [4], le nom ligure du Pô et signifiait « sans fond », mais le second terme est fréquent dans

---

1. Arrien, *Tactique*, 33.
2.   mœnia Gallis
   Condita, lanigeri suis ostentantia pellem...
       (Claudien, *Épithalame d'Honorius*, 182-184.)
   Et quae lanigero de sue nomen habent
       (Sidoine Apollinaire, *Épitres*, VII, 17, 2, 20.)
vocatum... ab eo quod ibi sus medio lanea perhibetur inventa
(Isidore, *Origines*, XV, 1, 57, éd. Lindsay, Oxford, 1911).
3. Rhys, *The Celtic inscriptions of Cisalpine Gaul*, Londres, 1913. La celticité des inscriptions dites lépontiennes est fort douteuse. Cf. J. Loth, *Revue celtique*, XXV (1914), p. 370-375.
4. Pline, III, 122.

les noms gaulois ; *asia*, nom du seigle chez les *Taurini*, qui étaient d'origine ligure, peut, avec une légère correction [1], s'expliquer par le celtique.

Le gaulois dut disparaître de bonne heure dans la Cisalpine, qui fut romanisée à la fois par la conquête et par l'envoi de colonies latines et romaines. Polybe, en 150, écrivait que les Gaulois ne possédaient plus que quelques lieux au pied des Alpes [2]. Pour Strabon, les Celtes des deux côtés du Pô ne sont plus guère qu'un souvenir [3].

Du séjour des Gaulois en Rhétie et en Vindélicie, il n'y a d'autre souvenir précis que des noms de villes transmis par Ptolémée. Il y a en Rhétie Βραγόδουρον et Βριγάν-τιον (Bregenz) et lorsque les Romains donnèrent le nom de Drusus à une ville des Alpes, ils conservèrent ou ajoutèrent à ce nom de ville un second terme gaulois en -μαγος : Δρουσό-μαγος ; en Vindélicie on trouve Καρρόδουνον, et Καμβόδουνον (Kempten). Les inscriptions latines de Rhétie et de Vindélicie offrent de nombreux noms gaulois de personnes [4].

La route des Gaulois vers l'Asie Mineure est jalonnée de noms celtiques de villes : *Singidunum*, *Bononia*, *Noviodunum*, peut-être même *Durostorum*, si ce mot n'est pas thrace. Les noms en -βρια, qui font penser aux noms celtiques en -*briga*, sont thraces d'après Strabon [5].

Il est probable que les mots gaulois rapportés par Pausanias appartiennent au dialecte des Celtes qui envahirent

---

1. Pline, XVIII, 141 : *secale Taurini sub Alpibus asiam vocant.* Voir le *Glossaire*.

2. Polybe, II, 35, 4.

3. Strabon, V, 1, 6.

4. Certains noms propres que l'on trouve comme noms communs dans les langues celtiques des Iles Britanniques sont conservés seulement en Rhétie et Vindélicie : *Congeistlus*, gall. *cyngwystl*, *cywystl* « gage mutuel » ; *Iantumarus*, irl. *étmar* « zélé ».

5. πόλεως βρίας καλουμένης Θρᾳκιστί. Strabon, VII, 6, 1. Cf. Étienne de Byzance (Βρουτοβρία), qui applique cette explication à une ville d'Espagne.

la Grèce et la Thrace. Nous connaissons ainsi μάρκα « cheval » τριμαρκισία « ensemble de trois cavaliers », ἄλκη, sorte d'élan, et des noms de chefs : *Brennus, Lonorius, Lutarius* cités par Tite Live, Βρέννος, Κερέθριος, Ἀκιχώριος, Βόλγιος, par Pausanias.

Quant à la langue des Galates proprement dits, nous sommes un peu mieux renseignés [1]. Le sorcier de Paphlagonie, qui, d'après Lucien, pouvait répondre en celtique à ceux qui lui demandaient des consultations [2], avait sans doute appris cette langue en Asie Mineure. Au IVe siècle, saint Jérôme écrivait que les Galates se servaient de la langue grecque, mais que, de plus, ils avaient un idiome qui leur appartenait en propre et qui était à peu près le même que celui que parlaient les Trévires de Gaule [3]. Les Anciens nous ont d'ailleurs conservé quelques mots galates : λειούσματα ou λεγούσματα, sorte de cuirasse, ἐμβρεκτόν [4], sorte de soupe, ὕς « chêne à kermès », τασκός « pieu », κάρνον « trompette » ; et des noms de Galates : Χιομάρα, Σινόριξ, Κάμμα, Ὀρτιάγων, Καρσίγνατος, Γεζατόριξ, Ἀδιατόριξ, Βογοδιάταρος (*Brogitarus*), *Deiotarus*. D'autres noms d'origine celtique figurent sur des monuments ou sur des monnaies d'Asie Mineure : Ἀλβιοριξ, Ατεπορειξ, Αδοβογιωνα. On trouve en Galatie deux noms de villes celtiques : Σκιγγόμαγος et *Eccobriga*. Il faut observer que, dans quelques cas, le mot Γαλάται des lexicographes grecs peut désigner, au lieu des Galates d'Asie Mineure, les Gaulois de l'Europe centrale ou de la Gaule.

---

1. G. Perrot (*Revue celtique*, I (1870-1872), p. 179-192) croit que le gaulois d'Asie Mineure était tombé en désuétude dès le premier siècle de notre ère.

2. *Alexandros*, 51.

3. *Commentaire de l'épître aux Galates* (Migne, *Patrologia latina*, XXVI, c. 382).

4. Si ce mot n'est pas tout simplement l'adjectif verbal du verbe grec ἐμβρέχειν « tremper », employé dans un sens spécial par les Galates.

Les restes du vieux-celtique continental en dehors de la Gaule sont trop fragmentaires pour qu'on puisse en démêler les traits distinctifs. Ils n'apparaissent guère dans des langues modernes. Ils ne peuvent nous être que d'un faible secours pour compléter notre science du vieux-celtique de Gaule ou gaulois proprement dit.

Avant d'aborder la comparaison du gaulois avec le vieux-celtique insulaire, il convient de dresser un inventaire aussi complet que possible des restes de gaulois qui nous sont parvenus dans les textes et les inscriptions de l'Antiquité, et de relever les traces de gaulois qu'ont pu conserver les langues romanes.

LES MOTS GAULOIS TRANSMIS PAR LES GRECS ET LES ROMAINS

César signale les différences qui séparent en Gaule, tant pour la langue que pour les coutumes et les lois, les Belges, les Aquitains et les Celtes [1]. La langue des Aquitains, si l'on en juge par quelques noms propres et si l'on s'en rapporte au témoignage de Strabon, les rapprochait plus des Ibères que des Gaulois [2]. La langue des Belges ne différait que légèrement de celle des Celtes [3] et de celle des Bretons [4], et il ne semble pas que Commius, roi des Morins de Gaule, ait eu besoin d'un interprète pour se faire comprendre en Grande-Bretagne [5]. La langue des

1. César, I, 1. Cf. Strabon, IV, 1, 1. Dans l'état actuel de nos connaissances on n'arrive point à découvrir les différences qui séparaient ces divers dialectes du gaulois (voir ci-après, p. 55) et il semble que César n'ait eu d'interprètes que pour le gaulois ou le germanique (Jullian, *Histoire de la Gaule*, II, 1908, p. 366).
2. Strabon, IV, 1, 1 ; 2, 1. Cf. Dottin, *Les anciens peuples de l'Europe*, 1916, p. 81.
3. Strabon, IV, 1, 1.
4. Tacite, *Agricola*, 11.
5. César, IV, 27. Cf. sur l'usage des interprètes, I, 19, 3 ; V, 36, 1.

Celtes était différente de celle des Germains [1]. Elle n'était pas très éloignée de celle des Ligures [2]. César ne cite pas de gaulois et les seuls mots qu'il nous ait transmis sont ceux de quelques institutions qui n'avaient pas leur équivalent à Rome ; le plus souvent, il emploie les mots latins, même quand ils ne correspondent pas exactement pour le sens aux mots celtiques [3], et il a poussé cette tendance jusqu'à identifier les dieux gaulois à certains dieux de la mythologie gréco-romaine.

Antérieurement à César, les principaux auteurs qui aient cité des mots gaulois sont l'historien Polybe, qui a écrit l'histoire des luttes des Cisalpins contre les Romains, le poète satirique Lucilius, l'historien Cornelius Sisenna et le philosophe et géographe Poseidônios d'Apamée, qui avait voyagé en Gaule et dont les livres ont été mis à profit par Diodore et par Strabon.

Postérieurement à César, on peut signaler le grammairien Varron, l'historien Tite Live, l'agronome Columelle, le compilateur Diodore de Sicile, les géographes Strabon et Pomponius Méla, les naturalistes Pline l'Ancien et Dioscoride, et un Clitophon, inconnu d'ailleurs. On trouve aussi quelques mots celtiques chez Pompeius Festus (dont la date est douteuse), chez Quintilien, Suétone, Aulu-Gelle, Pausanias, qui nous renseigne sur les Celtes du Danube, Arrien et Oppien. Ammien Marcellin est particulièrement important parce qu'il nous a conservé un texte de Tima-

---

1. César, I, 47, 4. Cf. Tacite, *Germanie*, 43 ; il ressort de ce texte que le gaulois était différent du pannonien. Suétone, *Caligula*, 47.

2. Tite Live, XXI, 32, 10. Cf. l'épithète *Semigalli* appliquée aux Taurins qui sont des Ligures (Strabon, IV, 6, 6 ; Pline, III, 123) par Tite Live (XXI, 38, 5) ; mais le texte n'est pas sûr.

3. Par exemple, *equites*, *senatus*, qui s'appliquent sans aucun doute à un état social très différent de celui des Romains ; *ædificia*, qui a pris un sens très précis (H. d'Arbois de Jubainville, *Recherches sur l'origine de la propriété foncière et des noms de lieux habités en France*, 1890, p. 90-93).

gène sur les origines gauloises, mais il nous fait connaître peu de mots gaulois. Enfin, les lexicographes et grammairiens comme Servius, Consentius, Isidore de Séville, Hésychios, des compilateurs comme Laurentius Lydus nous ont conservé, à une basse époque, des mots gaulois extraits sans doute d'écrivains anciens.

Les écrivains de Gaule, comme Ausone de Bordeaux [1] et Fortunat évêque de Poitiers [2], qui ont pu connaître directement le gaulois, n'y font guère d'allusions dans leurs ouvrages. Virgile le grammairien, de Toulouse, ne nous a guère laissé plus de deux mots gaulois [3]. Marcellus de Bordeaux, outre une douzaine de noms de plantes, nous a transmis des formules magiques qui contiennent sans doute, parmi des mots grecs, des mots latins et des mots forgés à plaisir, quelques mots gaulois, plus ou moins défigurés [4]. Le *Laterculus* de Polemius Silvius [5] contient des noms d'animaux dont quelques-uns ont subsisté dans le vocabulaire populaire roman et proviennent peut-être du celtique.

---

1. Ausone nous a laissé quelques noms de poissons qui semblent gaulois, bien qu'on ne les trouve pas dans le celtique insulaire. Mais on sait comme les noms de cette espèce sont variables et nombreux. *D. M. Ausonii Mosella*, éd. H. de La Ville de Mirmont, 1889.

2. *Monumenta Germaniae historica, Auctores antiquissimi*, IV, 1881.

3. Ernault, *De Virgilio Marone grammatico Tolosano*, 1886. Roger, *L'enseignement des lettres classiques d'Ausone à Alcuin*, 1905. Zimmer, *Sitzungsberichte der königlich preussischen Akademie der Wissenchaften zu Berlin*, LI (1910), p. 1031-1119. Cf. *Revue celtique*, XXXII (1911), p. 130.

4. *bregan, gresso, derco-?* Sur la langue de Marcellus de Bordeaux, voir Chabert, *De latinitate Marcelli in libro de medicamentis*, 1897. Geyer, *Archiv für lateinische Lexikographie und Grammatik*, VIII (1893), p. 469. La plus récente édition de Marcellus de Bordeaux est celle donnée par Max Niedermann dans le tome V du *Corpus medicorum latinorum*, Leipzig, 1916.

5. Publié dans les *Monumenta Germaniae historica*, série in-4°, *Auctores antiquissimi*, IX, 1892, p. 511-551, par Mommsen. Voir sur le sujet qui nous occupe l'étude de A. Thomas, *Romania*, XXXV (1906), p. 161-197. Polemius Silvius vivait au ve siècle.

Un certain nombre d'écrivains anonymes de basse époque, nous ont transmis des mots gaulois : ce sont d'abord les scholiastes de Cicéron, d'Horace, de Virgile, de Juvénal, de Perse, et les compilateurs de glossaires latins [1] ; puis, les auteurs des anciennes Vies de saints qui citent parfois des expressions de la langue vulgaire de leur temps. Un manuscrit de Vienne, du ixe siècle, contient un petit vocabulaire gaulois [2] qui date sans doute du ve siècle.

Les mots relevés chez les Anciens se rapportent à divers ordres d'idées ou d'objets. Les plus nombreux, après les noms de personnes et de lieux, sont des noms de plantes [3] ; on trouve aussi des noms d'animaux domestiques [4] et d'animaux sauvages [5] ; quelques noms de parties du corps [6] et des adjectifs de qualités physiques [7]. Les mots de civilisation désignent les particularités d'habitation [8], d'ali-

---

1. On trouvera ces glossaires dans le *Corpus glossariorum latinorum*, éd. G. Goetz, Leipzig, 1888-1903. Un des mots gaulois les plus intéressants qu'on y remarque est *orge : occide.*

2. Quelquefois appelé « glossaire d'Endlicher », du nom du philologue qui le découvrit dans la bibliothèque de la cour de Vienne. Publié ci-après.

3. *albolon, amellus, anepsa, arinca, asia, baccar, baditis, beliucandas, berula, betilolen, bettonica, bilinuntia, blutthagio, bolusseron, bricumum, calliomarcus, calocatanos, candosoccus, cercer, coccum, corna, ducone, emarcus, exacum, gelasonen, gigarus, gilarus, glastum, halus, iumbarum, laginon, laurio, limeum, meriseimorion, odocos, oualidia, pempedula, peperacium, ponem, ratis, rodarum, samolus, sasia, scobien, scubulum, subites, tarbelodathion, tauruc, theximon, thona, ura, vela, vernetus, vigentiana, vigneta,. aballo, atinia, betulla, hys, iupicelluson, larix, marcus, padi, renne, rumpotinus, scobien, verna.*

4. *agassaios, caballus, cattus, ceva,, marca, mannus, paraveredus, vertragus.*

5. *abranas, alce, beber, rufius ; alauda, lugos ; alausa, darsus, clopias, esox, tinca.*

6. *becco, drungos, gamba, gulbia, treide.*

7. *galba, varron.*

8. *caio, capanna, lautro.*

mentation [1], de toilette [2], caractéristiques en Gaule ; des outils [3] et des ustensiles [4] ; des véhicules variés [5], des barques [6] ; des mesures de longueur et de surface [7] ; des armes ou des usages de guerre [8] ; des terrains et des engrais [9] ; des instruments de musique [10] ; quelques classes sociales : magistrats, serviteurs, prêtres [11]. Nous ne connaissons que deux verbes [12].

L'origine de ces mots n'est pas également certaine ; indépendamment des erreurs d'attribution [13] et des transcriptions inexactes [14], 150 environ sont expressément donnés comme gaulois par les auteurs anciens ; environ 40 sont vraisemblablement donnés comme gaulois ; on a de bonnes raisons pour assigner une origine gauloise à une vingtaine d'autres mots. Il ne faut pas s'étonner si on n'a pu trouver à tous ces mots des équivalents dans les langues celtiques encore vivantes des Iles Britanniques,

---

1. *brace, cervesia, corma, omasum, taxea, luceta.*

2. *bardocucullus, braca, bulga, caracalla, cucullus, gunna, laena, linna, maniaces, sagus, sapo, viriolae.*

3. *gabalus, passernices, plaumorati, taratrum, tarinca, tascos, vidubium.*

4. *bascauda, tunna.*

5. *benna, carpentum, carrus, cisium, colisatum, covinnus, essedum, petorritum, pilentum, ploxenum, reda.*

6. *cumba, nausum, picatus, pontones.*

7. *arepennis, candetum, leuga.*

8. *cateia, gaesa, lancea, materis, sparus ; petrinos, xynema, tolutegon ; caetra, cartamera, cyrtias, cruppellarii ; caterva, drungos, trimarcisia.*

9. *agaunum, ambe, anam, balma, berula, mercasius, nanto, olca, onno ; acaunumarga, glissomarga.*

10. *carnon, chrotta.*

11. *vergobretus ; ambactus, casnar ; bardus, druidae, euhages, gutuater.*

12. *cambiare, tannare.*

13. Chez Dioscoride, par exemple, Γάλλοι « les Gaulois » et ἄλλοι « d'autres » peuvent être mis l'un pour l'autre.

14. Voir les variantes de *druidae* chez Ammien Marcellin et Aurelius Victor. Dans le Glossaire de Vienne, *alla* semble une faute pour *allo.*

car le vieux-celtique des Iles était vraisemblablement différent de celui du continent ; il peut parfois avoir perdu d'anciens mots que le gaulois a conservés ; dans d'autres cas, il est sans doute plus archaïque que le gaulois. Le celtique de Gaule devait contenir d'assez nombreux éléments appartenant aux langues qui l'avaient précédé sur notre sol. En fait, on explique par les langues celtiques des Iles Britanniques près de la moitié des mots gaulois qui nous sont parvenus par l'intermédiaire des auteurs de l'Antiquité.

Ces mots ne peuvent suffire à caractériser la langue gauloise ; ils sont affublés de terminaisons latines ou grecques ; nous n'en connaissons ni la déclinaison, ni la conjugaison, à l'exception de quelques désinences casuelles de noms propres, comme -*as* à l'accusatif pluriel [1] consonantique : *Biturigas*, *Carnutas* [2], *Allobrogas*, *Curiosolitas*, *Lingonas* [3], *Tricassas* [4], *Pictonas*, *Senonas*, *Atrebatas* [5], que l'on trouve dans les textes classiques. Les désinences -*as* au nominatif pluriel de la déclinaison en -*ā*, -*u* au datif singulier, -*us* à l'accusatif pluriel de la déclinaison en -*o*-, -*is* à l'accusatif pluriel de la déclinaison en -*i*-, à l'époque mérovingienne, ont peut-être été influencées par le celtique [6]. Mais les thèmes nominaux sont souvent incertains ; les manuscrits de César donnent *Caletes* et *Caletos*, *Santonos* et *Santonum*, *Turones* et *Turonos*, *Veliocasses* et *Veliocassos* ; César dit *Carnutes*, et Pline *Carnuti* ; on a *Eburovices* chez César, 'Εβουρουικοί chez Ptolémée ; *Lemo-*

1. C'est sans doute à l'influence de cet accusatif qu'est dû le passage à la déclinaison latine en -*a* de noms celtiques de la déclinaison consonantique, comme *druides* devenu *druidae* déjà chez Cicéron (*De la divination*, I, 41, 90).

2. Florus, III, 10, 20.

3. César, I, 14 ; 26 ; II, 34 ; III, 7 ; 63 ; VII, 64. Tacite, *Histoires*, IV, 73.

4. Ammien Marcellin, XVI, 2, 7.

5. Orose, VI, 11 ; VII, 29 ; 32.

6. H. d'Arbois de Jubainville, *Revue celtique*, I (1871), p. 320-331. Ebel, *ibid.*, II (1874), p. 403.

vices chez César, Λιμουικοί chez Ptolémée ; *Cavarae* chez
Varron, *Cavarum* chez Méla, Καυάροι chez Ptolémée [1].

En dehors d'une petite phrase, conservée par Servius et
qui semble corrompue [2], nous n'avons que des mots isolés.
Ils sont précieux pour l'étude du vocabulaire gaulois,
quand nous ne devons pas douter de leur authenticité.
Or plusieurs d'entre eux sont suspects : *baccar*, nom
gaulois de l'asaret, semble être le grec βάκχαρις ; *haema-
tites* « héliotrope » est identique à αἱματίτης, nom d'une
pierre ; *ura* « satyrion » est le grec οὐρά « queue » ; *vigentiana* « millefeuille » est sans doute latin ; ἄλβολον « galéo-
psis » est le latin *albulus* ; *laurio* « pervenche », un dérivé
de *laurus* : σεμνόθεοι, traduction du nom des druides chez
Diogène Laërce, est un composé grec ; σαρουίδαι, σαρωνίδαι,
variantes de δρουίδαι chez Diodore se rattachent à σαρωνίς
« vieux chêne pourri », comme δρυίδαι a été rattaché à
δρῦς ; *tripetiae* « trépieds » chez Sulpice Sévère est du latin
vulgaire ; κοράκιον, nom de plante chez le Pseudo-Aristote,
est un mot grec dérivé de κόραξ.

Mais il faut procéder avec prudence à cette sorte d'épu-
ration du vocabulaire gaulois ; il peut y avoir des coïncidences de forme entre des mots appartenant à des langues
différentes ; de plus, le gaulois et le latin n'étaient pas des
langues très éloignées l'une de l'autre [3]. On a supposé
longtemps que le rédacteur du *Glossaire de Vienne* y avait
à tort introduit le mot hébraïque *dan*, jusqu'au jour où
l'on découvrit ce mot *dan* sur une monnaie gauloise. Cet

---

1. Il y a une tendance indo-européenne à mélanger les thèmes en
-*o* et les thèmes en -*i*. Vendryès, *Mémoires de la Société de linguistique de Paris*, XIII (1905-1906), p. 395.

2. Gaius Julius Caesar, cum dimicaret in Gallia et ab hoste raptus
equo ejus portaretur armatus, occurrit quidam ex hostibus, qui eum
nosset, et insultans ait : *cecos ac cesar* (var. *caesar caesar*) quod
Gallorum lingua dimitte significat : et ita factum est ut dimitteretur
Hoc autem ipse Caesar in ephemeride sua dicit, ubi propriam com-
memorat felicitatem. Servius, *ad Aen.* XI, 743.

3. Voir ci-après p. 121, 129.

exemple devrait rendre les critiques plus circonspects.

Outre les noms communs dont nous venons de parler, les auteurs de l'Antiquité nous ont transmis un grand nombre de noms propres. Les noms de lieux et de peuples nous sont donnés surtout par César, Strabon, Diodore, Pline, Tacite, Ptolémée, l'*Itinéraire d'Antonin* et la *Table de Peutinger* ; les noms de personnes, par César, Tite Live, Tacite, Florus, Silius Italicus, etc. Tous ces noms ont pris des terminaisons latines ou grecques.

Au contraire de l'usage suivi sur les inscriptions gauloises (où la dénomination est double et se compose d'un nom et d'un surnom) [1], et sur les inscriptions latines (où elle est triple et se compose d'un prénom, d'un gentilice et d'un surnom), les noms des anciens Gaulois, tels que nous les ont transmis les écrivains grecs et latins, sont uniques. La plupart sont des composés à deux termes : *Cingeto-rix, Vercingeto-rix, Dubno-rix, Boduo-gnatus, Congonneto-dumnus, Virido-marus, Camulo-genus, Ver-condari-dubnus ;* mais quelques-uns pourtant sont de simples dérivés : *Gobannitio, Diviciacus, Celtillus.*

Les inscriptions latines [2] ne fournissent guère, à part quelques noms de nombre [3] et un nom de prêtrise [4], que de très nombreux noms propres gaulois. Les noms de lieux y présentent les mêmes difficultés que ceux que les textes des écrivains nous ont conservés : ils peuvent être antérieurs à l'occupation de la Gaule par les Celtes et

1. Voir ci-dessous, p. 39, 41.

2. Sur les inscriptions latines de la Gaule, voir Pirson, *La langue des inscriptions latines de la Gaule*, Bruxelles, 1901 (*Bibliothèque de la Faculté de philosophie et lettres de l'Université de Liège*). Sur le latin de la Gaule, voir Geyer, *Archiv für lateinische Lexikographie und Grammatik*, II (1885), p. 25-47.

3. *tricontis* « trente », *petrudecameto* « quatorzième ». *C. I. L.*, XIII, 2494. J. Loth, *Comptes rendus de l'Académie des inscriptions et belles-lettres*, 1909, p. 22-28.

4. *gutuater. C. I. L.*, XIII, 2583 ; 1577. *Revue épigraphique*, 1900, nᵒˢ 1367, 1368, p. 132-134.

appartènir à d'autres langues que le celtíque. Quant aux noms de personnès, l'origine en est plus douteuse dans les inscriptions que dans les textes des historiens, où la nationalité est clairement indiquée. Le plus souvent, ces noms ne sont accompagnés que de la mention de la filiation. Quelques-uns, pourtant, se sont conformés aux usages de l'onomastique latine et se composent d'un prénom, d'un gentilice et d'un surnom : *Q. Solimarius Bitus.* Chez les Gaulois romanisés, dans les premiers temps de l'occupation romaine, le surnom est le plus souvent d'origine celtique : *C. Valerius Donnotaurus.*

La déclinaison y offre à peu près les mêmes traits caractéristiques que dans les manuscrits :

L'accusatif pluriel en *-as* : *Ceutronas, Lingonas ;*

le datif singulier en *-u : Deo Brixantu propitiu* [1] ;

le nominatif singulier en *-u* : *Cotu* (cf. dat. *Cotuni*), *Saciru* (*Saciro*), *Caixu* (cf. dat. *Caixuni*) ;

le datif singulier en *-uni* : *Magetiuni, Samicantuni ;*

le datif pluriel en *-abus : Matrabus.*

On trouve peut-être même un exemple de la modification que subit la voyelle des thèmes en *-u* dans la déclinaison : *Lugoves, Lugovibus* [2] comparé à *Lugu-* (*Lugu-dunum*).

La phonétique offre :

u pour *ŏ* : *Capitu* (Capito), *Frontu* (Fronto), *Scipiu* (Scipio).

Il ne faut point s'étonner que les inscriptions latines de Gaule ne nous révèlent presque aucune caractéristique des patois gaulois ou gallo-romains. De nos jours, ce n'est ni dans les affiches et les documents officiels, ni dans les inscriptions funéraires, que l'on peut étudier les parlers populaires [3]. Le français a gardé sans doute quelques sur-

---

1. A Moulins-Engilbert, Nièvre. *C. I. L.*, XIII, 2812.

2. H. Gaidoz, *Revue celtique*, VI (1883-1885), p. 488. A. Martinez-Salazar, *Boletin de la real Academia de historia*, LVI, v, 1910, p. 349.

3. On trouve quelques termes locaux dans les affiches de ventes.

vivances de l'usage gallo-romain, par exemple, l'emploi de *apud* dans le sens de « avec »[1], et de *quare* dans le sens de « car », sous l'influence sémantique du gaulois.

LES MOTS DES INSCRIPTIONS GAULOISES

A défaut de phrases gauloises transmises par les Anciens, nous avons, dans quelques inscriptions, des textes assez étendus qui nous fournissent, bien que la traduction en soit difficile, des renseignements sur la déclinaison et sur la conjugaison. Quelques-unes sont partiellement en latin[2]; une contient une phrase grecque[3]. La lecture de plusieurs est douteuse.

La plupart sont des inscriptions votives qui emploient sans doute des formules analogues à celles des inscriptions latines. Elles doivent comprendre le nom du donateur, le nom de la personne divine ou humaine à qui est fait le don, sans doute aussi un verbe, et l'indication, au moyen d'un nom ou d'un pronom, de l'objet offert, avec parfois une détermination adverbiale ou circonstancielle.

D'après l'alphabet, on les partage en deux groupes : les inscriptions en caractères grecs et les inscriptions en caractères latins.

Les inscriptions votives ou dédicatoires en caractères grecs, qui sont jusqu'ici presque exclusivement spéciales à la Narbonnaise, comprennent deux types d'inscriptions : un premier type, caractérisé par *dede* (δεδε) et par *bratude*

---

1. En vieux français *od*, conservé sous la forme *o* dans les dialectes de l'Ouest.

2. Les inscriptions nᵒˢ 41, 43, 45, 49, 50.

3. 'Ανέουνος ἐπόει. C'est la formule ordinaire des sculpteurs grecs ; il est vraisemblable qu'elle a été introduite dans l'inscription par une sorte de pédantisme, et on n'en peut conclure que le grec fût une des langues parlées ou écrites à Bourges (inscription nᵒ 45).

(βρατουδε) ; un second type caractérisé par *ciðru* (ειωρου) et
carnitu (καρνιτου).

On n'a jamais dénié le caractère celtique au second type
d'inscriptions ; outre les mots σοσιν et ειωρου qui, sous la
forme *sosin* et *ieuru*, figurent dans les inscriptions en
caractères latins, on y trouve encore le mot καρνιτου qui
lui est commun avec une inscription de la Gaule Cisalpine
en caractères étrusques.

Quant au premier type d'inscriptions, on a, à plusieurs
reprises, tenté de démontrer qu'il appartenait à un dialecte
italique.

Dès 1876, H. d'Arbois de Jubainville écrivait que, dans
l'inscription de Nîmes, les trois mots δεδε ματρεβο ναμαυσικαβο sont latins [1]. *Dede* serait une forme vulgaire de *dedit* ;
matrebo et *Namausicabo* offriraient une variante de la
désinence -*bus*, -*bos*. La suppression de *s* final était, au
temps de Cicéron, un usage un peu rustique, après avoir
été plus anciennement un signe de bonne éducation, et
Cicéron donne comme exemple le datif pluriel *omnibu*
pour *omnibus* [2]. En 1890, H. d'Arbois de Jubainville
exprimait l'idée que βρατουδε pouvait être une expression
d'origine italienne [3]. Tel était aussi l'avis de M. Bréal qui
en 1897 écrivait à Alexandre Bertrand : « La ressemblance entre ces inscriptions gauloises et les inscriptions
italiques est si grande, qu'un doute sérieux peut nous venir
et qu'on peut se demander si l'on n'a pas affaire à quelque

1. *Revue des sociétés savantes*, série VI, IV (1876), p. 266-270. On
trouve *dede* en latin (*C. I. L.*, I, 62, 169, 180) et en ombrien (R. von
Planta, *Grammatik der oskisch-umbrischen Dialekte*, II, p. 555, cf.
p. 328).
2. Cicéron, *Orator*, 48, 161.
3. *Revue celtique*, XI (1890), p. 249-252. La question est résumée
par H. d'Arbois de Jubainville, *ibid.*, XVIII (1897), p. 318-324, et
Éléments de la grammaire celtique, 1903, p. 173-177. Voir aussi
Vacher de Lapouge, *Bulletin historique et philologique*, 1898, p. 328-
349, qui a donné au dialecte de ces inscriptions le nom de namau-
sique. .

frère de l'osque et de l'ombrien, si l'on n'a pas ici le
représentant le plus septentrional des dialectes italiques [1]. ».
J. Rhys est d'accord avec H. d'Arbois de Jubainville pour
refuser au celtique les inscriptions gauloises contenant δεδε
et βρατουδε, mais il les attribue à une langue encore mal
définie qui aurait été en usage sur l'ancien domaine ligure
et à laquelle il a donné le nom de *celtican* [2]. Pourtant, il
est difficile de séparer les inscriptions du second type (ειωρου)
de celles du premier (δεδε βρατουδε). On ne s'expliquerait
guère que des inscriptions italiques fussent écrites en
caractères grecs [3]. Enfin, nous ne connaissons pas dans le
détail la parenté du gaulois avec l'italique. Pour toutes ces
raisons on peut, au moins provisoirement, ne pas séparer
ces inscriptions des autres inscriptions gauloises.

Les inscriptions votives en caractères latins se répartissent entre un premier type, dont l'élément caractéristique
est *ieuru*, variante du ειωρου des inscriptions grecques ;
un second type, dont on n'a qu'un exemple et qui est
caractérisé par *iorebe* [4] ; enfin, un troisième type représenté
par une inscription contenant *legasit*.

Il importe de déterminer quels sont, dans ces inscriptions,
les verbes, en nous guidant sur les inscriptions gallo-
romaines analogues.

Il est très vraisemblable que *legasit* soit un verbe à la
troisième personne du singulier, comme le latin *legavit* ;
dede a été rapproché du latin *dedit* ; mais que sont *ieuru*
(ειωρου) et *iorebe* ? A la rigueur *ieuru* (ειωρου) pourrait être
un verbe à la première personne du singulier, mais l'emploi de la première personne du singulier dans les inscrip-

1. *Revue archéologique*, XXXI (1897), p. 104-108.
2. Rhys, *The Celtic inscriptions of France and Italy*, Londres,
1906, p. 78-81.
3. Jullian, *Histoire de la Gaule*, II, p. 371, n. 6.
4. Dans l'hypothèse où l'on lit *Leucullosu iorebe* et non *Leucullo
suiorebe*. Voir ci-après, inscription n° 48.

tions votives n'est guère fréquent [1]. Quant à *iorebe*, il pourrait être comparé à un parfait latin en *-vit* ; il aurait perdu le *t* comme *dede* [2]. Mais on peut songer aussi à expliquer ces deux mots par un datif singulier *ieuru* (ειωρου), et un datif pluriel *iorebe* [3]. Il est vraisemblable que l'inscription d'Alise contient un second verbe qui serait *dugiiontiio* ou *dugeonteo* [4].

Quant à βρατου-δε, caractéristique de tout un groupe d'inscriptions, il est placé à la fin de la phrase et doit correspondre à une des formules finales des inscriptions latines. En se fondant sur le sens du mot celtique qui lui est identique, irl. *bráth* « jugement », on a d'abord pensé à une formule assez rare en latin : *ex imperio* [5], ou une autre formule synonyme : *ex jussu* [6] ; on pourrait aussi songer à *ex testamento* [7]. Puis, comme il s'agit vraisemblablement non d'actes publics, mais d'ex-votos privés, on s'est adressé, pour rendre compte de βρατόυδε, à la formule courante : *votum solvit libens merito*, abrégée d'ordinaire en *V. S. L. M.* ; βρατουδε doit donc répondre soit à *libens* [8], soit à *merito* [9]. Le sens de l'irlandais *bráth* se

---

1. Voir toutefois les exemples cités par H. d'Arbois de Jubainville, *Éléments de la grammaire celtique*, p. 123. D'autre part, si *ieuru* est le verbe qui exprime la dédicace, comment expliquer que dans l'inscription de Sazeirat on ait, outre *ieuru*, la formule dédicatoire V. S. L. M. ?

2. Cette hypothèse est peu vraisemblable, car la forme *legasit* montre que le *t* ne tombe pas à la troisième personne du singulier, et δεδε peut s'expliquer comme un ancien parfait indo-européen sans autre désinence que *e* ; cf. a. s. *dyde* « il a fait ».

3. Voir ci-après, p. 40. 120.

4. Voir ci-après, p. 122, et n° 33.

5. Wh. Stokes, *Beiträge zur Kunde der indogermanischen Sprachen*, XI (1886), p. 125.

6. Souvent abrégé en EX IV, EX IVS, EX IVSS.

7. Voir Cagnat, *Cours d'épigraphie latine*, 4e éd., 1914, p. 428.

8. Rhys, *The Celtic inscriptions of Gaul, additions and corrections*, Londres, 1911, p. 26.

9. H. d'Arbois de Jubainville, *Éléments de la grammaire celtique*, p. 176.

rapprochant plutôt de *merito*, c'est sans doute le sens de
« à juste titre » qu'il faut donner à βρατουδε [1].

Les noms des donateurs et de leurs fonctions nous
offrent des exemples de nominatifs singuliers :
en *-os* : *Andecamulos*, *Licnos*, Σεγομαρος, Κασσιταλος,
Iccavos, *Doiros*, Ουηβρουμαρος, Καρταρος, *Bratronos* ;
en *-ios* : *Apronios* ;
en *-is* : ναμαυσατις ;
en *-us* : τρουτιους ;
en *-đ* : *epađ* ;
en *-u* : *Frontu* ;
en *-a* : *Buscilla*.
et des exemples de nominatifs pluriels :
en *-i* : *Senani* ;
en *-es* : *Eurises*.

Ces noms sont souvent accompagnés d'une détermination :
1° D'un nom de père au génitif : *Dannotali* [fils] de
Dannotalos, *Segomari* [fils] de Segomaros.
2° d'un patronymique en *-cnos* : Ουερσικνος, *Oppianicnos*,
Toutissicnos, Αδρεσσικνος, *Nantonicn(os)* ; cf. *Tanotaliknoi*
[fils de] Danotalos, *Trutiknos* [fils de] Drutos transcrit
Druti f[ilius] dans le texte latin de l'inscription bilingue [2];
3° d'un surnom patronymique, local, ou hypocoristique :
en *-eos* : Ουιλλονεος ;
en *-ios* : *Tarbelsonios* ;
en *-tos* : *Contextos* ;
en *-acos* : Ιλλανουιακος.

---

1. On trouve dans quelques inscriptions osques un mot de même
racine dont on a les formes *brateis* gén., βρατωμ acc., en pélignien
bratom. Zvetaieff, *Inscriptiones Italiae mediae*, n⁰ˢ 9, 33. *Sylloge
inscriptionum oscarum*, n° 143. R. von Planta, *Grammatik der oskisch-
umbrischen Dialekte*, II, p. 678, 716.
2. Voir ci-après, inscriptions n⁰ˢ 17 *bis*, 33.

Les noms des personnes ou des divinités auxquelles sont adressées les offrandes nous donnent des exemples de datif :

Datif singulier.

En *-u* : *Alisanu, Magalu,* Ταρανοου, *ieuru* (?), ρασελου, *Anvalonnacu, Elvontiu* ;

en *-i* : Βηλησαμι (cf. *Belisama*) (thème en *-i*) ; *Brigindoni* (thème en *-n*) ; Αδγεννοριγι (thème en *-g*) ;

en *-ui* : Βαλαυδουι Μακκαριουι, Λαμι εινουι, Αδγενουι ;

en *-e* : *Ucuete* ;

en *-ai* : Εσκεγγαι Βλανδοουικουνιαι, Αιουνιαι ;

en *-o* : *Dvorico, Esomaro.*

Datif pluriel.

En *-bo* : Ματρεβο ναμαυσικαβο, ματιαβο (?), Ανδοόυνναβο ;

en *-be* : *suiorebe* ou *iorebe* (?) ;

en *-bi* : *gobedbi* (?).

Le nom de l'objet consacré ou donné devait être à l'accusatif :

Accusatif singulier.

En *-on* : *canecosedlon, cantalon,* νεμητον, *celicnon* (thèmes en *- o*) ;

en *-om* : *brivatiom* ;

en *-o* : *sosio* ;

en *-in* : *ratin, sosin* (thèmes en *-i*). Cf. *Ucuetin,* nom de dieu ;

en *-an* : ˙ματικαν (?) ;

en *-em* : καντεμ (?).

Il est probable que *sosio* (accusatif neutre), *sosin* (accusatif masculin ou féminin) sont des cas d'un pronom.

Accusatif pluriel neutre (?).

En *-a* : καντενα.

Enfin, quelques inscriptions contiennent des compléments circonstanciels à l'ablatif. Le plus remarquable est *bratûde* qui semble être l'ablatif d'un thème en *-u* suivi de la postposition *de* [1]. Mais on a aussi un datif ou un ablatif (locatif) en *-a* ou *-e* précédé de la préposition *in* : *in Alisiia*, *in Alixie*.

Les inscriptions funéraires, qui sont moins nombreuses, ne nous fournissent guère que des noms propres au nominatif [2], quelquefois suivis d'une détermination : Ουριττακος Ηλουσχονιος, Βινναμος Λιτουμαρεος, Κογγεννολιτανος Καρθιλιτανιος, Ελουισσα Μαγουρειγιαουα, Μισσουκος Σιλουκνος, Κατουαλος, Εσκιγγορειξ Κονδιλλεος, Καβιρος Ουινδιακος.

Outre ces inscriptions votives et funéraires, qui sont les plus intéressantes, nous avons conservé sur des poteries et sur un des boucliers de l'Arc d'Orange un groupe d'inscriptions [3] qui contiennent, à côté d'un nom propre, un mot singulier qui apparaît une fois sous la forme complète *auotis*, mais, le plus souvent, sous les formes abrégées *auoti*, *auot*, *auuot*, *auo*, *au* [4]. On a donné

---

1. On trouve en latin *quibus de* (Cicéron, *Invent.* II, 48, 141) *provinciis de* (Tite Live, XLI, 23, 13). Des postpositions analogues sont fréquentes dans les dialectes italiques : *-en* (lat. *in*) en osque et ombrien,*-com*,*-kum*(lat. *-cum*),*-per*(lat.*pro*),*-ars*(lat.*-ad*), en ombrien. R. von Planta, *Grammatik der oskisch-umbrischen Dialekte*, II, p. 440. Wh. Stokes compare le vieil-irlandais *ci-de* « de quo » Sg. 3 a 9 (*Archiv für celtische Lexikographie*, I (1900), p. 108). On peut songer aussi à expliquer -δε par le latin *-de* (*in-de*), en grec -θε,-θεν, ou par l'ablatif zend en *-dha*. R. Thurneysen, *Miscellanea linguistica in onore di Graziadio Ascoli*, Turin, 1901, p. 38.

2. Dans les inscriptions chrétiennes de Grande-Bretagne, les noms sont au génitif. Il est possible que quelques-unes des inscriptions gauloises qui offrent des noms au datif soient des inscriptions funéraires.

3. Héron de Villefosse, *Comptes rendus de l'Académie des inscriptions et belles-lettres*, XV (1887), p. 251-255. *Revue archéologique*, XI (1888), p. 155-159.

4. Ce genre d'abréviations est fréquent dans le calendrier de Coligny.

de ce mot les explications les plus diverses. Ce serait soit
simplement le latin *a votis* [1], soit un nom celtique signifiant « fabricant » [2]. Depuis la découverte de la forme *auotis*,
on a renoncé à y voir un verbe [3]. Ces inscriptions contiennent d'intéressants noms propres : *Rextugenos, Sullias,
Sacrillos Carati, Aücirix, Buccos.*

Les monnaies gauloises [4] portent le plus souvent des
noms d'hommes, rarement accompagnés de qualificatifs,
ce qui rend les attributions difficiles ; il s'agit, sans doute,
tantôt de chefs, tantôt de magistrats monétaires. C'est, en
particulier, le cas des monnaies où sont réunis deux noms
d'hommes. Comme noms communs, on ne peut guère citer
que *vlatos*(?), *vercobreto, arcantodan.* Les noms de lieux
sont rares : *Ratumacos.* On trouve quelques noms de
peuples : *Eburovicom, Aulircus, Eduis,* Λογγοσταλητων,
Medioma(*trici*), Σαμναγητ(ων), *Veliocaθi, Volcae Arec*(*omici*);
et quelques adjectifs ethniques : Βηταρρατις, *Namasat*(*is*),
Remos, Santonos, Segusiaus, Turonos. Les désinences ne
peuvent être utilisées qu'avec prudence pour l'étude de la
déclinaison gauloise, car les mots sont souvent écrits en
abrégé faute de place ; ils sont, pour la plupart, au nominatif ; ils nous fournissent, en tout cas, des exemples des
différents thèmes :

en -o- : *Aremagios, Artos, Atepilos, Belinos, Cassisu-
ratos, Cisiambos, Contoutos, Diasulos, Durnacos, Giamilos,
Litavicos,* Λουχοτιχνος, Πεννοουινδος, *Viros* ;

1. D'après R. Thurneysen. Mais la formule latine est *ex voto* et
non *a votis*, qui est d'ailleurs invraisemblable sur des poteries.
2. H. d'Arbois de Jubainville, Centenaire de la Société des
Antiquaires de France, *Recueil de mémoires*, 1904, p. 15.
3. M. C. Jullian (*Histoire de la Gaule*, II, 1908, p. 373, n. 1)
objecte l'inscription qui porte *Sacrillos avot formam.* Mais *formam*
y est en abrégé : *form.*
4. A. de Barthélemy, *Revue celtique*, I (1871), p. 291-298 ; IX
(1888), p. 26-35. Muret et Chabouillet, *Catalogue des monnaies gauloises de la Bibliothèque nationale*, 1889, p. 317 et suiv. Blanchet,
Traité des monnaies gauloises, 1905.

en *-io-* : *Aremagios*, Βωχιος, *Tasgetios*, *Lucotios*, *Luxterios*;

en *-a-* : *Motuidiaca*, *Ateula*, *Verga* ;

en *-ia-* : *Vindia* ;

en *-i* : *Lixoviatis*, Βηταρρατις, *Agedomapatis*;

en *-n-* : *Caledu* (cf. *Caledones*), *Criciru* (*Cricironi*) ;

en *-g-* : *Celecorix*, *Cosecalitix*, *Inecriturix*, *Magurix*, *Togirix*, *Vercingetorixs* ;

en *-d-* : *Cicedubri epad*.

Des inscriptions populaires sur des pesons de fuseaux, récemment interprétées, semblent contenir des mots et même des phrases gauloises. La plus curieuse offrirait deux exemples de verbes à l'impératif [1].

Parmi les tablettes magiques, l'une, la tablette de Poitiers [2], semble un mélange de grec et de latin où le gaulois n'apparaît pas clairement ; l'autre, la tablette de Rom [3], semble entièrement gauloise ; elle comprend les mots *sosio* et *cialli* que l'on trouve dans d'autres inscriptions gauloises ; on y a découvert des désinences d'apparence verbale : *-mo*, *-issie*, *-ont* ; peut-être aussi le nom de la déesse *Divona* écrit *Dibona*.

Quant à la tablette d'Eyguières [4], écrite dans un alphabet intermédiaire entre l'alphabet grec et l'alphabet étrusque, on n'y aperçoit, comme mot à tournure celtique, que σμερτειστο.

Enfin, les tablettes d'Amélie-les-Bains[5], en dehors de

<hr>

1. Voir ci-après, n° 59.

2. Voir ci-après, n° 60.

3. Voir ci-après, n° 52.

4. Jullian, *Revue des études anciennes*, II (1900), p. 47-55. *Bulletin archéologique*, 1899, p. cxii, cxxiii. Audollent, *Defixionum tabellae*, 1904, p. 172-173.

5. *C. I. L.*, XII, 5367. Héron de Villefosse, *Bulletin de la Société des Antiquaires de France*, 1895, p. 122. Audollent, *Defixionum tabellae*, p. 173-175.

·quelques mots latins, ne présentent rien que l'on puisse ·encore identifier à une langue connue.

La plus importante des inscriptions gauloises, malgré son obscurité et bien que l'intérêt en soit un peu spécial, ·est sans contredit le calendrier de Coligny [1]. Ce calendrier comprenait cinq années de douze mois chacune, plus deux mois complémentaires, placés l'un au commencement du calendrier, l'autre entre le sixième et le septième mois de la troisième année ; ces deux mois complémentaires ·occupent chacun sur la table de bronze un espace double ·de l'espace occupé par un mois ordinaire. Chaque mois ·est divisé en deux parties. La première partie, qui est ·précédée du nom du mois, comprend toujours 15 jours ; la seconde partie, précédée uniformément du mot *Atenoux*, comprend 14 ou 15 jours, selon que le mois a 29 ou 30 jours ; cette seconde partie est numérotée à part comme un tout distinct. Il y a sept mois de 30 jours et cinq mois de 29 jours.

Les mois complémentaires, destinés à rétablir l'accord entre l'année lunaire de 354 jours et l'année solaire de 365 jours 1/4, présentent tous deux 30 jours. Ces 30 jours portaient chacun le nom d'un des trente mois qui suivaient et la liste des mois était contenue deux fois et demie dans les trente jours du mois complémentaire [2], c'est-à-dire partagée en trois séries, deux de 12 jours et une de 6 jours. Il est curieux qu'en Bretagne les 12 jours supplémentaires (*gourdeziou*), que la tradition la plus ancienne place du 25 décembre au 6 janvier, passent pour dénoter la qualité des douze mois de l'année [3]. Les jours 1, 7, 8, 9 de chaque mois sont souvent indiqués dans le calendrier de Coligny par le nom du mois suivant.

1. J. Loth, *Revue celtique*, XXV (1904), p. 113-142. Voir la bibliographie ci-après, inscription n° 53.

2. Seymour de Ricci, *Revue celtique*, XXIV (1903), p. 313-316.

3. J. Loth, *Revue celtique*, XXIV (1903), p. 310-312.

La plupart des mots de ce calendrier sont en abrégé ; les abréviations du même mot sont multiples, en sorte qu'on en peut dresser la série croissante ou décroissante. Ces mots sont sans doute au nominatif ; mais il est difficile d'en déterminer le cas, tant qu'on n'est pas sûr que le mot soit écrit en entier. Il y a au moins trois génitifs : *Equi* à côté du nominatif *Equos* ; *Cantli* à côté de *Cantlos*, *Riuri* à côté de *Riuros*.

A la fin du premier mois complémentaire et au commencement du second, on trouve une phrase, complète dans le premier, incomplète dans le second. Dans la première, il y a sans doute un verbe à la troisième personne du singulier : *cariedit* ou *riedit*.

Rhys réunit dans un même groupe linguistique l'inscription de Coligny, l'inscription de Rom, l'inscription de Séraucourt, l'inscription de Vieil-Évreux, les formules de Marcellus de Bordeaux [1].

LES ALPHABETS DES INSCRIPTIONS GAULOISES

César nous apprend que, lorsque les Romains, en 58 avant notre ère, pénétrèrent dans le camp des Helvètes, ils y trouvèrent des tables en lettres grecques, où étaient relevés les noms de tous les émigrés, le nombre des hommes en état de porter les armes, et, séparément, celui des vieillards, des enfants et des femmes [2]. Les

1. *Celtae and Galli*, p. 55. Dès 1896, M. Seymour de Ricci attribuait au ligure l'inscription de Coligny, en se fondant sur divers caractères linguistiques, dont le plus important est l'emploi simultané du *q* et du *p* (*Revue celtique*, XIX, 1898, p. 217). M. Nicholson l'attribuait en 1898 à une langue indo-européenne intermédiaire entre le latin et le celtique et qu'il nomme *Sequanian* (*Sequanian*, Londres, 1898). J. Rhys (*The Celtic inscriptions*, p. 81) lui donne le nom de *Celtican*. Sur ces fragiles hypothèses, voir J. Loth, *Comptes rendus de l'Académie des inscriptions et belles-lettres*, 1909, p. 16.
2. César, I, 29.

druides gaulois, dans les comptes publics et privés, se servaient de lettres grecques [1]. Quand, dans le pays des Nerviens, César eut à faire parvenir une lettre à son lieutenant Q. Cicéron, il l'écrivit en lettres grecques, pour que l'ennemi, s'il arrivait à l'intercepter, ne pût connaître son dessein [2] ; comme il est peu probable que, dans ce texte, les mots *litteris graecis* aient un autre sens que dans les deux précédents et signifient « en langue grecque » et non « en caractères grecs », il s'ensuit que la connaissance de l'alphabet grec ne s'était pas répandue chez les Nerviens, qui, d'ailleurs, défendaient aux marchands étrangers l'accès de leur pays [3]. La langue grecque était-elle connue dans la Gaule Celtique? Strabon, sans doute d'après Poseidônios, rapporte que les Gaulois voisins des Marseillais ont été amenés par ceux-ci à écrire leurs contrats en grec : ἑλληνιστί [4]. Mais le druide Diviciacus ne savait pas le grec, puisqu'il ne peut s'entretenir avec César sans l'aide d'un interprète [5]. Il faut donc seulement conclure que le premier alphabet des Gaulois fut l'alphabet grec et que c'est par les Grecs de Marseille que la connaissance de l'alphabet s'était répandue en Gaule.

Rien ne permet de croire qu'antérieurement à l'introduction des lettres grecques les Gaulois se servissent d'alphabets formés de barres parallèles disposées à l'arête d'une pierre ou d'un tronc équarri, comme l'alphabet oghamique, qui était encore en usage en Irlande au VIIe siècle [6].

1. César, VI, 14. Tacite rappelle (*Germanie*, 3) que l'on croyait de son temps à l'existence de tombeaux à inscriptions grecques sur la limite de la Germanie et de la Rhétie. C. Jullian, *Revue des études anciennes*, XIV (1912), p. 283-284.

2. César, V, 48. Dion Cassius, rapportant le même fait, dit ἑλληνιστί (XL, 9), mais ἑλληνιστί n'est pas plus clair que *litteris graecis*. T. R. Holmes, *Caesar's conquest of Gaul*, 2e éd., Oxford, 1911, p. 730.

3. César, II, 15. Cf. Cicéron, *Ad Quintum fratrem*, III, 8.

4. Strabon, IV, 1, 5.

5. César, I, 19.

6. H. d'Arbois de Jubainville, *Comptes rendus de l'Académie des*

Comme nous l'avons vu, les inscriptions gauloises sur pierre sont écrites soit dans l'alphabet grec, soit dans l'alphabet latin [1]. Quelquefois les deux alphabets sont réunis dans une inscription [2] ou mélangés dans le même mot [3]. Sur les monnaies gauloises, les caractères grecs furent employés jusqu'à la fin de l'indépendance [4]. Parfois, on trouve des caractères grecs sur une face et des caractères latins sur l'autre : **POOYIKA**, au revers **ROVECA** ; **EPENOS**, au revers **ЕΠHNOC**, et, dans le même mot, une lettre grecque parmi des lettres latines : **COLIMA** variante de **SOLIMA**. Mais, d'après les alphabets, les inscriptions lapidaires et les légendes monétaires ne sont pas également réparties dans les mêmes régions. Les inscriptions lapidaires en caractères grecs proviennent surtout de la Narbonnaise, et les légendes monétaires en caractères grecs s'étendent beaucoup plus loin : on en a trouvé chez les Suessions, les Meldes, les Carnutes. On pourrait donc en conclure que les inscriptions sur pierre ne sont pas contemporaines des monnaies et qu'elles sont peu antérieures aux inscriptions latines de Gaule [5].

La plupart des inscriptions sont en caractères monu-

inscriptions et belles-lettres, IX (1881), p. 20-26. Ph. Berger, *Histoire de l'écriture dans l'Antiquité*, 2ᵉ éd., p. 341-347. J. Mac Neill, *The Irish Ogham inscriptions* (*Proceedings of the royal Irish Academy*, XXVII, C, 15, Dublin, 1909).

1. Au commencement du xıxᵉ siècle on croyait à l'existence d'un alphabet propre au celtique et on se figurait le trouver dans les inscriptions armoricaines des vıııᵉ-xᵉ siècles.. Voir Thévenard, *Mémoires relatifs à la marine*, an vııı, II, p. 117-118. L'alphabet étrusque a servi à transcrire le gaulois de Cisalpine.

2. Voir l'inscription de Genouilly (ci-après n° 45).

3. MEΘILLVS (*C. I. L.*. XII, 5686, 576), sur un vase.

4. C'est sur les pièces de Vercingétorix que l'on voit pour la première fois des lettres latines. Quelques monnaies des Longostalètes sont en alphabet ibérique, et quelques monnaies des vallées de l'Isère et du Rhône, en caractères nord-italiques. Blanchet, *Traité des monnaies gauloises*, p. 94.

5. Blanchet, *Traité des monnaies gauloises*, 1905, I, p. 92-93, 274-278.

mentaux plus ou moins soignés. Les seules inscriptions en caractères cursifs sont celles de Rom (n° 52), de Lezoux et de Boutæ (n° 43), de Banassac (n° 44), d'Alésia (n° 36).

Voici les principales particularités des alphabets employés dans les inscriptions gauloises [1].

Le Γ et parfois le G s'emploient, comme en grec, pour représenter la nasale gutturale : Εσκιγγορειξ à Nîmes, *Escig-gorix* à Nîmes, cf. *Excingos, Escingus, Excingomarus.*

Au Θ des inscriptions en caractères grecs (MEΘΘIΛΛOS) répond, dans les inscriptions en caractères latins, un signe spécial Ð (MEÐÐILLVS), qui en est vraisemblablement imité [2]. Mais on trouve aussi le Θ dans ces inscriptions : MEΘILLVS, VELIOCAΘI et le TH : CARAÐÐOVNVS et CARATHOVNVS. Il s'agit sans doute d'une spirante ou d'une affriquée dentale [3].

De même, le X placé devant T dans certaines de ces inscriptions semble bien être la lettre grecque χ et non la lettre latine ; à LVXTIIPIOS d'une monnaie des Cadurques répond LVCTERIO d'une inscription du même pays.

La lettre F, qui n'apparaît jamais dans les noms celtiques des inscriptions [4], semble étrangère à l'alphabet gaulois [5]. Il paraît en être de même du Φ grec [6].

---

1. Voir Cagnat, *Cours d'épigraphie latine*, 4ᵉ éd., 1914. S. Reinach, *Traité d'épigraphie grecque*, 1885.

2. Ce signe se trouve aussi en pélignien, où il représente une modification de *d*. R. von Planta, *Grammatik der oskisch-umbrischen Dialekte*, I, 1892, p. 405-406.

3. Voir ci-après, p. 62, n. 3, et n° 48.

4. *Frontu*, de l'inscription de Vieux-Poitiers, est manifestement la forme gauloise d'un nom latin.

5. Des mots comme *Dulgofaiacus* semblent bien être germaniques ; le gothique dit en effet *dulgs* « dette », tandis que le mot correspondant en irlandais est *dliged* « devoir ».

6. Rien ne permet de croire que l'inscription gravée sur un rocher qui borde la Durance à Cavaillon (Rhys, *Inscriptions*, p. 23) et qui porte OYEAPOY ΦHKIKOC soit celtique. Voir toutefois ci-dessous p. 99, n. 1.

L'H, qui est rare dans les mots et les noms gaulois, semble y avoir été ajouté sous l'influence latine.

Dans l'inscription de Rom, face B, on trouve un signe ou un monogramme singulier ressemblant à un *z* barré, et dont la valeur exacte n'a pu être déterminée.

La lettre **E** est souvent figurée par **II** [1]. On trouve sur des monnaies **EPAD** et **IIPAD**, **TASGETI** et **TASGIITIOS** ; cette notation· est particulièrement fréquente chez les Arvernes. On la trouve aussi dans les inscriptions lapidaires (n⁰ˢ 44, 55, 58). Un **E** de l'inscription de Néris-les-Bains (n° 48) a la barre du milieu plus longue que les autres [2].

L'**E** de l'inscription du temple de Diane, à Nîmes (n°19), a sa barre verticale prolongée au-dessus et au-dessous de la ligne et la barre du milieu est aussi longue que les deux autres [3].

L'inscription d'Alise (n° 33) présente à la fois **E** (**IEVRV**, **VCVETE**) et **II** (**DVGIIONTIIO**, **ALISIIA**) ; il est donc possible que **II** y soit un double **I**. L'**E** de l'inscription de Vieux-Poitiers (n° 51) est fermé à droite par une barre verticale [4].

Le **Σ** apparaît dans les inscriptions de Nîmes (n° 19), Saint-Côme (n° 27).

Le **C** lunaire est souvent employé au lieu de **Σ** sur des

---

1. Cette forme est assez fréquente dans l'alphabet archaïque, l'alphabet cursif et l'alphabet monumental latins.

2. La diminution de la barre horizontale du milieu de l'E est le signe d'une facture négligée ou d'une date plus récente. Cagnat, *Cours d'épigraphie latine*, p. 15.

3. Cet ε n'apparaît pas avant l'ère chrétienne.

4. Cette forme, m'écrit M. R. Cagnat, est totalement inconnue à l'alphabet latin épigraphique. C'est le hêta grec archaïque. On pourrait, au lieu de cet *e*, lire la première fois *ei* ou *el*, car les ligatures ne sont pas rares dans l'inscription de Vieux-Poitiers, et les lettres qui se trouvent entre *b* et *n* sont très indistinctes ; mais cet *e* est employé une seconde fois dans *ieuru*, mot bien connu par ailleurs, et dont la lecture est sûre.

monnaies. On le trouve dans l'inscription de Vaison (n° 7), les inscriptions d'Orgon (n° 1), de Saint-Saturnin-d'Apt (n° 8), du Grosel (n° 2), de Saint-Remy (n°s 4, 5), de Nîmes (n°s 21, 30), de Collias (n° 32), Substantion (n° 18), Uzès (n° 26), Genouilly (n° 45). Il est usité dans le monde grec depuis le ive siècle avant notre ère [1].

Un Ϲ à angles droits se trouve dans des inscriptions de Saint-Martin-de-Castillon (n° 17), de Nîmes (n° 20).

Un petit o est employé à côté du grand O dans l'inscription d'Autun (n° 39), les inscriptions d'Orgon, de Collorgues (n° 29), d'Alise (n° 34), Vieux-Poitiers (n° 51), Néris-les-Bains (n° 48). Un O dont le bas est fermé d'une ligne horizontale continue se trouve sur l'inscription de Genouilly (n° 45) et sur l'inscription de Néris-les-Bains (n° 48). Les inscriptions en caractères grecs (Vaison, n° 7, Uzès, n° 26, Alise, n°s 34, 35), ont ω [2]. On trouve un O avec un point au milieu dans les inscriptions de Cavaillon (n° 15) et de Saint-Remy (n° 3).

La boucle du Ρ n'est pas fermée sur quelques monnaies des Arvernes.

Le C s'échange avec le Ϙ devant *u* dans l'inscription de Coligny (n° 53) : ϘVTIOS et CVTIOS.

Le Τ a sa barre horizontale inclinée à droite [3], l'Υ a la barre verticale prolongée dans l'inscription de Cavaillon (n° 14).

L a la forme d'un λ minuscule dans l'inscription de Banassac (n° 44) [4].

L'A est sans barre sur quelques monnaies et dans le calendrier de Coligny ;

1. S. Reinach, *Traité d'épigraphie grecque*, p. 207-210.

2. Dans l'inscription 34 l'ω a une forme cursive. L'ω au lieu de Ω a paru en Sicile vers la fin du iie siècle avant notre ère, et, en Grèce il ne prévaut qu'à l'époque des Antonins. S. Reinach, *Traité d'épigraphie grecque*, p. 208.

3. Forme rare d'après Cagnat, *Cours d'épigraphie latine*, p. 22.

4. Forme provenant de l'écriture vulgaire. Cagnat, *ibid.*, p. 18.

il a parfois la barre parallèle à la branche de gauche (*Caledu*, *Vandelos*, *Caliageis*) sur des monnaies ;

il a parfois la barre médiane verticale (*Diasulos*) sur des monnaies.

Sur certaines monnaies du nord de la Gaule, l'R prend la forme d'un rond placé au sommet d'un angle aigu.

Pour séparer les mots, on trouve des points dans les inscriptions de Couchey (n° 37), d'Auxey (n° 38), d'Autun (n° 39), de Néris-les-Bains (n° 48), de Genouilly (n° 45).

Ces points sont très angulaires dans l'inscription d'Alise (n° 33) et l'inscription de Paris (n° 50).

Dans les inscriptions d'Alise (n° 33) et de Couchey (n° 37), certains points sont remplacés par des signes en forme de feuilles [1]. On trouve ∴ dans l'inscription d'Uzès (n° 26).

Les lettres liées sont assez fréquentes :

MA dans *Matucenus* sur des monnaies.

NT dans *Contoutos* sur des monnaies ; *Frontu*, inscription de Vieux-Poitiers (n° 51).

OT dans *Dannotali*, inscription d'Alise (n° 33). C'est une ligature rare.

VE dans *Verga* et *Veli* sur des monnaies.

VA dans *Brivatiom*, inscription de Vieux-Poitiers (n° 51).

IN dans *sosin*, inscription d'Alise (n° 37), *ratin*, inscription de Vieux-Poitiers (n° 51).

Peut-être EK dans Εχολιος, inscription de Collias (n° 32).

LL dans *Leucullosu*, inscription de Néris-les-Bains (n° 48) ; la forme de cette ligature, où les deux lignes verticales reposent sur une base continue, est rare. Peut-être la trouve-t-on aussi dans l'inscription de Vieux-Poitiers (n° 51).

---

1. Ces signes se rencontrent depuis Auguste jusqu'à une époque assez récente. Cagnat, *Cours d'épigraphie latine*, 4ᵉ éd., p. 28.

L'étude de l'alphabet permet, sinon de dater avec précision les inscriptions (car nous ignorons l'ordre de succession des modes d'écriture selon les diverses régions de la Gaule), du moins de les classer en plusieurs groupes. C'est, je crois, tout ce que l'on peut faire pour le moment.

INSCRIPTIONS EN CARACTÈRES GRECS

On peut les classer d'après les formes du σ [1] et de l'ε.

Σ	C	Ϲ
St-Côme (n° 27).	St-Remy (nos 4, 5).	St-Martin-de-Castillon (n°17).
Nîmes (n° 19).	Alleins (n° 6).	Nîmes (n° 20).
	Substantion (n° 18).	
	Cavaillon (nos 11, 13, 14, 15).	
	Orgon (n° 1).	
	Grosel (n° 2).	
	Vaison (n° 7).	
	St-Saturnin (n° 8).	
	Gargas (n° 10).	
	Nîmes (n° 21).	
	Nîmes (n° 30).	
	Uzès (n° 26).	
	Collias (n° 32).	
	Alise (nos 34, 35).	

Les monnaies ont Σ et C.

La forme des E, avec une barre verticale dépassant en haut et en bas, est caractéristique de l'inscription de Nîmes (n° 19). Dans les autres inscriptions, les ε se répartissent en deux groupes : l'ε lunaire et l'ε à angles droits, ce dernier avec la barre du milieu égale aux deux autres. Les deux sortes d'ε sont employés dans l'inscription trilingue de Genouilly (n° 45).

---

1. Le sigma lunaire apparaît en Italie dès la fin du IIe siècle avant notre ère, et ne prévaut définitivement en Grèce qu'à l'époque des Antonins. Le sigma carré ne paraît guère avant le Ier siècle. S. Reinach, *Traité d'épigraphie grecque*, p. 207-208.

<table>
<tr><td align="center">E</td><td align="center">Є</td></tr>
<tr><td>

Grosel (n° 2).
Saignon (n° 16).
Nîmes (n° 20).
Nîmes (n° 28).
St-Martin (n° 17.)
Uzès (n° 26).
Alleins (n° 6.).
St-Côme (n° 27).

</td><td>

St-Remy (n° 5).
Cavaillon (n°s 11, 14).
Orgon (n° 1).
Collias (n° 32).
Vaison (n° 7).
St-Saturnin (n° 8).
Gargas (n° 10).
Redessan (n° 31).
Nîmes (n°s 21, 23.)
Isle-sur-Sorgue (n° 9).
Alise (n° 35).

</td></tr>
</table>

Les monnaies ont **E** et **Є**.

INSCRIPTIONS EN CARACTÈRES LATINS

La classification est plus complexe et se fait d'après des caractéristiques diverses :

1° Ornement en forme de feuille ❦ :

> Alise (n° 33).
> Couchey (n° 37).

2° Signes ⌿ et ⟩ entre les mots ; ces signes sont rares en épigraphie.

> Vieil-Évreux (n° 49).

3° Lettres liées :

> Alise (n° 33).
> Néris-les-Bains (n° 48).
> Vieux-Poitiers (n° 51).

4° Forme grecque archaïque de **E** (entièrement fermé) :

> Vieux-Poitiers (n° 51).

L'inscription qui offre le plus de particularités est, comme on le voit, celle de Vieux-Poitiers. Elle présente, de même que l'inscription d'Alise, des lettres superposées l'une à l'autre, sans doute faute de place.

CARACTÈRES COMMUNS AUX INSCRIPTIONS GRECQUES ET LATINES

1° Formes de l'**A**. Aucune de ces formes n'est propre à la Gaule.

A	Λ	A[1]
En alphabet grec :	En alphabet latin :	En alphabet grec :
Grosel (n° 2).	Coligny (n° 53).	St-Remy (n°s 4, 5).

En alphabet grec :
  Grosel (n° 2).
  Vaison (n° 7).
  St-Saturnin (n° 8).
  Gargas (n° 10).
  Collias (n° 32).
  Nîmes (n° 23).
  Montmirat (n° 24).
  Alise (n°s 35, 36).

En alphabet latin :
  Coligny (n° 53).

En alphabet grec :
  St-Remy (n°s 4, 5).
  St-Martin-de-Castillon (n°17).
  Collorgues (n° 29).
  Orgon (n° 1).
  Nîmes (n°s 19, 22).
  St-Côme (n° 27).
  Alise (n° 34).
  Cavaillon (n°s 11, 13).

Toutes les inscriptions en caractères latins, sauf celle de Coligny, ont A.

Les monnaies offrent toutes les formes d'A.

2° Petit o.

En alphabet grec :

    Orgon (n° 1).   Collorgues (n° 29).
    Nîmes (n°s 20, 25).   Alise (n° 34).

En alphabet latin :

    Autun (n° 39).   Néris-les-Bains (n° 48).
    Vieux-Poitiers (n° 51).

LES VARIANTES DES MANUSCRITS ET DES INSCRIPTIONS

La transmission des mots et des noms gaulois ne s'est pas toujours correctement faite. Les variantes sont nombreuses ; entre ces variantes, les savants ont été enclins à choisir celles qui s'expliquaient le plus facilement par les langues celtiques insulaires, ce qui n'est pas, en soi, une garantie d'authenticité. Ainsi, par exemple, les manuscrits

---

1. Cette forme est fréquente dans l'alphabet latin à l'époque républicaine et reparaît dans l'écriture des monuments au IIe siècle (Cagnat, *Cours d'épigraphie latine,* p. 12). En Grèce, l'α avec la barre brisée date du IIe siècle avant notre ère et est le plus usité entre l'avènement d'Auguste et la mort de Claude ; l'α avec la barre droite reparaît avec la fin du Ier siècle après notre ère pour dominer de nouveau à l'époque de Trajan. S. Reinach, *Traité d'épigraphie grecque,* p. 205.

de César, qui nous fournissent les noms gaulois les plus importants et les moins contestables, sont loin de s'accorder toujours. On trouve pour *Nitiobroges* la variante *Nitiobriges*, dont le second terme *-briges* est aussi celtique que *-broges* ; pour *Toutomatus*, la variante *Votomapatus*, qui présente un terme connu dans les noms celtiques : *mapat-* ; pour *Andebrogius* ou *Andocombogius*, la variante *Andocumborius* contenant *cumboro-*, qui s'explique aussi facilement par les langues celtiques que *brogi-* ou que *bogi-*. On pourrait hésiter entre *Veliocasses*, *Velliocasses*, *Velocasses* (cf. *Vellavii*, *vellauno-*) et *Beliocasses*, *Bellocasses* (cf. *Bellovaci*) ; entre *Sebusiani* et *Segusiavi* ; entre *Esubii*, *Sesuvii* et *Essui* ; entre *Geidumni*, *Geidunni*, *Geudunni* ; entre *Drappes* et *Draptes*. Les leçons données par des auteurs postérieurs à César ne suffisent pas toujours à assurer la rectification. Il y a eu des doubles noms pour les mêmes villes ; il y a eu des changements de noms ; la géographie administrative des Romains a dû défigurer autant de noms celtiques que notre géographie administrative estropie de noms populaires français. Le nom de Melun fournit un exemple intéressant de ce genre de variante [1]. Le premier terme de ce nom offre les leçons *meclo-*, *metlo-*, *metio-* ; le second terme est *-sedum* ou *-dunum*. Comme on ne peut songer à faire sortir l'un de l'autre *-sedum* ou *-dunum*, il est certain que la ville a changé de nom, et qu'elle ne portait plus, au temps des manuscrits qui nous sont parvenus, le même nom qu'au temps de César. D'autre part, *metlo-* était devenu *meclo-* soit dans la prononciation populaire, soit dans la nomenclature romaine.

On peut tirer de ces variantes quelques éléments de dialectologie gauloise, à condition de n'utiliser dans cette

---

1. J. Vendryès, *Mémoires de la Société de linguistique de Paris*, XIII (1905), p. 225-230. M. C. Jullian me signale *Mediomatrici*, *Mettis*, Metz.

recherche que des formes dont l'origine commune n'est pas
douteuse. Il faut se garder de prendre pour des variantes
d'un même thème ou d'un même suffixe, deux thèmes ou
deux suffixes originairement différents. Le sens dans
lequel s'est fait le changement phonétique n'est pas toujours aisé à déterminer. Il est possible aussi que parfois
on ait affaire à une fantaisie de scribe, inspirée ou non par
une étymologie populaire, plutôt qu'à une transmission de
prononciation vulgaire : *Selvanecti* a pu devenir *Silvanecti*
sous l'influence du latin *silva* ; *Bodiocasses* serait devenu
Badiocasses par analogie avec le latin *badius* [1]. Dans les
légendes monétaires, l'absence d'une lettre peut être due
à une abréviation usuelle, non à un fait de phonétique, et
les fautes de gravure ne sont pas rares.

Un élément de première importance pour l'étymologie
est la quantité des voyelles. Elle nous est assurée, lorsqu'il s'agit de l'*o* et de l'*e*, par les transcriptions grecques,
nombreuses pour les noms de lieux, rares pour les noms
de personnes. Mais ces transcriptions ne peuvent pas inspirer une confiance absolue, car elles sont variables : νεμητον
dans une inscription gauloise, -νέμετον et (Νε)μεταχόν chez
Ptolémée, δρυ-ναίμετον chez Strabon ; Βηλῆνος dans une
inscription, Βέλενος chez Hérodien ; Ἀλησία chez Strabon·
et Diodore, Ἀλαισία chez Polyen, Ἀλεσία chez Dion ; Κάλετοι
chez Strabon, Καλλῆται chez Ptolémée ; Σήνωνες chez
Polybe, Σένωνες chez Denys d'Halicarnasse ; Ἀρελάται chez
Strabon, Ἀρήλατον chez Sozomène ; — Κεύτρωνες chez
Strabon, Κεύτρονες chez Ptolémée ; Σουεσσίωνες chez Strabon, Οὐέσσονες chez Ptolémée. On a, de même, Μορῖνοι chez
Strabon, Μορινοί chez Ptolémée.

Devons-nous accorder plus de créance à la quantité des

---

1. H. d'Arbois de Jubainville, *Mémoires de la Société de linguistique de Paris*, XIII (1905-1906), p. 71-72. Cf. *Revue celtique*, XXVI
(1905), p. 282-283, où le nom du dieu *Silvanus*, var. *Selvanus*, est
expliqué par le mot irlandais *selbán* « troupeau ».

voyelles chez les poètes latins? Leurs notations sont en général constantes : *Mŏrĭnī, Pictāvī, Pictŏnĕs, Suessōnĕs,* et celles que nous pouvons vérifier par la comparaison des langues celtiques apparaissent exactes.

L'*u* gaulois est transcrit par υ [1] : δρυίδαι, δρυναίμετον chez Strabon ; et par ου : δρουίδαι chez Diodore, κοῦρμι chez Athénée, δοῦνον, λοῦγος chez le Pseudo-Plutarque, πεμπέδουλα chez Dioscoride, sans que nous puissions déterminer si cette dernière graphie ne répond pas dans quelques cas à la diphtongue gauloise *ou*.

Le *v* (*u* consonne) gaulois est d'ordinaire transcrit par ου : Ἀρούερνοι, *Arverni* ; Ἐλουήτ(τ)ιοι, *Helvetii,* mais aussi par υ : Αὐαρικόν [2], *Avaricum* ; et par β : Νέρβιοι [3], *Nervii* ; *qu* est transcrit κο ou κου : Σηκοανοί [4] et Σηκουανοί [5].

Voici les principales variantes phonétiques des textes et des inscriptions.

A-E

Namasat sur une monnaie de Nîmes, Ναμαυσατις dans l'inscription gauloise de Vaison sont dérivés du nom de ville dont la forme ordinaire dans les textes, les inscriptions lapidaires et les monnaies est *Nemausus*. On a de même *Tarvanna* dans l'Itinéraire d'Antonin et *Tervanna* dans la Table de Peutinger. La même variante se trouve dans quelques préfixes : Ἑρκύνια chez le Pseudo-Aristote,

---

1. C'est une transcription littérale et non phonétique. Voir ci-après, p. 96.

2. Dion Cassius, XL, 34, 1. Ptolémée, II, 7, 10. Cf. Οὐιριδοῦιξ, Viridovix, Dion Cassius, XXXIX, 45. 1.

3. Plutarque, *César*, 20. Appien, *Gall.*, I, 4.

4. Strabon, IV, 1, 11.

5. Plutarque, *César*, 20. *Marius*, 24.

et Ἀρχύνια chez Aristote ; *Veragri* chez César, *Varagri* chez Pline ; — et dans quelques suffixes : *Aventicum* chez Tacite et Αὐαντικόν chez Ptolémée ; *Argantomagus* et *Argentomagus* dans l'Itinéraire d'Antonin ; *Vienna* chez César, *Vianna* dans des inscriptions.

A-I.

Magalus chez Tite Live, Μάγιλος chez Polybe.

A-O

Mogontiacum chez Tacite et dans les inscriptions, *Magontiacum* dans l'Itinéraire d'Antonin ; *Adnamatus* sur les bords du Rhin, cf. *Adnomatus* en Pannonie ; *Agedomopatis* (inscription lapidaire), *Agedomapatis* (monnaie) ; *Ratomagus*, *Rotomagus* dans l'Itinéraire d'Antonin.

E-O

Neviodunum en Pannonie, *Noviodunum* dans les Gaules ; *divertomu*, *divortomu* dans le calendrier de Coligny ; *Ande-*, *Ando-* dans les manuscrits de César.

E-I [1]

Βηλησαμι dans l'inscription gauloise de Vaison, *Belisamae* dans une inscription du Conserans ; *Belenos* à Aquilée, Βηληνος à Narbonne, *Belinos* à Aquilée dans des inscriptions, Βέλενος chez Hérodien ; *Atesmerius* à Meaux, *Atismerius* en Carinthie ; *Andecavi* chez Tacite, *Andicavi* chez Pline. L'Itinéraire d'Antonin offre *Virodunum* et *Verodunum* ; on a *Lexovii* chez César et *Lixovio* sur les monnaies ; *Roveca* et Ροουικα sur des monnaies des Meldes ; *more* « mer » dans le Glossaire de Vienne, *Mori-* en composition ; *Alesia* chez César, *Alisiia*, *Alixie* dans des inscriptions gauloises [2] ; *divertomu*, *divirtomu* ; *semivis*, *simivis* dans le calendrier de Coligny.

1. Le changement de *i* en *e* prouverait que *i* est ouvert. Voir ci-après, p. 96.

2. De même, une tessère de plomb trouvée à Alise porte *Alisiens* (*C. I. L.*, XIII, 10029, 216 a) et un manuscrit de César offre *Alisiae*.

E-I-U-EU

Aulerci, Aulurci, Auleurci dans les manuscrits de César, *Aulircus* sur des monnaies, Αὐλιρχοί chez Ptolémée.

EI-E-I

Deiviciacos sur les monnaies, *Deviciacus* et *Diviciacus* dans les manuscrits de César ; *Dubnoreix, Dubnorex* sur les monnaies, *Dubnorix* chez César. Cf. *Covirus, Dubnocoveros* dans des inscriptions.

E-IE

Agedincum chez César, 'Αγήδιχον chez Ptolémée, *Agied..* dans une inscription ; *Redones* chez César, *Riedones* chez Pline et sur une inscription, 'Ριήδονες chez Ptolémée.

U-O [1]

Petrucorii sur des monnaies, *Petrocorii* chez César et sur des monnaies ; *Virdumarus* dans les Actes Capitolins et *Virdomarus* chez Florus et chez Properce ; *Senocondius* et *Senucondius* dans la même inscription de Nîmes.; *Litugena* sur une inscription de Narbonne, *Litogena* sur une inscription de Vienne ; cf. *Verulamïum* chez Tacite et *Verolamio* dans l'Itinéraire d'Antonin ; *Ratumagus* dans la Table de Peutinger, *Ratomagus* dans l'Itinéraire d'Antonin ; *Curiosolitæ* et *Coriosolitæ* dans les manuscrits de César ; *Uxellus* dans des inscriptions, *Oxsello* sur des monnaies ; *trinosam, trinuxsamo* dans le calendrier de Coligny.

U-I

Aduatuci et *Aduatici* dans les manuscrits de César. Cf. *Comatumarus* et *Comatimara* dans des inscriptions de Pannonie.

O-I

Eporedorix chez César, *Eporedirix* dans une inscription de Bourbon-Lancy ; *Orgetorix* chez César, *Orcetirix* sur

---

1. Le changement de *u* en *o* prouverait que l'*u* est ouvert.

des monnaies de Gaule. Cf. *Devognata* et *Devignata* dans des inscriptions du Norique.

AU-OU-O-U

Lausonius dans l'Itinéraire d'Antonin, *Losonne* dans la Table de Peutinger, *Lousonnensis* sur une inscription ; *Alauna, Alona* en Gaule, *Alounæ* en Autriche ; *Drausus* et *Drusus* chez Suétone.

EU-OU-O-U [1]

Teutates chez Lucain, *Toutatis* [2] en Styrie et en Angleterre, *Totati* et *Tutatis* en Angleterre ; cf. *Bodicca* en Angleterre et *Boudicca* chez Tacite ; *Nodons, Nodens, Nudens* en Angleterre ; *Olloudios* à Antibes, *Olludios* en Angleterre ; *loud, lod* dans le calendrier de Coligny.

AE-E

Hesus, Aesus, Haesus dans les manuscrits de Lucain, *Aesu* sur une monnaie de Grande-Bretagne [3] ; *Aisu-, Aesu-, Esu-* dans des inscriptions de Grande-Bretagne et de Gaule.

CHUTE DES VOYELLES

Il s'emble que les voyelles finales du premier terme des composés aient eu tendance à disparaître :

u : *Mogitumarus* à Arles, *Mogitmarus* en Hongrie ; *Lugudunum* et *Lugdunum* chez Sénèque [4] ; cf. *visumarus* « trèfle » et *Vismarus*, nom de Gaulois chez Tite Live ; cf. en Grande-Bretagne *Verulamium* chez Tacite, *Verlamio* sur les monnaies ;

1. E. Zupitza, *Zeitschrift für celtische Philologie*, III (1901), p. 591-594. La réduction de ces diphtongues en voyelles longues semble caractéristique du vieux-celtique de Grande-Bretagne.

2. Cf. τοουτιους (inscr. n° 7) et *Toutiorix* à Wiesbaden.

3. On a comparé cette variante au marrucin *aisos*, génitif de *aisu* « offrande ? », en osque *aisusis* « sacrificiis ? »

4. La forme syncopée était contemporaine de Dion Cassius : τὸ Λουγούδουνον, νῦν δὲ Λούγδουνον καλούμενον (XLVI, 50, 4), parlant en 211-222 d'événements de 43 avant notre ère.

e : *Aremoricus* chez Pline, *Armoricus* chez César; *Atepilos* et *Atpilos* sur des monnaies; *Atesmerius* à Meaux, *Adsmerius* à Poitiers.

o : *Virodunum* et *Virdono* dans l'Itinéraire d'Antonin.

On trouve même une chute de voyelle à l'intérieur du premier terme dans *Virdomarus* chez Florus, *Viridomarus* chez Festus [1], et dans le suffixe *-samo-* : *Belisama*, *Belismius*; *Uxisama*, *Osismi* [2].

La plus importante différence vocalique qui semble caractériser deux dialectes gaulois, mais qui est indéterminable, parce que nous ne connaissons pas l'étymologie du mot qui la présente, est celle qu'offrent ειωρου et *ieuru*. On trouve ειωρου en Narbonnaise, dans une inscription de Vaison, et *ieuru* en Celtique, dans des inscriptions de Vieux-Poitiers (Vienne); Sazeirat (Creuse); Lezoux (Puy-de-Dôme); Genouilly (Cher); Nevers; Auxey, Couchey, Alise (Côte-d'Or); Autun.

Une autre intéressante différence dialectale est peut-être fournie par la comparaison de *Cantlos*, nom de mois, avec le mot *cantalon*, gall. *cathl*, cf. irl. *cétal*; on a de même gaul. *Magalos*, v. bret. *Maglos*; gallo-rom. *gabalus*, gall. *gafl*, irl. *gabul* [3]. Tandis que l'irlandais introduit une voyelle dans les groupes *tl*, *gl*, *bl*, le gallois conserve ces groupes; parmi les dialectes gaulois, les uns étaient, semble-t-il, sur ce point apparentés au gaélique, les autres au brittonique.

VARIANTES DANS LE CONSONANTISME

V-B [4]

Arduenna, *Arduinna* chez César, *Ardbinna* dans une

---

1. Cf. *Viridovix* chez César et *Virdovix* dans un Lexique tironien.

2. Plusieurs de ces chutes de voyelles peuvent avoir été produites par un accent d'intensité. Voir ci-après, p. 103-104.

3. R. Thurneysen, *Zeitschrift für celtische Philologie*, II (1899), p. 542.

4. Il est vraisemblable que le changement de *b* intervocalique en *v*

inscription rhénane ; *Vesontio* chez César, *Besantio* chez Ammien Marcellin ; *Vivisci* et *Vibisci* dans des inscriptions ; *Veliocassis* et *Belliocassis* ; *Lexovii* et *Lexobii* ; *Mandubii* et *Manduvii* dans les manuscrits de César ; *Bituitus* chez Tite Live, *Vituitus* chez Florus.

V-M [1]

Borvo et *Bormo* dans les inscriptions ; cf. κούρμι, *cervesia*.

B-M [2]

Exobnus et *Exomnus* dans les inscriptions ; *Dubnorex* et *Dumnorex* sur des monnaies.

V-B-M

Covnertus, *Cobnertus*, *Comnertus* dans les inscriptions ; *Cevenna* chez César, Κέμμενον chez Strabon, *Cebenna* chez Méla.

B-P

Carbantorate chez Pline, *Carpentorate* dans la Notice des Gaules ; *Eporedorix* et *Eboredorix* dans les manuscrits de César.

D-DD-Đ-ĐĐ-Θ-ΘΘ-TH-DS-SS-S [3]

Addedomaros, *Addedomaros*, *Assedomarus* ; *Caraddouna*, *Carassounus* ; *Teddicnius*, *Tessignius* ; *Meddulus*, *Messulus* ;

comme dans *Cebenna*, *Cevenna*, a amené la graphie inexactement archaïque, de *b* pour *v* comme dans *Ardbinna* pour *Arduinna*.

1. L. Duvau, *Revue celtique*, XXII (1901), p. 79-83. H. d'Arbois de Jubainville, *ibid.*, p. 237-243 ; *Mémoires de la Société de linguistique de Paris*, XI (1900), p 324-327.

2. C'est sans doute, comme en latin, *bn* qui s'est changé en *mn* : lat. *scab-ellum*, *scamnum*. L'irlandais *domain*, gallois *dwfn* « profond » semble de même remonter à *dubn-*, cf. lit. *dùgnas* pour *dubnas*.

3. Ces diverses notations doivent représenter soit des variantes dialectales d'un son originairement un, soit des essais de transcriptions d'un seul et même son. Ce son serait d'après M. J. Loth (*Revue celtique*, XXXII (1911), p. 416) une sorte d'affriquée, *ts*. Comparez *Epotsorovidi* à *Eposognatos* et à *Epotius* ; *Uraθarius* à *Urassia* et à *Uradsarius*.

Meddilus, *Medsillus*, *Meθθillus*, *Medilus*, *Medilus*; *Meθillus*; *Veliokaθi*, *Veliocasses*; *Dirona*, *Đirona*, *Sirona*; *Redsomarus*, *Ressimarus* sur des inscriptions.

S-SS-X

Alesia chez César, *Alixie* dans une inscription gauloise; *Excingus* dans des inscriptions latines, Εσχιγγος dans une inscription gauloise ; *Bussus*, *Buxsus* dans des inscriptions.

GS-X-XS

Mogsius, *Moxius*, *Moxsius* dans des inscriptions.

G-C [1]

Cenabum et *Genabum* dans les manuscrits de César ; *Conconnetodumnus* chez César, *Congonnetodubnus* dans une inscription de Saintes ; *Andicavi* et *Andigavi* chez Pline ; *vergobretus* chez César, *vercobreto* sur des monnaies des *Lexovii*; *Bitudaga* et *Bitudaca*, *Nemetogena* et *Nemetocena*, *Cintugena* et *Cintucena* à Bordeaux ; *Matugenus* sur une inscription, *Matucenus* sur une monnaie ; *Troucillus* à Nîmes, *Trougillus* sur les bords du Rhin ; *Dagomarus*, *Dacomarus*, nom de potier ; *Orgetirix* et *Orcetirix* sur des monnaies des Éduens ; *Ratumagus* dans la Table de Peutinger, *Ratumacos* sur des monnaies des Véliocasses ; *Veriugus* à Tongres, *Veriucus* à Valence.

G-H [2]

Vertragus chez Martial, οὐέρτραγος chez Arrien, *vertraha* chez Grattius.

1. Il ne semble pas que dans la plupart de ces mots le *c* soit ancien, si les étymologies sont exactes. Il s'agit donc soit d'un assourdissement de *c* en *g*, soit d'une habitude d'écriture analogue à celle de l'irlandais où le *g* non spirant est noté *gg* ou *c*, tandis que *g* représente un *g* spirant.

2. Cet *h* intervocalique semble être un affaiblissement de *g*. Dans *treide* « pied » l'*i* est peut-être un reste de *g* palatal, cf. irl. *traig* « pied », gén. *traiged*.

CT-XT

Lucterios dans une inscription, *Luxterios* sur une monnaie ; *Pictilos* sur une monnaie des Arvernes, *Pixtilos* sur une monnaie des Eburoviques ; *Atectori(x)* sur une monnaie, *Atextorix* dans une inscription gauloise ; *Divicta*, *Divixta* dans des inscriptions ; *Rectugenus*, *Rextugenos* dans des inscriptions. La transformation du *c* en fricative gutturale [1], que semble indiquer cette variante, est plus avancée encore dans la notation *Reitugenus* où le *c* est devenu *i*.

TR-RR

Petrucori, *Perrucori* sur des monnaies.

DISSIMILATION DES CONSONNES

On observe la dissimilation de *r* en *l* dans καρτάλαμος forme vulgaire de καρταμέρα chez Lydus ; cette dissimilation est compliquée d'une interversion : λαμ = ραμ. pour μαρ. *Rigodulum* est peut-être pour *Rigodurum* (cf. *Briodurum*, Brieulles) ; et *Durostolum* est une variante de *Durostorum* [2].

DOUBLEMENT DES CONSONNES

Les consonnes apparaissent souvent doublées dans les manuscrits et les inscriptions :

c-cc : *Litaviccus*, *Litavicus* chez César ; *Coccillus*, *Cocillus*, *Cocca*, *Coca*, nom de potiers ; *Moccus* et *Mocus*, *Docius* et *Doccius* dans des inscriptions ; *Drucca* sur une monnaie, *Druca* sur une inscription.

1. H. d'Arbois de Jubainville, *Revue celtique*, XX (1899), p. 116.
2. J. Vendryès, *Mémoires de la Société de linguistique de Paris*, XIII (1905-1906), p. 389. Il ne faut pas confondre avec la dissimilation la superposition syllabique dont on a peut-être quelques exemples en vieux-celtique : *Leu-camulus* pour *Leuco-camulus*, *Di-vixtos* pour *Divo-vixtos*, Grammont, *La dissimilation consonantique*, 1895, p. 159.

l-ll : *Meledunum*, *Melledunum* dans les manuscrits de César ; *Sucellos*, *Sucelos* dans des inscriptions.

m-mm : *Samarobriva* chez César, *Sammarobriva* dans la Table de Peutinger ; *Samo* et *Sammo* dans des inscriptions.

n-nn : *Nemetocenna* et *Nemetocena* chez Hirtius ; *Danomarus* et *Dannomarus*, *Congonnetiacus* et *Congonetiacus* dans les inscriptions latines ; *prinni*, *prini* dans le calendrier de Coligny.

p-pp : *Epius* et *Eppius* dans des inscriptions.

t-tt : *Cattus* et *Catus*, *Matto* et *Mato* dans des inscriptions.

s-ss [1] : *Bussu-*, *Busu-* sur des monnaies et des inscriptions lapidaires.

Le doublement des consonnes dans les formes hypocoristiques des noms propres est fréquent dans les langues indo-européennes [2].

CHUTE DES CONSONNES

On constate la chute de quelques consonnes intervocaliques [3] :

g : *Admagetobria*, *Admagetobriga* dans les manuscrits de César ; *Mounus* dans une inscription de Grande-Bretagne, *Mogounus* dans des inscriptions de Gaule ; *Rio-* est peut-être une variante de *Rigo-* ; cf. *vertragus* chez Martial, *vertraha* chez Grattius.

---

1. *ss* est devenu *rs* dans un grand nombre de noms de lieux de la Gaule : *Massilia* Marseille, *Cadussa* Chaourse, *Alossia* Alorse, *Ussia* l'Ource, *Massiliacus* Marcillé et sans doute aussi Sarcé (**Sassiacus*), Nemours (**Nemossos*), Limours (**Lemossos*), Liours (**Ledossos*). Cf. Καρσίγνατος nom d'un Galate chez Polybe (XXIV, 8) et *Cassignetus* (C. I. L., XIII, 10010, 473). Vendryès, *Mémoires de la Société de linguistique de Paris*, XIII (1905-1906), p. 390-392 ; XIX (1916), p. 60.

2. Brugmann, *Grundriss der vergleichenden Grammatik der indogermanischen Sprachen*, II, 2ᵉ éd., Strasbourg, 1906, p. 44.

3. C'est le fait de phonétique française bien connu : *louer* (*locare*), *rue* (*rugam*), *août* (*agustum*), *paon* (*pavonem*), *ouaille* (*oviculam*), *oncle* (*avunculum*).

v : *Samarobria*, *Samarobriva*, dans les manuscrits de César ; *Ioincatius* et *Iovincatus*, *Ioincissus* et *Iovincillus* dans des inscriptions.

A la fin des mots, *-s* est tombé [1] dans des légendes monétaires : *Toutobocio*, *Camulo*, *Lucotio* ; peut-être aussi dans des inscriptions lapidaires : Ουιριλλιο, *Aneuno*, *Oclicno*, *Luguri* [2], *Aneunicno* ; mais, dans les légendes monétaires, le plus souvent, on ne peut distinguer s'il s'agit d'un nom simple, ou d'un premier terme en *-o* abréviation d'un nom composé.

Pour la chute de *s* initial, on ne peut citer que des leçons fautives : ἁλιουγγία pour σαλιουγκα (Dioscoride) « Valériane », Σάλπια (Lycophron) Alpes, ἐγούσιαι (Arrien) « segusii ».

Les changements phonétiques que nous font connaître ces variantes sont comparables à ceux que l'on trouve dans les autres langues celtiques. Ils nous révéleraient chez les Celtes la persistance ou le retour des mêmes habitudes de prononciation. Quelques-uns peuvent être dus à la phonétique latine et même à la phonétique romane, car peu des formes relevées remontent à un temps où la prononciation des Romains n'avait pas encore d'influence sur celle des Gaulois, et l'analogie de certaines formations latines a amené l'altération de formes gauloises qui n'en différaient que par quelque détail [3]. On serait tenté d'expliquer ainsi le changement de *o*, *u* en *i* qui est en latin la terminaison ordinaire du premier terme des composés [4]. A

---

1. De même dans les inscriptions gallo-romaines : *Cintugnatu* à côté de *Cintugnatus*, *Agedilu* à côté de *Agedillus*.

2. Thurneysen, *Zeitschrift für celtische Philologie*, VI (1908), p. 558. *Luguri* serait pour *Luqurix*.

3. Il est bien probable que le nom latin *Trajectum* (var. *Trectus*, *Trega*, *Triecto*, *Treclis*), qui s'applique à Utrecht et Maestricht, nous dissimule un nom gaulois analogue (cf. Bède, *Histoire ecclésiastique*, V. 11).

4. *Magnificus*, *armiger*, *tibicen*, *fructifer*, *honorificus*, *lactifer*, etc. Henry, *Précis de grammaire comparée du grec et du latin*, 5ᵉ éd., 1894, p. 186-189.

l'initiale des composés on a aussi *i* pour *o, u, e* : *Noviodu-
num* Nyon, *Noviorilum* Niort ; *Uxellodunum* Issolu,
Yssoudun, *Lugudunum* Lyon; *Lemausum* Limours, *Lemo-
vices* Limoges, *Lemoialum* Limeil, *Eburodunum* Yverdon,
Eburiacum Ivry, *Lexovii* Lisieux. Avant de devenir *i, u*
semble avoir passé par *e* : Exoudun (*Uxellodunum*), Exmes
(*Uxama*). A côté de ces changements en *i* et en *c*, on
trouve aussi, à l'initiale en roman, le changement en *a* :
Laon (*Lugudunum*), Averdon (*Eburodunum*), Appoigny
(*Epponiacum*) [1].

La chute de *g* et de *v* intervocalique est un phénomène
de phonétique romane. Le Glossaire de Vienne écrivait
brio « pont » pour *brivo*.

La plupart des modifications vocaliques ou consonantiques que supposent les variantes des manuscrits et des
inscriptions gauloises, et qui se produisirent, soit successivement à l'intérieur du même dialecte, soit simultanément
dans plusieurs dialectes différents, se trouvent en vieil-
irlandais à diverses époques. L'irlandais a confondu l'*ē* et
l'*ī* indo-européen, l'*o* et l'*u*, l'*e* et l'*i* indo-européen ; les
diphtongues indo-européennes *eu, ou* se réduisent à *ō* ; *ct*
est devenu *cht*.

Le changement de *b* et de *m* en *v*, qui n'est pas noté
dans l'écriture en vieil-irlandais, ainsi que le changement
du groupe *bn* en *mn*, sont sans doute de date postérieure
en irlandais. Le Glossaire de Vienne a *avallo* pour *aballo*.

En irlandais [2] comme sans doute en gaulois, le changement apparent de *g* en *c*, de *b* en *p* semble d'origine graphique plutôt que d'origine phonétique.

1. Haberl, *Zeitschrift für celtische Philologie*, VIII (1910),
p. 1-86.
2. Voir Vendryès, *Grammaire du vieil-irlandais*, 1908, p. 25.

HISTOIRE DU CELTIQUE DE GAULE [1]

L'influence romaine ne pénétra guère en Gaule qu'après la défaite de Bituitos et la ruine de l'empire arverne (121). Peu de temps après, les Romains fondaient *Narbo Martius* (Narbonne), en 118 avant notre ère. Cicéron écrivait en 69 que la Gaule était pleine de négociants romains et de citoyens romains ; aucun Gaulois ne faisait d'affaires sans eux ; il ne circulait pas en Gaule une seule pièce d'argent qui ne fût portée sur leurs livres [2]. Quelque exagéré que semble ce tableau, il est en partie confirmé par des événements rapportés par César. Des citoyens romains, qui s'étaient établis à Genabum pour y faire du commerce, sont tués par les Carnutes et leurs biens sont pillés [3] ; à Noviodunum des Éduens tuent des marchands et des voyageurs, se partagent leurs marchandises et leurs chevaux, pillent les biens des citoyens romains et en emmènent en esclavage [4]. Dès les premiers temps de la domination romaine, l'agriculture se développa, des communications nombreuses s'ouvrirent d'une frontière à l'autre et la navigation s'étendit [5] jusque sur l'Océan. L'accession des Gaulois aux magistratures romaines contribua fortement à leur assimilation. Dès l'époque d'Auguste et de Tibère, des inscriptions latines furent gravées dans presque toutes les cités ; la langue en est aussi correcte, la gravure aussi pure, l'apparence presque aussi régulière que celles des inscriptions romaines et italiques du même temps. C'est

---

1. Voir Brunot, *Histoire de la langue française*, I, 1905, p. 31-37. Meillet, *Revue de linguistique*, 1914, p. 99-100. A. Darmesteter, *Revue celtique*, XXII (1901), p. 264-281.

2. Cicéron, *Pro Fonteio*, 2, 4.

3. César, VII, 3.

4. César, VII, 42 ; 55.

5. Panégyrique de César par Marc Antoine chez Dion Cassius, XLIV, 42, 3-4.

sous le règne de Tibère que les *nautae Parisiaci* élevèrent
à Paris un monument à Jupiter très bon et très grand [1].
On a trouvé en Gaule plus de dix mille inscriptions latines,
dont plus de six mille en Narbonnaise, sans compter les
marques de fabrique qui sont innombrables. Les inscriptions gauloises jusqu'ici découvertes ne sont au nombre
que d'une soixantaine. Le latin submergea donc le gaulois, qui déclina de jour en jour et finit par disparaître
presque complètement.

Nous ne pouvons déterminer que par conjecture et d'après
des textes obscurs à quelle époque le celtique de Gaule
disparut. Peut-être y avait-il encore au temps de Pomponius
Méla des écoles clandestines de druides [2]; mais, dès 21, des
jeunes gens appartenant aux plus nobles familles gauloises
étaient réunis dans l'école romaine d'Autun pour y faire
leurs études [3]. Au temps de Strabon, la plupart des Cavares
de Gaule avaient appris le latin [4]. Le celtique était alors
encore compris en Gaule, puisque Suétone (69-141) pouvait donner l'explication de surnoms gaulois [5]. A Lyon,
saint Irénée, au IIe siècle, apprenait une langue barbare,
qui vraisemblablement était le celtique [6]. Ulpien (170-
228) déclare, dans le *Digeste*, que les fidéicommis peuvent
être rédigés en langue gauloise [7]. Un autre texte important est celui où saint Jérôme (331-420), qui avait séjourné
à Trèves en Gaule et à Ancyre en Galatie, écrit que les
Galates d'Asie Mineure parlaient à peu près la même
langue que les Trévires [8]. L'historien Lampride (IVe siècle)

1. Jullian, *Gallia*, p. 42.
2. Pomponius Méla, III, 2, 19.
3. Tacite, *Annales*, III, 43.
4. Strabon, IV, 1, 12. Les Gaulois se livraient à l'étude de la rhétorique et de la philosophie (Strabon, IV, 1, 5).
5. Suétone, *Vitellius*, 18.
6. *Contra haereses*, I, préf.
7. *Digeste*, XXXI, 1, 11.
8. *Commentaire de l'épître aux Galates*, II, chez Migne, *Patrologie
latine*, XXVI, c. 382. Ci-dessus, p. 25. L'autorité de ce texte a été

raconte qu'une druidesse avait prédit en gaulois à
Alexandre Sévère sa fin prochaine [1]. Sulpice Sévère (363-
425) met en scène dans un de ses dialogues un Gaulois qui
s'excuse de son langage et auquel son interlocuteur
répond : « Parle-nous celtique ou, si tu préfères, gaulois [2]. »
Enfin, il semble résulter d'une phrase de Sidoine Apollinaire (430-489) que la noblesse arverne venait seulement
d'apprendre le latin et de se débarrasser de la gangue de la
langue celtique [3]. La substitution du latin au celtique fut
donc lente ; il est probable qu'elle était achevée au vi[e] siècle.
Au iiie siècle, date des inscriptions sur pesons de fuseaux,
le gaulois était encore parlé parmi le peuple. A la date,
très antérieure sans doute, des inscriptions gauloises votives
et funéraires et du calendrier de Coligny, le gaulois était,
dans certaines parties de la Gaule, presque mis sur le
même pied que le latin.

Avant de disparaître, il avait probablement formé, par
combinaison avec le latin, des parlers mixtes dont nous
retrouvons quelques traces dans des inscriptions d'origine
vulgaire. Telles sont certaines des inscriptions sur pesons
de fuseau, comme *nata vimpi curmi da*, qui contient, à
côté de deux mots latins *nata* et *da*, le mot gaulois *curmi* ;
comme *geneta vis cara* ; comme *taurina vimpi* ; *marcosior
Materna* ; *veadia tua tenet* [4]. Tel est aussi, dans une
inscription de Til-Châtel, *monimenton* pour *monumentum*,
et, dans une inscription de Chagnon, la forme verbale

contestée souvent ; de bons esprits croient que saint Jérôme a copié,
sans en vérifier l'exactitude à son époque, un renseignement plus
ancien.

1. *Sévère*, 60, 6.
2. *Dialogues*, I, 27, 4. Cf. Babut, *Revue historique*, CIV (1910),
p. 287-292.
3. Sidoine, *Epist.*, III, 3. Brunot, *Histoire de la langue française*,
I, p. 21, note.
4. Héron de Villefosse, *Bulletin archéologique du comité des travaux historiques*, 1914, p. 213-230, 489-490. J. Loth, *Comptes rendus
de l'Académie des inscriptions et belles-lettres*, 1916, p. 168-186.

potesti pour *potest*, qui pourrait contenir une ancienne désinence celtique *-ti*, si ce n'est pas, simplement, une forme imitée du grec [1].

Un manuscrit du ixe siècle, relatif à la Vie de saint Symphorien d'Autun, qui date peut-être du iiie siècle, contient une phrase mélangée de latin et de celtique : *nate, nate, Sinforiane, memento betoto divo*, dont on explique les trois derniers mots par *hoc est memorare dei tui* [2].

Ce sont ces parlers gallo-romains que les écrivains latins désignent souvent sous le nom de gaulois, et c'est ainsi que nous pouvons être induits à prendre pour celtiques des mots bas-latins comme *tripetiae* dont nous avons parlé plus haut et comme *baro* qu'un scholiaste de Perse expliquait ainsi : *barones dicuntur servi militum qui utique stultissimi sunt, servi scilicet stultorum* [3]. Dès 46 avant notre ère, Cicéron signalait dans le latin de Gaule des mots qui n'étaient point en usage à Rome [4]. Ces mots étaient d'origine indigène. Le latin dans lequel ils avaient pénétré n'était pas exclusivement, comme on l'a répété souvent, le latin populaire des légionnaires, mais, pour une part au moins aussi importante, le latin des marchands, et, au fur et à mesure que les Gaulois s'assimilaient, le latin scolaire des nobles gallo-romains, dont le peuple imitait le langage.

---

1. M. Jullian, *Comptes rendus de l'Académie des inscriptions et belles-lettres*, XXV (1897), p. 177-186, a remarqué que la langue de cette tablette est fortement hellénisée. Voir aussi *Mémoires de la Société des Antiquaires de France*, LVII (1896), p. 51-55, 58 ; *Revue des études anciennes*, II (1900), p. 277.

2. W. Meyer, *Fragmenta Burana*, Berlin, 1901, p. 161-163, cité dans les *Analecta Bollandiana*, XXIV (1905), p. 399. Il est possible qu'il n'y ait là que du bas-latin : *in mente habeto tuo divo*. Une variante porte : *mentem obeto dotivo* et la Passion latine porte : *in mente habe Deum vivum*.

3. Perse, V, 138.

4. *Brutus*, XLVI, 171.

LES TRACES DU CELTIQUE DANS LES LANGUES ROMANES [1]

Les érudits des derniers siècles se sont passionnés, comme nous l'avons vu, à essayer de déterminer l'étymologie celtique de bon nombre de mots français, et cela sans grand succès, faute de méthode. Quand la méthode comparative eut été créée, la tâche de rechercher dans les langues romanes ce qu'on a appelé les *substrata* celtiques n'en demeura guère moins pénible [2].

Les formes anciennes des mots que l'on suppose d'origine celtique ne nous sont pas connues directement ; nous ne pouvons les rétablir que par la comparaison des diverses langues romanes. S'il n'est guère de territoires romans qui n'aient été, à quelque moment, habités par les Celtes, les conditions de l'occupation par les Celtes de la péninsule ibérique nous sont mal connues ; les Celtes ne se sont pas solidement établis en Italie ailleurs qu'en Cisalpine, et ils ne semblent guère avoir pénétré en Gaule au sud de la Garonne. La présence d'un mot supposé celtique dans la péninsule ibérique, dans le centre et le sud de l'Italie, dans l'Aquitaine, en rend donc suspecte l'origine celtique et donne, au contraire, à l'origine latine plus de vraisemblance. Du côté des langues celtiques, les difficultés ne sont guère moindres. Si les langues gaéliques de l'Irlande

1. Voir Schuchardt, *Zeitschrift für romanische Philologie*, IV, (1880), p. 142 et suiv. Ascoli, *Una lettera glottologica*, Turin, 1881. R. Thurneysen, *Keltoromanisches*, Halle, 1884. Windisch, *Keltische Sprachen* dans le *Grundriss der romanischen Philologie* de Gröber, I, 1888, p. 283-312 ; 2ᵉ éd. 1904, p. 371-404. Darmesteter, Hatzfeld et Thomas, *Dictionnaire général de la langue française*, 1895-1900, p. 11-18. Meyer-Lübke, *Einführung in das Studium der romanischen Sprachwissenschaft*, Heidelberg, 1901, p. 35-41. Brunot, *Histoire de la langue française*, I, p. 31-37, 53-56.

2. Les romanistes semblent avoir eu souvent à cœur, par réaction contre les excès des celtomanes, de réduire au minimum l'influence du celtique sur les langues romanes.

et de l'Écosse n'ont point directement subi l'influence
latine, elles ont pourtant emprunté au latin un certain
nombre de mots savants venus par la littérature, et
quelques mots populaires venus par l'intermédiaire des
Bretons du Pays de Galles [1]. Quant aux langues brittoniques,
elles sont assez profondément pénétrées d'éléments latins [2].
Ajoutons que les langues gaéliques et le gallois ont, à une
époque récente, emprunté à l'anglais des mots franco-nor-
mands, et que le breton d'Armorique s'est, depuis longtemps, pénétré d'éléments français. Ce sont précisément
ces mots d'emprunt qui ont servi aux celtomanes pour
démontrer l'origine celtique du français [3].

On aura donc la plus grande somme de probabilité en
faveur de l'origine celtique, quand un mot roman, usité
dans un pays jadis habité longtemps par les Celtes, est
conservé à la fois en gaélique et en brittonique.

Les noms communs des langues romanes, auxquels on
a quelques raisons d'assigner une origine celtique, se rattachent à peu près aux mêmes ordres d'idées et d'objets
que les mots celtiques transmis par les auteurs de l'Antiquité ; ce sont des noms de végétaux [4] ; des noms de parties du corps [5] ou s'y rapportant, et des adjectifs de qualités
physiques [6] ; des termes d'alimentation ou de vêtement [7] ;
des noms d'outils et d'ustensiles [8], de voies et moyens de
communication [9] ; des termes relatifs à la culture et aux
terrains [10] ; quelques verbes [11].

1. Sur ces emprunts, voir J. Vendryès, *De hibernicis vocabulis
quae a latina lingua originem duxerunt*, 1902.
2. J. Loth, *Les mots latins dans les langues brittoniques*, 1892.
3. Voir ci-dessus, p. 19, n. 1.
4. Bille, if, bouleau, bétoine, chêne.
5. Jarret, dartre, grenon, bec.
6. Dru, petit.
7. Mègue, cervoise ; drille, coule, saie, bouge.
8. Claie, pairol, ruche, soc, charrue, vouge.
9. Barque, char, jante, chemin, lieue.
10. Bran, grève, lande, raie, roche, breuil, marne ; arpent.
11. Briser, broder, mucier, gober, changer.

Le système de dénomination des personnes ayant été complètement renouvelé en Gaule après la conquête romaine et l'introduction du christianisme [1], il est impossible de trouver dans les noms français de personnes des traces de gaulois ; mais les noms de lieux, au contraire, ont, pour une bonne part, subsisté jusqu'à nos jours ; même quand on n'en a pas conservé de forme ancienne, on peut, en se guidant sur les identifications sûres, établir par analogie l'origine gauloise de noms modernes. *Caranto-magus* est devenu *Cranton* ; il est donc vraisemblable que *Vernon* remonte à *Vernomagus* et que *Chassenon* remonte à *Cassanomagus*. De ce que *Virodunum* a donné Verdun, il résulte que *Arthun* peut être un ancien *Artodunum*. De ce que *Isarnodurum* a donné *Izernore*, on peut conclure que *Vollore* vient de *Volodurum*. Puisque *Mareuil* est la forme française du gaulois *Maroialum*, *Verneuil* doit avoir pour origine un *Vernoialum*, et *Nanteuil* un *Nanto-ialum* [2]. Les formes de transition entre le gaulois et le français, conservées par les monnaies mérovingiennes [3], sont utiles pour assurer l'étymologie. Ruan est un ancien *Rotomagus*, puisqu'il porte sur les monnaies mérovingiennes le même nom (*Rotomo*)[4] que Rouen, pour lequel l'ancien

1. On trouve encore quelques noms gaulois de personnes dans les plus anciennes vies de saints. Ces noms sont relevés dans le *Altcel-tischer Sprachschatz* de Alfred Holder.

2. Sur l'ancienneté de cette terminaison *-oialum*, voir G. Paris, *Romania*, 1890, p. 468-479. A. Thomas, *Essais de philologie française*, 1897, p. 216-217.

3. *Catalogue des monnaies françaises de la Bibliothèque nationale*, Prou, *Les monnaies mérovingiennes*, 1892.

4. Forme intermédiaire : *Rotomao*. La réduction de *mago* à *mo* est constatée à l'époque mérovingienne ; les monnaies présentent souvent les deux formes : *Blatomago-Blatomo, Noviomago-Noviomo, Ricomago-Riomo* ; cf. *Rotomo* (monnaie), *Rodomago* (Grégoire de Tours) ; *Mosomo* (monnaie), *Mosomagensi* (Vie de saint Rémy) ; *Icciomo* (monnaie), *Icidmago* pour *Iciomago* (Table de Peutinger) ; *Cisomo* (monnaie), *Cisomagensi* (Grégoire de Tours) ; et *Mantaloma-gensem, Mantolomaus* (Grégoire de Tours).

nom *Rotomagus* est attesté. *Noviomo* est, sur les monnaies
mérovingiennes, le nom de Noyon (Oise) et de Noyen
(Sarthe) : la forme plus ancienne, *Noviomagus*, qui n'est
conservée que pour Noyon, peut être, sans aucune incerti-
tude, restituée pour Noyen. Il en est de même pour
Odomo, qui représenterait *Odomagus*. D'après *Brivodurum*,
mérovingien *Briodero*, Briare, on restitue à *Briodro*, Brières,
la forme ancienne *Brivodurum*. Panvant est au xiiie siècle le
nom de Pavant (Aisne) ; la forme de ce nom au ixe siècle,
Pinnevindo, permet d'établir la forme gauloise *Pennovindos* [1].

On peut même, lorsqu'on n'a pas conservé de forme
ancienne, rétablir par la seule aide de la phonétique, l'étymologie gauloise d'un nom moderne [2]. Les noms français
en *-euvre* peuvent remonter à des noms gaulois en *-obria* :
Vendeuvre à *Vindobria*, Moyeuvre à *Mogetobria* ou à
Modiobria, Deneuvre à *Danobria* [3]. Les noms en *-ort,
-ord* peuvent remonter à des noms gaulois en *-oritum* :
Niort à *Novioritum*, Chambord à *Camboritum*.

Il faut prendre garde que le même nom gaulois aboutit
à divers noms français selon les dialectes. *Noviomagus*
donne Nijon (Haute-Marne), Noyon (Oise), Novion
(Ardennes) ; *Noviodunum* donne Nouan (Loir-et-Cher),
Nion (Suisse) ; *Icciodurum* donne Yzeures (Indre-et-Loire)
et par suite, Yzeure (Allier), Izeure (Côte-d'Or), mais aussi
Issoire (Puy-de-Dôme). Il faut tenir compte aussi des défor-
mations accidentelles, si fréquentes dans les noms de lieux,
qui passent par toutes les bouches et sont souvent difficiles à retenir. Ainsi, on ne peut douter que l'ancien *Icu-
lisna* ne soit identique à *Angoulême* ; or aucunes lois pho-

1. A. Longnon, *Revue celtique*, XXV (1904), p. 17.

2. De nombreuses et sûres applications de cette méthode ont été
faites par M. A. Thomas, *Revue celtique*, XX (1899), p. 1-6, 438-
444.

3. H. d'Arbois de Jubainville, *Les premiers habitants de l'Europe*,
2e éd., II, 1894, p. 264.

nétiques générales ne peuvent expliquer cette modification. De plus, des terminaisons, à l'origine très différentes, ont abouti en bas-latin ou en français à des résultats identiques : le latin mérovingien *-doro*, *-dero* remonte soit à *doro* « porte », soit à *-durum* « forteresse » ; *Brion* peut représenter *Brione* ou *Briodunum* ; *Mougon* remonte à *Meduconno*, et *Bourgon* à *Burgodunum* ; *Vouzon* à *Vosonno*, et *Mouzon* à *Mosomagus* ; *Châlons* à *Catalaunos*, et *Chalon* à *Cabillonum*.

Enfin, il ne faut pas se fier aveuglément aux textes du bas Moyen-Age, qui offrent parfois des latinisations par étymologie populaire des noms français, au lieu des noms gallo-romains primitifs, par exemple : *Bonneuil*, ancien *Bonoialum*, qu'un scribe facétieux ou crédule a métamorphosé en *Bonus Oculus* « Bon-Œil » ; *Cornuz*, ancien *Cornutus*, devenu *Corpora Nuda* « Corps-Nuds [1] ».

La méthode, d'ailleurs, n'est pas sans présenter d'autres chances d'erreurs. Qui ne connaîtrait pas les formes anciennes et se guiderait sur les formes modernes donnerait, par exemple, la même origine onomastique à Vienne du Dauphiné (*Vienna*) et à Vienne d'Autriche (*Vindobona*). Au contraire, deux cas du même mot donnent en français des formes assez divergentes : Anjou (*Andecavum*), Poitou (*Pictavum*) ; Angers, v. fr. *Angieus* (*Andecavis*), Poitiers (*Pictavis*).

L'accord des langues romanes parlées dans les pays celtiques avec les langues celtiques des Iles Britanniques, s'il accroît dans une mesure appréciable le vocabulaire gaulois, ne nous renseigne guère sur la grammaire ; car les traces d'influence celtique sur la morphologie du bas-latin sont indistinctes [2]. On attribue pourtant à la persistance

---

1. C'est, actuellement encore, l'orthographe du nom d'une commune d'Ille-et-Vilaine. Voir Bossard, *Annales de Bretagne*, XXX (1915), p. 469-472.

2. Voir ci-dessus, p. 34, 66, 70, 71.

des habitudes de langage propres aux Celtes certains faits
de phonétique, de morphologie et de syntaxe françaises ;
par exemple, le changement de *cl* en *-xt*, *-it* [1] ; le changement de *v* initial en *gu*, *g* [2] ; la chute des consonnes intervocaliques *g* [3], *t* [4], que l'on observe en gaélique et en brittonique ; la tendance à la nasalisation, qui se manifeste
aussi en gaélique ; le changement de *ē* latin en *oi*, comparable au changement de cet *ē* en *ui* en vieux-brittonique [5] ;
le changement de *ū* latin (prononcé *ou*) en *u* français, que
l'on constate en France, dans la Haute Italie et en Rhétie,
ce son *ü* étant caractéristique des langues brittoniques [6] ;
la numération par vingt, qui est commune au brittonique,
au gaélique et au français [7] ; la distinction du nominatif
et de l'accusatif pluriel des thèmes en *-o* et la confusion du
nominatif et de l'accusatif pluriel des thèmes en *-ā* [8] ; la
formation de verbes réciproques au moyen de particules [9] ;
l'emploi populaire, en français, des formes modernes de la

1. Gaul. *rectu-*, *rextu-*, gall. *reith*, bret. *reiz* ; lat. *lactem*, fr. *lait*,
gall. *laeth*, bret. *laez*. Le changement de *cl* en *ht* se trouve aussi en
osque et en ombrien.

2. Gall. *gwr*, bret. *gour*, cf. lat. *vir* ; lat. *vinum*, bret. gall. *gwin* ;
lat. *vadum*, fr. *gué*.

3. V. celt. *tigerno-*, v. gall. *tiern* ; gaul. *-slogi*, gall. *lu* ; b. lat. *agustum*, fr. *août*, gall. *awst*.

4. Irl. *lathe*, *laa*.

5. Gaul. *cleta*, v. gall. *cluit* ; lat. *plebs*, corn. *plui*, v. bret. *ploi*.
Mais on a remarqué que les habitudes de prononciation changent
d'une génération à l'autre.

6. Gröber, *Grundriss der romanischen Philologie*, I, 1888, p. 506.

7. Moy. bret. *triuguent*, *pevaruguent*, gall. *trimuceint* ; v. fr. *treis
vinz*, *six vinz*, fr. *quatre-vingts*, *Quinze-vingts* ; irl. *tri fichit*, *cóic
fichit*.

8. Thèmes en *-o-* : n. pl. *eich*, acc. pl. *eochu* ; lat. *equi*, *equos* ; v.
fr. *cheval*, *chevals* ; thèmes en *-ā* : n. pl. acc. pl. *tuatha* ; lat. *rosæ*,
rosas ; v. fr. *roses*.

9. Particule *imm-* en gaélique, *ym-* en gallois, *em-* en breton ;
s'entre- en français, formation très développée dans les dialectes
français de l'ouest. Thurneysen, *Archiv für lateinische Lexikographie
und Grammatik*, VII (1892), p. 523.

préposition *ad* « à » pour marquer la possession [1], la mise en évidence du sujet au moyen de l'impersonnel « c'est » et d'une proposition relative [2]. Il est possible aussi que des irrégularités phonétiques, comme le changement de *a* en *o* dans *articulum* > *orteil*, de *o* en *ie* dans *locum* > *lieu*, le changement de *d* en *v* dans *gladium* > *glaive*, le changement de *t* en *c* dans *tremere* > *criendre*, *craindre* soient dues à l'influence de mots celtiques amenés par des associations d'idées et de formes : irl. *ordaig* « orteil », bret. *lec'h* « lieu », irl. *claideb* « épée », irl. *crith* « tremblement » [3].

On a avancé que l'*o* de la terminaison *-ons* de la première personne du pluriel est dû à une influence celtique [4], la voyelle thématique étant *-o* à cette personne en gaélique et en brittonique, tandis qu'elle est *i*, *ā*, *ē*, *ī* en latin.

D'autres faits encore peuvent être rapportés à l'influence celtique. L'usage français des « liaisons », c'est-à-dire de la persistance des consonnes finales de certains proclitiques étroitement unis à la voyelle initiale du mot suivant : *les-enfants*, *vos-amis*, est connu en breton et en irlandais [5]. Le celtique et le français emploient des particules démonstratives après les noms [6]. En celtique et en français, le pro-

----

1. Irl. *mac dó* « un fils à lui », *corp do Christ* « le corps au (du) Christ ».

2. Irl. *is duib predchim* « c'est à vous que je prêche », gall. *karw a weleis* « c'est un cerf que j'ai vu », irl. *is mé* « c'est moi ».

3. Ascoli, *Archivio glottologico italiano*, X, p. 270, 272. Suchier, *Altfranzösische Grammatik*, Halle, 1893, p. 57. En général, les romanistes ont cherché à ces faits des explications fondées uniquement sur la phonétique romane. Bourciez, *Précis historique de phonétique française*, 4ᵉ éd., 1914.

4. Settegast, *Zeitschrift für romanische Philologie*, XIX (1895), p. 266-270. F. Geo. Mohl, *Les origines romanes*, Prague, 1900. Cf. Vendryès, *Revue critique d'histoire et de littérature*, LII (1901), p. 149-151.

5. En breton, *hoc'h obero* « vos œuvres », *ho tourn* « votre main »; irl. *ah-ainm* « son nom à elle », *a dorn* « son poing ».

6. Irl. *an fer-sin*, fr. *cet homme-là*. Schuchardt, *Zeitschrift für romanische Philologie*, IV (1880), p. 151, compare le piémontais *mi* *i l'ö vdü-lo*, *s 'è perdü-se* à l'irlandais *ro-m sóir-sa* « il m'a sauvé ».

nom personnel complément direct s'intercale entre le sujet et le verbe[1]. En gaélique et en vieux-français, le nominatif pluriel des noms en *ā* est en *s*[2]. En celtique et en français, on construit l'infinitif avec les prépositions[3] et l'infinitif actif peut s'employer au sens passif[4]. On peut remarquer aussi l'emploi explétif de la négation dans des propositions temporelles[5].

On ne doit pas dissimuler la fragilité de quelques-unes de ces comparaisons ; dans plusieurs cas, il s'agit sans doute de coïncidence et non d'influence, car les rencontres apparentes, entre des langues qui n'ont jamais été en rapports, ne sont pas rares[6]. Mais il est au moins aussi difficile de les réfuter que de les établir, et il est possible, pourtant, que le développement rapide en français de certaines formes latines soit dû à la coïncidence de ces formes avec le gaulois.

COMPARAISON DU GAULOIS ET DU VIEUX-CELTIQUE INSULAIRE

L'ancienne langue celtique des Iles Britanniques ne nous est révélée directement que par quelques noms communs et par de nombreux noms propres de lieux, de peuples

---

1. Gall. *mi ath garaf* « je t'aime ».

2. Irl. *tuatha = *tuathas*, pl. de *tuath = *tuatha* ; fr. *choses*, pl. de *chose*, v. fr. *cosa*.

3. Irl. *iar facbail a ech* « après avoir perdu ses chevaux » gall. *gwedy llad y gwr hynny* « après avoir tué cet homme ».

4. Irl. *ni áil insin do epirt* « ce n'est pas agréable à dire » *cech maith is áil lib do dénum duib ó dóinib* « tout bien que vous désirez vous être fait par les hommes (à vous faire par les hommes) ».

5. Moy. bret. *quen na* « jusqu'à ce que », m. gall. *hyd ni*. Cf. Ernault, *Revue celtique*, XIII (1892), p. 358.

6. On trouve en France des noms de lieux en *-bria*. On en pourrait étourdiment conclure que les Thraces, dans la langue de qui βρια signifiait « ville », ont eu des établissements en France.

et de personnes qui offrent une évidente parenté avec les noms gaulois correspondants [1].

Les uns nous ont été transmis par les Anciens : *Cingetorix, Carvilius, Taximagulus, Segovax, Lucotorix, Mandubracius*, noms d'hommes ; *Cantium*, nom de lieu ; *Ancalites, Bibroci, Segontiaci, Cassi, Cenimagni* (var. -*manni*), *Trinovantes*, noms de peuples chez César ; — *Boudicca, Caratacus*, noms de personnes ; *Camulodunum, Verulamium*, noms de villes ; *Brigantes*, nom de peuple ; *Sabrina, Trisantona*, noms de rivières, chez Tacite ; — Ἀργεντό-κοξος, Κυνοβέλλινος (gall. *Cynfelyn*), noms de personnes chez Dion Cassius ; — Ἀτρεβάτιοι, nom de peuple ; Νοιόμαγος, Πετουαρία, Μαρίδουνον, Οὐιροκόνιον, Ἐβόρακον, Κατουρακτόνιον, Δαρούερνον, Ῥιγόδουνον, Οὔξελλα, Ἴσκα, Μεδιολάνιον, noms de villes ; Μορικάμβη, Δηούα, Νοούιος, noms de rivières chez Ptolémée ; — *Durnovaria, Durobrivae, Ariconium, Sorviodunum, Margidunum, Lactodorum, Cambodunum, Camboritum, Durocornovium, Derventio, Dubris, Gobannium, Vindogladia, Vindomora, Luguvallium, Pennocrucium*, noms de villes dans l'Itinéraire d'Antonin ; *Amboglanna, Segedunum, Branodunum, Cilurnum, Condercum, Gabrosentum, Vindolana, Anderidos*, noms de villes dans la *Notitia Dignitatum*. D'autres noms proviennent des légendes monétaires : *Dubnovellaunos, Addedomaros, Andocomius, Boduos, Cunobelinus, Cattos, Commios, Tascio, Dumnoveros*, noms d'hommes ; *Vocorio*, nom de peuple (?) ; *Ver-*

---

1. La parenté de langue des Gaulois et des Bretons a été signalée par Tacite (voir ci-dessus, p. 26). César dit que les parties maritimes de la Grande-Bretagne avaient été peuplées par les Belges du continent (V, 12, 2 ; 13, 1). Il y a en Grande-Bretagne des *Belgae*, des *Atrebatii*, des *Catuellauni*, des *Parisi* tribus issues sans doute de leurs homonymes de Gaule ; des *Uxellodunum, Noviomagus, Camboritum, Condale, Vernemetum, Segedunum, Cambodunum*, homonymes de villes gauloises. Rhys, *Early Britain. Celtic Britain.* Londres, 1882 ; 3e éd. 1904. H. d'Arbois de Jubainville, *Les druides et les dieux celtiques à forme d'animaux*, 1906, p. 27-50. Windisch, *Das keltische Britannien bis zu Kaiser Arthur*, Leipzig, 1912.

lamio, nom de ville. D'autres, enfin, sont inscrits sur des pierres ou dès poteries : *Boduogenus*, *Cintugenus*, *Ritogenus*, *Matucus*, *Isarninus*, *Coccus*, *Cunobarrus*, *Dagomarus*, *Tancorix*, *Vepomulus*, noms d'hommes. Parmi les noms communs, il faut citer *tossia* « manteau », *covinnus* « char de guerre ».

Du ve au viie siècle, les sépultures chrétiennes de Grande-Bretagne nous ont conservé un grand nombre de noms bretons latinisés [1], par exemple *Cunovalos* (gall. *Cynwal*), *Cunomorus* (gall. *Cynfor*), *Cunotamos* (gall. *Cyndaf*), et les inscriptions en caractères oghamiques [2] d'Irlande, d'Écosse, de Galles et de Cornouaille, nous ont transmis des noms gaéliques avec leurs anciennes terminaisons celtiques. Ce sont les plus intéressants pour nous. On y trouve :

1° des nominatifs en -*a* : *inigena* (irl. *ingen*) ;

2° des génitifs singuliers en -*i* : *maqi* (irl. *maic*), *mucoi*, *Cunamagli* (v. bret. *Conmael*) ;

des génitifs en -*os* : *Cunagussos* (irl. *Congusso*), *Ivacattos* ;

des génitifs en -*as* : *Lugudeccas*, *Decceddas*, *Segamonas*, *Inissionas*, *Broinienas*, *Dovvinias*, et, après la chute de *s*, en -*a* : *Decceda*, *Dovinia* ; sans désinence : *Olacon*, *Vitalin* ;

3° un génitif pluriel en -*a* après chute de *n* : *tria maqa* « des trois fils ».

L'insuffisance de ces renseignements directs sur le vieux-celtique insulaire est largement rachetée par l'abondance d'informations que nous fournissent le gaélique et le brittonique.

1. Hübner, *Inscriptiones Britanniae christianae*, Berlin, 1876.
2. Macalister, *Studies in Irish epigraphy*, Londres, 1897-1907. Rhys, *Proceedings of the Society of Antiquaries of Scotland*, XXVI, (1892), p. 263-351. Nicholson, *Keltic researches*, Londres, 1904. Rhys, *Lectures on Welsh philology*, 2e éd., Londres, 1879, p. 272-284. Voir ci-dessus, p. 46, n. 6.

Les mots et les noms insulaires provenant de l'Antiquité ne sont ni plus nombreux ni plus clairs que les noms et les mots gaulois. La reconstitution, par les linguistes, de la langue commune antérieure à la séparation du brittonique et du gaélique et, par suite, contemporaine du gaulois ancien a permis d'étendre singulièrement le champ des rapprochements et de déterminer, en quelque mesure, certains faits de grammaire et le sens de nombreux noms gaulois. Mais il ne faut pas oublier que la langue commune ainsi reconstituée n'est la langue commune que d'une partie des Celtes, et que le celtique continental, faute de documents, n'est guère entré dans cette reconstitution. Se faire une idée complète de l'ensemble du vieux-celtique par cette méthode est donc une entreprise chimérique. Les seuls faits dont nous puissions être sûrs seront ceux que nous pourrons retrouver dans les restes du gaulois. Ces restes ne sont, malheureusement, pour la plupart, que des noms propres, dont l'origine et l'étymologie, quelque vraisemblable ou séduisante qu'elles soient, restent toujours, et quand même, hypothétiques. Pour les faits qui nous sont attestés à la fois par le gaulois et le vieux-celtique reconstitué, nous constatons parfois des divergences entre les deux langues, par exemple dans la déclinaison et la conjugaison.

Quoi qu'il en soit, la méthode comparative permet d'écrire un vocabulaire et une grammaire du vieux-celtique, qui, indirectement, peuvent nous renseigner sur le vocabulaire et la grammaire du gaulois.

Le vocabulaire ainsi constitué [1] est sans doute assez différent du vocabulaire gaulois, car l'explication des inscriptions gauloises par le vieux-celtique présente de graves difficultés. Il est d'ailleurs vraisemblable que l'invasion des Celtes n'était pas la première que le sol fertile

1. Stokes et Bezzenberger, *Wortschatz der keltischen Spracheinheit, urkeltischer Sprachschatz*, Gœttingue, 1894.

de la Gaule eût subie et que des populations diverses
avaient fourni quelques mots à la langue de leurs vain-
queurs [1]. Les Celtes du centre de l'Europe, qui, à l'origine,
alimentaient d'éléments sans cesse renouvelés les tribus
déjà établies dans notre pays, Celtes en contact avec des
populations de langues diverses : Scythes, Thraces, Illy-
riens, Germains, n'étaient pas sans emprunter parfois des
termes à leurs voisins ou à leurs sujets, et introduisaient
dans le gaulois de Gaule dês mots nouveaux, dont les uns,
adoptés par la mode, pénétraient dans la langue commune,
dont d'autres restaient confinés dans quelques parlers
locaux ou cessaient au bout de quelques années d'être en
usage. Mais, si les inscriptions gauloises s'interprètent
difficilement par le vieux-celtique, les noms propres gaulois y trouvent, avec une plus grande facilité, l'explication
de leur sens. Il semble donc que les noms propres gaulois
soient plus pénétrés d'éléments celtiques que le reste du
vocabulaire, ce qui n'est pas, d'ailleurs, pour surprendre,
les noms propres, maintenus par les traditions familiales et
nationales, étant toujours plus archaïques que les noms
communs et ne se renouvelant pas aussi rapidement que
ceux-ci.

S'il est incontestable que la plupart des noms propres
gaulois peuvent s'expliquer par des noms communs, l'explication du sens de ces noms n'est pas hors de doute ;
singulièrement hasardée pour les dérivés, elle semble plus
facile à établir pour les noms composés de deux termes.
Pour atteindre à la vraisemblance, nous ne pouvons nous
guider que sur les exemples, plus faciles à interpréter, que
nous fournissent les autres langues celtiques et les langues
indo-européennes, en particulier les langues germaniques.

---

1. C. Jullian, *Histoire de la Gaule*, II, 1908, p. 367, pense que
le gaulois contenait un fonds important d'emprunts au ligure. Mais
nous ne savons rien ou presque rien du ligure (*ibid.*, I, p. 123). Cf.
G. Dottin, *Les anciens peuples de l'Europe*, 1917, p. 185, et C. Jullian,
ci-dessus, p. xi.

Entre les diverses hypothèses que suggère la phonétique,
nous choisirons celles pour lesquelles la sémantique nous
fournit des indications concordantes [1] ; mais nous ne pouvons mesurer l'évolution du sens des mots dont nous ne
connaissons la signification qu'en gaélique et en brittonique [2]. D'autre part, comme ces noms n'ont pas tardé à
acquérir, quelque significatifs qu'ils aient été à l'origine,
une valeur purement abstraite, on ne saurait prendre toujours pour preuve de la vraisemblance d'une explication le
sens raisonnable et logique qu'elle attribuerait au nom
propre, et les jonctions d'idées les plus incohérentes peuvent être conformes à la réalité, surtout dans les noms de
personnes, où l'on admettait de singulières combinaisons
pour rappeler dans une même dénomination plusieurs noms
d'ancêtres. Dans les noms de lieux d'origine topographique,
la réalité actuelle permet de vérifier l'étymologie, quand
la dénomination est suffisamment descriptive et précise [3].
Il est possible aussi que certains noms latins de lieux de
la Gaule soient des traductions des noms gaulois primitifs [4].

NOMS DE LIEUX

Pour les noms de lieux, voici les idées que nous trouvons le plus fréquemment exprimées.

1. Sur les rôles respectifs de la phonétique et de la sémantique,
voir un suggestif article de M. Ant. Thomas, *Revue des Deux Mondes*,
1er décembre 1900. *Nouveaux essais de philologie française*, 1904,
p. 21-34.

2. Ainsi, en irlandais *mag* signifie « plaine, champ, champ de
bataille » ; en gallois *ma* signifie « endroit, espace, place » ; quel était
le sens précis du gaulois -*magus* qui est identique à *mag* et à *ma?*
M. Jullian estime que c'est « champ de foire », « marché » et que
magus équivaut au latin *forum*. Cf. *Julio-magus* et *Forum Julii* (*Histoire de la Gaule*, II, p. 238, n. 8).

3. Cette méthode géographique a été employée avec succès par
M. Jullian. Quand les résultats en coïncident avec ceux que donne
la méthode linguistique, on est bien près de la certitude.

4. Voir ci-dessus, p. 66, note 3 ; p. 84, n. 2.

La seconde partie des noms composés exprime d'une manière générale la nature du terrain :

plaine, champ : irl. *mag*, gall. et bret. *ma*, gaul. -*magus*.

montagne : gaul. δούνον « endroit élevé », -*dunum*; irl. *bri*, gall. bret. *bre* « mont », gaul. -*briga* [1].

rocher : irl. *benn* « corne », gall. *bann* « pic », gaul. -*bennum*.

vallée : gall. *nant* « vallée », gaul. -*nantus*.

passages : gaul. *brio* « pont », gaul. -*briva* ; v. gall. *rit* « gué », gaul. -*ritum*.

bois : bret. *coet*, gaul. -*cetum*.

constructions : irl. *nemed* « lieu sacré », gaul. -*nemetum* ; irl. *raith* « enclos fortifié », gaul. -*rate* ; gaul. *doro*, -*dorus* « porte » ; irl. *dún*, gall. *din* « forteresse », gaul. -*dunum*.

La première partie des noms composés et les noms dérivés caractérisent le lieu d'une manière plus précise :

nouveauté ou ancienneté : v. bret. *novid* « nouveau », gaul. *Novio-dunum* « Ville-Neuve », *Novio-magus* « Champ-Neuf » [2] ; irl. *sen* « vieux », *Senmag* n. pr., gaul. *Senomagus* « Vieux-Champ », « Vieux-Marché ».

forme et dimension : gall. *uchel* « élevé », gaul. *Uxello-*

---

1. Ces noms sont rares en Gaule ; très fréquents, avec des premiers termes souvent non celtiques, en Espagne.

2. Ces noms dont le premier terme est *Novio-* comptent parmi les plus répandus dans les pays celtiques. On trouve des *Novio-dunum* sur divers points de la Gaule, à Pommiers près Crouy (Aisne), à Nouan-le-Fuselier (Loir-et-Cher), à Nevers, Jublains (Mayenne), Nyon (Suisse); en dehors de Gaule à Placentia en Cisalpine, à Isaccea en Roumanie. On trouve des *Novio-magus* chez les *Bituriges Vivisci*, à Les Tourettes (Calvados), Pompières (Aisne), Saint-Paul-Trois-Châteaux (Drôme), Nijon (Haute-Marne), Noyon (Oise), Noyen (Sarthe), Novion (Ardennes), Neumagen en Prusse Rhénane, Spire en Bavière Rhénane, Nimègue en Hollande ; en dehors de Gaule à Neumagen en Bade, à Hollywood Hill près Bromley (Kent) en Grande-Bretagne.

dunum « Haute-Ville » ; irl. *camm*, gall. *camm* « courbe »,
gaul. *Cambo-ritum* « Le Gué-de-la-Courbe » ; irl. *már*
« grand », gaul. *Maro-ialum* « La Grande-Clairière » ; v.
gall. *litan* « large », gaul. *Litano-briga* « Le Fort large ».

couleur : irl. *Find-mag*, gall. *Gwyn-fa*, gaul. *Vindo-magus* « Le Champ-Blanc ».

situation : irl. *mide* « milieu », gaul. *Medio-lanum* « la
Plaine-du-Milieu » ; gall. bret. *penn* « tête, bout », gaul.
Penno-lucos « La Tête-du-Lac ».

nombre : gall. *Tri-neint*, gaul. *Tri-nanto* « Les Trois-Vallées ».

végétaux : irl. *Fern-mag*, gaul. *Verno-magus* « Le
Champ-aux-Aulnes » ; irl. *daur*, gall. *derw*, bret. *derv*
« chêne », gaul. *Dervus* « Le Chêne » ; irl. *ibar* « if », gaul.
Eburo-briga « Le Fort-de-l'If » ; irl. *bláth* « fleur », gaul.
Blato-magus « Le Champ-des-Fleurs » ; irl. *aball* « pomme »,
v. gall. *aball*, gaul. *Aballo* « Le Pommier » ; irl. *cularán*,
bret. *keler*, gaul. *Cularo* « Le Concombre » ; *Cassino-magus* « Le Champ-des-Chênes ».

animaux : irl. *gabor*, v. gall. *gabr*, gaul. *Gabro-magus*
« Le Champ-de-la-Chèvre » ; irl. *math* « ours », *Matu-caium*
« Le Bois-de-l'Ours » ; irl. *bran* « corbeau », gaul. *Brano-dunum* « La Ville-au-Corbeau » ; bret. *broc'h* « blaireau »,
gaul. *Broco-magus* « Le Champ-du-Blaireau » ; irl. *tarb*,
« taureau », gaul. *Tarve-ssedum* « Le Château-du-Taureau » ;
irl. *marc* « cheval », gaul. *Marco-durum* « Le Fort-du-Cheval », *Marco-magus* « Le Champ-du-Cheval ».

terrain : gaul. *brio* « pont », *Brivo-durum* « Le Fort-du-Pont » ; gaul. *nanto* « vallée », *Nanto-ialum* « La Clai-rière-de-la-Vallée ».

eau : gaul. *condate*, *Condato-magus* « Le Champ-du-Confluent » ; v. gall. *rit* « gué », gaul. *Ritu-magus* « Le
Champ-du-Gué » ; gall. *genau* « mâchoire, bouche », gaul.
Genava « La Bouche ».

commerce ou industrie : irl. *argat* « argent », gaul.

Arganto-magus « Le Champ-de-l'Argent » ; irl. *carbat*
« char », gaul. *Carbanto-rate* « La Fabrique (?) de Chars » ;
irl. bret. *carr* « char », gaul. *Carro-dunum* « La Ville-
aux-Chars » ; irl. *iarn* « fer », gaul. *Isarno-dorum* « La
Porte-de-fer » : irl. *coire* « chaudron », gaul. *Corio-ssedum*
« Le Château-du-Chaudron » [1].

Dans un certain nombre de ces composés ou dérivés, le
premier terme ou le thème, au lieu d'être significatif, peut
avoir déjà une valeur abstraite et être lui-même un nom
propre, nom de propriétaire ou nom de dieu, nom de cours
d'eau voisin.

Les noms de propriétaires peuvent être nombreux dans
les composés en -*magus*, qui désignent sans doute les
champs [2]. Il est possible que, à l'imitation de *Rigo-magus*
« champ du roi », *Bardo-magus* signifie tantôt « champ
du barde », tantôt « champ de Bardos » ; *Novio-magus*
« nouveau champ » ou « champ de Novios » ; *Nerio-magus*
est sans doute « champ de Nerios » ; *Durno-magus* « champ
de Durnos » ; *Caranto-magus* « champ de Carantos ».
Mais on rencontre sans doute aussi des noms de personnes dans les autres composés : *Novio-dunum* « ville
neuve » ou « ville de Novios », *Cambo-dunum* « ville
courbe » ou « ville de Cambos », *Nemeto-durum* « fort de
Nemetos » ou « fort du lieu sacré ».

Les formations, dont le premier terme est un nom
d'homme, sont, en tout cas, expressément attestées au
temps de l'empire : *Caesaro-dunum*, *Augusto-dunum*,
Augusto-durum, *Julio-magus*, *Augusto-magus*.

---

1. Comme plus haut *Tarve-ssedum* fait penser au taureau sacré,
Corio-ssedum suggère l'idée du chaudron sacré (cf. le chaudron de
Gundestrup et le chaudron des Cimbres, chez Strabon, VII, 2, 1).

2. Voir César, VII, 77, 15 : quos fama nobiles potentesque bello
cognoverunt, horum in *agris* civitatibusque considere. Voir ci-
dessus, p. 84, note 2.

Les noms des dieux, considérés comme protecteurs du lieu auquel ils donnent leur nom, sont assez rares : *Divodurum* est peut-être la « forteresse des dieux », *Mogontiacum* « la ville de la déesse Mogontia », *Aventicum* « la ville de la déesse Aventia » ; *Lugu-dunum* serait la ville d'un dieu gaulois correspondant au héros irlandais Lug [1].

Plusieurs noms de lieux sont dérivés de noms de rivières : *Avaricum* de *Avara* « Yèvre » ; *Autricum* de *Autura* « Eure » ; *Samaro-briva* « le pont de la Somme » : *Caro-briva* « le pont du Cher ».

D'autres sont identiques à des noms de personnes : *Catalus* en Auvergne, *Celtus* en Champagne, *Artigeni* en Provence, *Vassillus* en Auvergne [2].

NOMS DE RIVIÈRES

Les noms de rivières [3] s'expliquent rarement par le celtique. On les croit pour la plupart antérieurs à l'arrivée des Celtes en Gaule. Toutefois on donne l'étymologie des suivants :

Noms généraux :

Renos, irl. *rian* « mer », le Rhin.
Lutra, gaul. *lautro* « bain », la Lauter. Cf. *Dubra*, irl. *dobor*, gall. *dwfr*, bret. *dour* « eau », la Tauber.

1. H. d'Arbois de Jubainville, *Les Celtes depuis les temps les plus anciens jusqu'en l'an 100 avant notre ère*, 1904, p. 39-45.
2. H. d'Arbois de Jubainville, *Recherches sur l'origine de la propriété foncière et des noms de lieux habités en France*, 1890, p. 500-504.
3. Sur les noms de rivières de la Gaule, il n'y a comme travail. d'ensemble que le livre de R. de Félice, *Essai sur l'onomastique des rivières de France*, 1906, dont la méthode n'est pas sûre et qui contient du point de vue celtique beaucoup d'inexactitudes. Comme études de détail, il faut citer Pictet, *Revue celtique*, I (1871), p. 299-305. H. d'Arbois de Jubainville, *Les premiers habitants de l'Europe*, II, 1894, p. 117-194.

Noms de qualités :

Cantia, gaul. *canto-*, gall. *-cant*, *can* « brillant », la Cance.

Glanis, *Glana*, irl. gall. bret. *glan* « pur », la Glane.

Dubis, irl. *dub*, gall. bret. *du* « noir », le Doubs.

Carantonus, irl. *cara*, gén. *carat* « ami », la Charente.

Tava, gall. *taw* « tranquille », la Thève.

Berbera, irl. *berbaim* « je bous » (cf. irl. *Berba*) la Bèbre.

Rinctius, gall. *ringc* « bruit strident », la Rance.

Ledus, gallo-rom. *ledo* « bouillonnement » [1], le Lay.

Noms de végétal, d'animal ou d'accident de terrain :

**Bebris*, *Bebronna*, corn. *befer* « castor », la Bièvre, la Brévenne.

Glanna, gall. bret. *glann* « rive », la Glanne.

Aliso, gallo-rom. *alisa* « alise », l'Alzon.

Verno-dubrum, irl. *fern* « aulne », *dobor* « eau », le Verdouble.

Vidula, irl. *fid*, v. corn. *guiden* « arbre », la Vesle.

Ritona, v. gall. *rit* « gué », le Rieu.

Βρίγουλος, cf. celtibérien *-brigula* (diminutif de *briga* « fort », ancien nom de la Saône.

Noms divins :

Divona, cf. irl. *dia* « déesse », v. gall. *duiu-* (pour **deivo-*), la Divonne.

Isara, irl. *iar* « sacré », gr. ἱερός, l'Isère.

Matra, *Matrona*, gaul. *matr-*, irl. *máthir* « mère », la Moder, la Marne.

Dusius [2], gaul. *dusius*, sorte de démon, la Dhuys.

<hr>

1. Vendryès, *Mémoires de la Société de linguistique de Paris*, XIII (1905-1906), p. 388.

2. U. Chevalier, *Cartulaire de Saint-Barnard de Romans*, 1896, p. 73-74. H. d'Arbois de Jubainville, *Cours de littérature celtique*, VI, 1899, p. 183.

Noms de comparaison :

Vidubia, gaul. *vidubium,* sorte de serpe, la Vouge.

NOMS DE PEUPLES

Les noms de peuples et de tribus doivent être abordés avec quelque circonspection ; ils sont très anciens, et par suite très obscurs, dans toutes les langues, et nous manquons d'analogies pour les expliquer. Déjà Polybe, voulant traduire le nom de Gésates (Γαίσχτοι) et ignorant le mot gaulois γαῖσον, *gaesum* « javelot » interprétait faussement leur nom par une allusion au mot grec γάζα « grosse somme d'argent ».

Seconds termes des composés :

Irl. *bruig,* gall. bret. *bro* « pays », gaul. *-broges* ; gall. *-wallawn,* v. bret. *-wallon* (cf. *gwell* « meilleur »), gaul. *-vellauni* ; irl. *cass* « bouclé », « vif », gaul. *-cassi-* ; irl. *cuiri* « troupes », gaul. *-corii* ; irl. *slóg, sluag* « armée », gaul. *-slugi* ; irl. *fich* « combat », gaul. *-vici, -vices* ; irl. *rig* « rois », gaul. *-riges*.

Premiers termes des composés et noms dérivés :

Particularités physiques et morales :

Irl. *aed* « feu », *Aed* n. pr., gaul. *Aedui* « les Ardents » ; bret. *calet* « dur », gaul. *Caletes* « les Durs » ; irl. *caur* « héros », gall. *cawr* « géant », gaul. *Cavares* « les Géants ».

Animaux, totems, enseignes armoriées :

Irl. gall. bret. *bran* « corbeau », gaul. *Bran(n)o-vices* « les Guerriers du Corbeau ».

Nombre :

Gall. *pedry-* « quatre », gaul. *Petru-corii* « les Quatre

Troupes » ; irl. bret. gall. *tri* « trois », gaul. *Tri-vlatti*[1] « les Trois Pays » ; *Tri-corii* « les Trois Troupes » ; bret. *ugent* « vingt », gaul. *Vo-contii* « les Vingt (tribus) » ; cf. bret. *tregont* « trente », gaul. *Triconti* « les trente (jours) ».

Habitation et voisinage :

Gall. *nant* « vallée », gaul. *Nantuates* « les gens de la Vallée » ; irl. *muir* « mer », gaul. *Morini* « les gens de la Mer » ; irl. *all* « autre », gaul. *Allo-broges* « les gens de l'autre Pays » ; *Rauraci* « les gens de la Ruhr » (*Raura*), *Ambiani* (gaul. *ambe* « rivière ») « les gens de la Rivière », *Treveri* « les gens de la Trave (*Treva*), *Sequani* « les gens de la Seine » (*Sequana*)[2].

Productions et commerce :

Irl. *mid*, gall. *medd*, m. bret. *mez* « hydromel », gaul. *Meduli* « Les gens à l'Hydromel » ; gaul. *reda* « char », *Redones* « les gens aux Chars ».

Guerre :

Irl. *nith* « combat », gaul. *Nitio-broges* « les gens du Pays du Combat » ; irl. *gái*, gaul. γαῖσον, *gaesum* « javelot », *Gaesatae* « les guerriers aux Javelots » ; irl. *gal* « bravoure », gaul. *Galatae* « les Braves ».

NOMS DE PERSONNES

Les noms d'hommes et de femmes[3] semblent appartenir aux ordres d'idées suivants :

1. Si l'on explique ce mot par l'irlandais *ul* « barbe », on est forcé de donner à *tri* ou à *petru* un sens simplement intensif. J. Loth, *Revue des études anciennes*, XVIII (1916), p. 280-286.

2. Ces étymologies supposent que les *Rauraci*, les *Treveri*, les *Sequani* ont habité jadis sur les rives des cours d'eau dont ils auraient tiré leurs noms.

3. Nous avons conservé dans les épopées et les annales irlandaises, ainsi que dans les cartulaires bretons, un grand nombre de

Seconds termes des composés.

Qualités :

Irl. *már*, gall. *mawr* « grand », gaul. *-maros* ; gall. *cywir* « juste », gaul. *-coveros, -coviros* ; irl. *domain*, gall. *dwfn* « profond », gaul. *-dubnus, -dumnus* ; irl. *nert*, gall. *nerth* « force », gaul. *-nertus* ; irl. *gnáth* « habitué à », gaul. *-gnatus*.

Société :

Irl. *ri*, gén. *rig* « roi », gaul. *-rix* ; irl. *tuath* « peuple », bret. *tud* « gens », gaul. *-touta* ; irl. *fos*, gall. *gwas* « serviteur », gaul. *-vassus* ; irl. *fer* « homme », bret. *gour*, gaul. *-viros* ; irl. *ben* « femme », gaul. *-bena* ; irl. *cacht* « esclave », gall. *caeth*, gaul. *-captus*.

Noms de peuples :

Gaul. *Boii* « Boïens », *Boio-rix* « roi des Boïens » [1].

Filiation :

Irl. *gein*, gall. *geni* « naître », gaul. *-genos* [2] ; gaul. *nate* « fils », gaul. *-gnatus* « né de ».

Premiers termes des composés et noms dérivés.

Particularités physiques et morales :

Irl. *ruad*, gall. *rudd* « rouge », gaul. *Roudius* ; bret.

noms de personnes. Certaines idées représentées souvent dans ces noms n'ont pas encore été retrouvées sûrement dans les noms gaulois. Tels sont : le nom du chien, irl. *cú*, bret. *ki*, et les mots suivants : bret. *bron* « colline », v. bret. *cuno-* « élevé », v. bret. *gleu* « vaillant », v. bret. *hael-* « généreux », v. bret. *iud-* « combat », *iun-* « lumière », *maen-* « pierre », bret. *tan* « feu », v. bret. *uualt*, irl. *folt* « chevelure », v. bret. *uuethen* « combat », *-uuocon* « glorieux ». Sur la comparaison de ces noms propres, voir Dottin, *Manuel pour servir à l'étude de l'Antiquité celtique*, 2ᵉ éd., 1915, p. 104-107.

1. Boiorix *regulus eorum* (Boiorum). Tite Live, XXXIV, 46, 4.

2. D'après H. d'Arbois de Jubainville, ce mot indiquerait une filiation divine. *Revue celtique*, X (1889), p. 166-177. *Cours de littérature celtique*, VI (1899), p. 172-179.

erc'h « neige », gaul. *Argio-talus* « Front-de-neige » ; br. *penn* « tête », gaul. Πεννο-ουινδος « Tête-blanche » ; v. gall. *crych* « crépu », gaul. *Crixus* ; irl. *dorn*, gall. *dwrn* « poing », gaul. *Durnacus* « l'Homme au grand poing » ; gall. *ebrwydd* « rapide », gaul. *Eporedo-rix* « le Roi des Écuyers » ; irl. *sen* « vieux », gaul. *Seno-gnatus* « le Fils du Vieillard » ; v. bret. *Coth-*, bret. *coz* « vieux », gaul. *Cottos* ; gaul. *Galba* « très gros » ; irl. *maith* « bon », gaul. *Mati-donnus* « le Bon Brun » ; irl. *dag-* « bon », gaul. *Dago-vassus* « le Bon Serviteur », « le Bon Valet » ; irl. *milis* « doux », gall. *melys*, gaul. *Melissus*.

Animaux, totems, enseignes armoriées :

Irl. *bodb* « corneille », *Bodb* n. pr., gaul. *Bodua, Boduo-gnatus* « le Fils de la Corneille » ; gall. *arth* « ours », gaul. *Artos* ; irl. *math* « ours », gaul. *Matu-genus* « le Fils de l'Ours » ; irl. *tarb*, bret. *tarv* « taureau », gaul. *Tar-villus* ; irl. *gabor*, v. bret. *-gabr* « chèvre », gaul. *Gabrilla* ; gall. bret. *iar* « poule », gaul. *Iarilla* ; bret. *-ep*, irl. *ech* « cheval », gaul. *Epillos* ; gall. *carw*, bret. *carv, caro* « cerf », gaul. *Carvos* ; irl. *dam* « bœuf », gaul. *Damus*.

Société :

Irl. *mac*, gall. *map* « fils », gaul. *Mapilla* ; irl. *car*, gén. *carat* « ami », gaul. *Caratillus*.

Guerre :

Irl. *buaid* « victoire », gall. *budd* « profit », gaul. *Boudius* ; irl. *cing*, gén. *cinged* « guerrier », gaul. *Cingeto-rix* « le Roi des Guerriers » ; v. bret. *orgiat* « tueur », gaul. *Orgeto-rix* « le Roi des Tueurs » ; irl. *fecht* « combat », gaul. *Con-victo-litavis*.

Métiers :

Irl. *goba*, gén. *gobann* « forgeron », gaul. *Gobannitio* « le Petit Forgeron ».

Noms de divinités ou de forces divinisées :

Gaul. *Esus, Esu-nertus* « Force d'Esus », *Esu-genus* « Fils d'Esus » ; irl. *Lug*, gaul. *Lugu-selva* « Possédé de Lugus ».[1] ; gaul. *Mars Camulus*, irl. *Cumaill*, gaul. *Camulo-genus* « Fils de Camulus », *Camulo-gnata* ; gaul. *Moenus* « Mein », *Moeni-captus* « Esclave du Mein »[2]; irl. *recht* « droit », gaul. *Rectu-genus*, *Rextu-genos* « Fils du Droit » ; irl. *muir* « mer », gaul. *Mori-tex* ; irl. *domun* « monde », gaul. *Dumno-rix* « Roi du Monde » ; irl. *bith* « monde », gall. *byd*, gaul. *Bitu-rix* « Roi du Monde ». Cf. *Albiorix*.

NOMS DE DIVINITÉS

Les noms de dieux ou de déesses sont plus difficiles à expliquer ; comme en grec et en latin, ils peuvent être empruntés à d'autres langues.

Noms rappelant l'idée d'un animal totem :

Gall. *arth* « ours », gaul. *And-arta*[3], *Artio* ; irl. *ech*, gall. bret. *eb-* « cheval », gaul. *Epona* ; irl. *molt*, gall. *mollt* « mouton », gaul. *Moltinus*.

Noms géographiques :

V. gall. *rit* « gué », gaul. *Ritona*.

Phénomènes naturels :

Gall. *taran* « tonnerre », gaul. *Taranis, Taranucnos*.

1. H. d'Arbois de Jubainville, *Revue celtique*, IX (1888), p. 267-268 ; X (1889), p. 238.

2. H. d'Arbois de Jubainville, *Revue celtique*, IX (1888), p. 267-268. Cf. en irlandais *Mael Isu* « serviteur de Jésus ». Les manuscrits de Tite Live qui nous ont conservé ce nom portent *Moeniacoepto, Moeniacoepta.*

3. M. Jullian me fait observer que les Romains semblent avoir assimilé la déesse *Andarta* à la Victoire et que Dion Cassius (LXII, 7) citant le nom de la déesse bretonne Ἀνδάτη ajoute que les Bretons nomment ainsi la Victoire. Mais ces interprétations ne sont pas des traductions des noms gaulois.

Noms relatifs à l'état social :

Irl. *tuath* « peuple », gaul. *Teutates.*

Qualités :

Gall. *uchel* « haut », gaul. *Uxellus.*

Parmi les noms de déesses-mères, quelques-uns ont un sens dans les langues celtiques :

Matres Nemetiales, dérivé de -*nemetum*, irl. *nemed* « lieu sacré » ; *Uro-brocæ* composé de *uro-* « urus » et -*broca* pour gaul. *broga* « pays » ?

Quant aux épithètes celtiques qui, à l'époque romaine, accompagnent dans les inscriptions les noms des dieux romains, elles ne semblent pas différer des noms des personnes. Certaines se rapportent à des noms d'animaux : *Mercurius Moccus* (bret. *moc'h* « cochon »), *Mercurius Artaius* (gall. *arth* « ours »). La plupart ont un sens local : *Arvernus, Condatis, Pœninus, Dumiatis.* Beaucoup sont des épithètes laudatives : *Mars Albiorix* « roi du monde », *Caturix* « roi du combat », *Mercurius Arvernorix* « roi des Arvernes », *Apollo Atepomarus* « grand cavalier », *Virotutis* « guérisseur d'hommes », *Maponus* « jeune homme ».

GRAMMAIRE COMPARÉE DU GAULOIS

Les faits communs au gaulois et au vieux-celtique, qui nous permettent de fixer les traits principaux de la grammaire gauloise, sont les suivants.

PHONÉTIQUE

Voyelles.

Les voyelles gauloises sont : a (α), e (ε, η), i (ι), o (o, ω), u (ου) [1]. Elles peuvent être brèves ou longues.

____

1. La transcription grecque par ου prouve que l'*u* gaulois n'avait pas à cette époque le son de *u* français (υ grec).

Les voyelles brèves indo-européennes sont bien conservées :

i. e. *a*, celt. *a* : gaul. *allo-*, irl. gall. *all-* « autre », cf. gr. ἄλλος.

i. e. *o*, celt. *o* : gaul. *doro*, gall. bret. *dor* « porte », cf. irl. *dorus* [1].

i. e. *u*, celt. *u* : gaul. *dubro-*, gall. *dwfr* « eau », bret. *dour*, irl. *dobur* [2].

i. e. *e*, celt. *e* : gaul. *seno-*, irl. *sen* « vieux », gall. bret. *hen*, cf. lat. *senex* [3].

i. e. *i*, celt. *i* : gaul. *bitu-*, irl. *bith* « monde », gall. *byd* ; gaul. *vidu-*, irl. *fid* « arbre ».

Les voyelles longues sont moins bien conservées. Les Celtes, qui, encore au temps de Consentius (ve siècle), donnaient à l'*i* un son intermédiaire entre *i* et *e* [4] et qui ont confondu en roman l'*ĭ* et l'*ē* latins, avaient changé l'ancien *ē* en *ī*, en sorte que, chez eux, *ī* représente à la fois l'ancien *ē* et l'ancien *ī*. De même, *ā* représente à la fois *ā* et *ō*. —

i. e. *ā*, celt. *ā* : gaul. *matrebo*, irl. *maithrib*, cf. lat. *mătribus* ; gaul. *gnatus* « fils », cf. lat. *gnātus*.

i. e. *ō*, celt. *ā* : gaul. *gnato-*, irl. *gnáth* « habitué », gall. *gnawd*, cf. lat. *gnōtus* ; mais, à la fin des mots, *ō* devient *ū* : gaul. *Frontu*, lat. *Frontō*.

---

1. Le gaulois comme le brittonique semble avoir changé l'o en . dans -*vassus*, irl. *foss* « serviteur », gall. *gwas* « jeune homme », breta *gwaz* « homme ». Il semble aussi que *vo* devienne parfois *ve* en gaulois : *ver-*, irl. *for* « sur » ; -*ve*- irl. *fo* « sous ».

2. Le gaulois semble changer *u* en *o* dans *Epo-so-gnatus*, irl. *su-* « bien ».

3. Le gaulois semble changer *e* en *i* devant une nasale suivie d'une occlusive : *cintu-*, bret. *kent*, gall. *cynt* ; et *e* en *a* devant *r* : -*garanus*, gr. γέρανος. Voir Additions, p. 58.

4. *Grammatici latini*, éd. Keil, V, p. 394. La confusion de *e* et de *i* initial dans le latin populaire de la Gaule a été constatée ci-dessus (p. 67) dans des noms de lieux ; on la trouve aussi en français dans *temonem* timon, *eboreum* ivoire.

i. e. *ū*, celt. *ū* : gaul. *-dunum*, irl. *dún* « forteresse »,
gall. *din*, cf. a. s. *tûn*.

i. e. *ē*, celt. *ī* : gaul. *-rix*, irl. *rí* « roi », cf. lat.
rēx ; gaul. *viro-*, irl. *fír* « vrai », v. bret. *guir*, cf. lat.
vērus [1].

i. e. *ī*, celt. *ī* : gaul. *Livius*, irl. *lí* « couleur », gall. *liw*.

Diphtongues.

Les diphtongues, en général conservées en gaulois, ont
une tendance à se réduire à des voyelles longues en gaélique et en brittonique. Ce sont : *au* (αυ), *ou* (oου), *eu*
(ευ), *ae* (αι), *oe*, *oi* (οι), et peut-être *ei* (ει)..

i. e. *au*, celt. *au* : gaul. *vellauno-*, v. bret. *-wallon*.

i. e. *ou*, celt. *ou* : gaul. *roudo-*, irl. *ruad* « rouge »,
gall. *rudd* ; gaul. *uxello-*, irl. *uasal*, br. *uc'hel*, gall. *uchel* ;
gaul. τοουτιους, cf. osq. *touta*.

i. e. *eu*, celt. *eu* : gaul. *teuto-*, irl. *tuath* « peuple »,
gall. bret. *tud*, cf. ombr. *tuta*, got. *thiuda* ; mais *eu* tend à
se changer en *ou*, et *ou* en *ō*, *ū* [2].

i. e. *ai*, celt. *ai* : gaul. *Aedui*, irl. *aed* « feu », cf. gr.
αἴθω ; gaul. *gaesum*, irl. *gáe* « javelot ».

i. e. *oi*, celt. *oi* : gaul. *Oino*, irl. *óin* « un, unique », bret.
gall. *un* ; peut-être aussi *Moenus*, irl. *móin* « trésor », cf.
lat. *mūnus*.

i. e. *ei*, celt. *ē* : gaul. *devo-*, var. *deivo-*, irl. *dia* « dieu »,
br. *doue* ; gaul. *rēda* « voiture », irl. *riad* [3].

---

1. On a souvent en gaulois la variante *e*, *ei* : *-vesu-*, *visu-* ; *vero-*,
viro- ; *-reix*, *-rex*, *-rix*. Voir ci-dessus, p. 59. H. d'Arbois de Jubainville, *Les premiers habitants de l'Europe*, II, p. 272-275.

2. Gaul. *teuto-*, *touto-*, *tot-*, *tut-* ; gaul. *Leucetius*, *Loucetius*. Voir
ci-dessus, p. 60. Cf. W. Foy, *Zeitschrift für celtische Philologie*,
III (1901), p. 264-273. J. Strachan, *ibid.*, p. 283-284.

3. H. d'Arbois de Jubainville, *Les premiers habitants de l'Europe*,
II, 1894, p. 270-273.

Consonnes.

Les consonnes gauloises sont les occlusives *p* (π), *t* (τ), *c* (χ), *b* (β), *d* (δ), *g* (γ) ; les spirantes *s* (σ), *đ* (θ), *x* (χ), peut-être *f* (φ) ; les nasales *m* (μ), *n* (ν), *ṅ* (γ) ; les semi-voyelles *i* (ι), *v* (ου) ; la double *x* (ξ) ; peut-être *h*.

Le trait le plus original du consonantisme celtique est la disparition du *p* indo-européen [1] : gaul. *ritu-*, v. gall. *rit* « gué », cf. lat. *portus* ; gaul. *are-*, irl. *air*, gall. *ar*, cf. gr. πάρα ; gaul. *vo-*, v. gall. *guo-*, irl. *fo* « sous », cf. gr. ὕπο ; gaul. *ver-*, gall. *gor*, irl. *for*, cf. gr. ὕπερ.

Le groupe *pt*, conservé en gaulois, est devenu *cht* en gaélique, puis le *ch* s'est vocalisé en brittonique : gaul. *capto-*, irl. *cacht* « serviteur », gall. *caeth*, bret. *caez*.

Le groupe *ct* était devenu *cht* (*xt*), déjà en gaulois : gaul. *Lucterius*, *Luxtiirios*, irl. *lucht* « charge », gall. *llwyth* ; gaul. *rectu-*, *rextu-*, *reitu-*, irl. *recht* « loi », bret. *reiz*.

Le *k* vélaire est devenu *p*, et le *g* vélaire est dans certaines conditions devenu *b* en gaulois, en gaélique et en brittonique : gaul. *penno-*, gall. bret. *penn* « tête », irl. *cenn* ; gaul. *pempe-*, bret. *pemp* « cinq », irl. *cóic*, cf. lat. *quinque* ; gaul. *petor-*, v. gall. *petguar* « quatre », irl. *cethir*, cf. lat. *quatuor* ; gaul. *-epo-*, gall. *eb-ol* « poulain », irl. *ech* « cheval », cf. lat. *equos* [2] ; gaul. *-bena*,

---

1. H. d'Arbois de Jubainville, *Les premiers habitants de l'Europe*, II, p. 275-278.

2. Quelques noms propres de Gaule offrent un *q* : le nom de peuple *Sequani*, le nom de rivière *Sequana*, les noms du calendrier de Coligny *Equos*, *inquimon*. Dans ces mots le *q* peut être simplement une graphie pour *c* ; cf. *Qutio* et *Cutio* dans le calendrier de Coligny. Mais il peut aussi représenter un traitement particulier ou dialectal du *k* vélaire. Comme il s'agit de mots dont on ignore le sens et, par suite, l'étymologie, il est superflu de chercher là des indices pour déterminer les différentes couches de nations qui ont successivement peuplé la Gaule. Voir J. Loth, *Comptes rendus de l'Académie des inscriptions et belles-lettres*, 1909, p. 19-21.

irl. *ben* « femme », cf. gr. γυνή ; gaul. *bovi-*, irl. *bó* « vache », v. bret. *bou-*.

Les autres consonnes indo-européennes sont bien conservées en gaulois. Quelques-unes subissent des modifications dans une ou plusieurs langues celtiques. Dans toutes les langues celtiques, les anciennes aspirées *bh*, *dh*, *gh*, sont devenues des occlusives sonores *b, d, g*.

b : gaul. *gabro-*, irl. *gabor*, v. bret. *-gabr*, bret. *gavr*, *gaor* « chèvre » ; gaul. *Bibracte*, corn. *befer* « castor », cf. lat. *fiber* ; gaul. *cumba* « combe », gall. *cwm*, irl. *cum*.

t : gaul. *tri-*, irl. *tri*, gall. bret. *tri* « trois », cf. lat. *três* ; gaul. *litano-*, irl. *lethan*, v. gall. *litan* « large », cf. gr. πλάτανος : gaul. *Taranis*, gall. *taran* « tonnerre ».

d : gaul. *medio-*, irl. *mide* « milieu », skr. *madhya*; gaul. *dēvo-*, irl. *dia* « dieu », cf. lat. *dīvus*.

s : gaul. *seno-*, irl. *sen*, v. bret. *hen* « vieux » ; gaul. *su-*, irl. *su-*, v. bret. *hu-* « bien » ; gaul. *visu-*, irl. *fiu*, gall. *gwiw* « digne » ; gaul. *isarno-*, irl. *iarn* « fer » [1].

c : gaul. *catu-*, irl. *cath* « combat », v. gall. *cat*, cf. v. h. a. *hadu-*.

g : gaul. *-agro-*, irl. *ár*, gall. *aer* « massacre » ; gaul. *-garanus*, gall. *garan* « grue », cf. gr. γέρανος ; gaul. *-brogi-*, irl. *bruig*, gall. *bro* « pays » ; gaul. *-tragus*, irl. *traig* « pied », cf. gr. τρέχω ; gaul. *Giamo-*, v. gall. *gaem* « hiver », cf. lat. *hiems*.

x : gaul. *taxi-*, irl. *tais* « doux » ; gaul. *ex-*, irl. *ess-*, gall. *eh-* « hors de ».

m : gaul. *-nemeto-*, irl. *nemed* « lieu sacré » ; gaul.

---

1. La chute de *s* intervocalique en irlandais complique les rapprochements entre l'irlandais et le gaulois ; par exemple, on ne sait si on doit rétablir l'irlandais *fiach* sous la forme *vesaco-* ou la forme *vepaco-* et le rapprocher des noms gaulois en *Vepo-*. D'autre part, il est possible que *sr* initial soit devenu *fr* en gaulois comme en brittonique ; à Φροῦδις nom de la Bresle chez Ptolémée, Glück a comparé le gallois *ffrwd*, bret. *froud* « torrent », irl. *sruth* « fleuve ».

mori- « mer », irl. *muir*, gall. bret. *mor*, cf. lat. *mare* [1].

n : gaul. *cintu-*, irl. *cét-*, bret. *kent*, gall. *cynt* « premier » ; gaul. *novio-*, irl. *núe*, gall. *newydd* « nouveau », cf. lat. *novus*.

r : gaul. *roudo-*, irl. *ruad*, m. gall. *rud* « rouge », lat. *rufus*.

l : gaul. *Loucetius*, irl. *lóche* « éclair », cf. lat. *lūcēre*.

v : gaul. *dēvo-*, irl. *dia* « dieu » ; gaul. *novio-*, irl. *núe*, gall. *newydd* « nouveau » ; gaul. *Tarvos*, irl. *tarb* « taureau », gall. *tarw*, bret. *tarv* ; gaul. *vergo-*, v. gall. *guerg* « efficace », cf. all. *werk* ; gaul. *vasso-*, gall. bret. *gwas* « serviteur » ; gaul. *verno-*, irl. *fern*, gall. bret. *gwern* « aulnes » [2].

i : gaul. *iovinc-*, gall. *ieuanc* « jeune », bret. *iaouanc*, v. irl. *óac*, cf. lat. *juvencus* ; gaul. *iorcos*, gall. *iwrch*, bret. *iourc'h* « chevreuil ».

Les consonnes simples ne semblent pas sujettes en gaulois à de nombreuses modifications, analogues à celles qu'ont subies les consonnes en gaélique et en brittonique, tant à l'intérieur des mots qu'à l'initiale après certains proclitiques. Les quelques modifications phonétiques que l'on admet dans l'histoire du gaulois [3] sont fondées sur des étymologies incertaines et non sur des comparaisons tirées du gaulois même. Si *suiorebe* est, comme l'a ingénieusement conjecturé Rhys, le datif pluriel du mot correspondant à l'irlandais *siur*, au gallois *chwaer*, breton *c'hoar*, il faut supposer que le *s* intervocalique est, au temps de l'empire romain, tombé en gaulois. Si *essedum* est un composé de *en* « dans » et de *sed-* « s'asseoir », il faut supposer en gaulois la réduction de *ns* à *ss*. Si *carrus* est pour

---

1. On aurait le changement de *rm* en *rv* dans le gaulois *cervesia* comparé à κοῦρμι. Voir ci-dessus, p. 62.

2. La chute du *v* intervocalique serait attestée dans le gaulois *druida*, si ce mot est pour *dru-vida*. Voir ci-dessus, p. 66, 67.

3. Voir H. Pedersen, *Vergleichende Grammatik der keltischen Sprachen*, I, p. 532-533.

carsus, il faut supposer, de même, la réduction de *rs* à *rr*. Enfin il y aurait quelques traces d'affaiblissement des occlusives intervocaliques, tout à fait comparables à celles qu'offrent les occlusives gaéliques et brittoniques, dans *Cevenna* à côté de *Cebenna*, *vertraha* à côté de *vertragus*. On remarquerait aussi en gaulois comme en gaélique des notations des occlusives douces par les fortes correspondantes : *arcanto-* à côté de *arganto-*, *verco-* à côté de *vergo-*, *Carpento-* à côté de Καρβαντο-, formes qui, si elles ne sont pas simplement orthographiques, témoigneraient en tout cas de la résistance de *c*, *p* après *r* à tout adoucissement qui les changerait en sonores, et de leur tendance à devenir des spirantes sourdes. Mais l'interprétation de ces faits est toujours sujette à caution, car nous n'avons aucun renseignement sur l'histoire des dialectes gaulois [1]. Le fait de phonétique historique le mieux établi en gaulois est le changement de *ct* en χ*t*, qui se produit aussi en irlandais. Il est possible aussi que là où *x* a la valeur d'une double, il se soit prononcé non *cs*, mais χ*s*, avec une spirante gutturale.

Les consonnes finales sont mieux conservées en gaulois qu'en gaélique et en brittonique : *x* dans *-rix*, irl. *rí* « roi » ; *s* dans -μαρος, irl. *már*, bret. *meur* ; *n* dans νεμητον, irl. *nemed* « sanctuaire ». Il semble y avoir quelques exemples de la chute de *s* final [2].

Les consonnes doubles sont *cc*, *gg*, *tt*, *dd*, *đđ*, *pp*, *bb*, *ss*, *ll*, *mm*, *nn*, *rr*. Dans certains cas, *ll* provient de *l* + *i* : gaul. *allo-* « autre », irl. *aile*, gall. *ail*, cf. lat. *alius*.

Les groupes de consonnes que l'on trouve en gaulois [3] sont :

1. Voir ci-dessus (p. 57-67) l'étude des principales variantes.
2. Voir ci-dessus, p. 66.
3. C'est sans doute la fréquence en gaulois des groupes de consonnes qui faisait dire à Diodore (V, 31, 1) que les Celtes avaient la voix grave et tout à fait rude ; et à Florus que *Vercingétorix* était un nom bien fait pour produire la terreur (I, 45, 21).

1° à l'initiale :

cr : *Crixus* ; *gr* : *Grannus* ; *tr* : *tri-* ; *dr* : *druida* ; *pr* : *prenne* ; *br* : *bracca*.

cl : κλοπίας ; *gl* : *glisso-* ; *tl* (?) : *Tlota* ; *dl* : manque ; *pl* : *platio-* ; *bl* : *Blato-*.

cn : *Cnabetius* ; *gn* : *gnata*.

vr : *vritu-* ; *vl* : *vlatos*.

sm : *Smertu-* ; *sn* : manque ; *sl* (?) : *-slugi* ; *sv* : *Suadu-*.

sc (?) : σκούβουλουμ ; *st* (?) : *Stadunum*, *sp* (?) : *Sparnacus*.

2° à l'intérieur des mots :

cr : *Sacrovir* ; *gr* : *ogronu* ; *tr* : *Petru-* ; *dr* : *Cadrum* ; *pr* : *Comprinnus* ; *br* : *Gabro-*.

cl : *Oclicno* ; *gl* : *Maglomatonius* ; *tl* : *Cantlos* ; *dl* : *canecosedlon* ; *pl* : manque ; *bl* : *Iblio-*.

cn : *Licnos, cclicnon* ; *gn* : *Critognatus* ; *tn* : *Etnosus* ; *dn* : *Adnamatus* ; *pn* : manque ; *bn* : *Dubno-*.

cm : manque ; *gm* : manque ; *tm* : manque ; *dm* : manque ; *pm* : manque ; *bm* : manque.

rc : μάρκα ; *rg* : *vergo-* ; *rt* : *Nerto-* ; *rd* : *bardus* ; *rp* : *rb* : *Carpento-*, Καρβαντο-.

lc : *Volcae* ; *lg* : *bulga* ; *lt* : *Celtillus* ; *ld* : *Meldi* ; *lp* : *Alpes* ; *lb* : *Albiorix*.

nc : *arinca* ; *ng* : *Cingeto-* ; *nt* : καντενα ; *ntl* : *cantlos* ; *nd* : *Ande-*.

mp : πεμπε ; *mb* : *ambe*.

ms : manque ; *ns* : *Consuadullia* ; *ls* : *belsa* ; *rs* : Ουερσικνος.

nm : *Conmolnicus* ; *mn* : *Dumnacus* ; *nr* : manque ; *mr* : manque ; *nv* : *Convictolitavis*.

rm : κούρμι ; *rn* : κάρνον ; *rl* : *Marlosama* ; *rv* : *tarvos*.

lm : *balma* ; *ln* : *Gobannilno* [1] ; *lr* : manque ; *lv* : *Helvo-*.

vr (?) : *Atevrita* ; *vl* (?) : *Atevla*.

---

1. Lecture suspecte d'après Mommsen, *Revue celtique*, X (1889), p. 233. Zeuss a corrigé ce mot en *Gobannieno*, cf. Λουχοτικνος, *Oppianicnos, Taranucnos*, Τουτισσικνος, Ουεροικνος.

sm : *Cintusmus* ; *sn* : *Epasnactus* ; *sl* : *Coslum* ; *sr* : manque ; *sv* : *Nantosvelta*.

sc : *Buscilla* ; *sg* : *Tasgetius* ; *st* : *Segustero* ; *sp* : *Atespatus*.

ct : *ambactus* ; *gd* : *Lugdunum, pogdedorton*.

xt : *Rextu-, Anextlo* ; *xc* : *Exxcingus* ; *xv* : *Exvertini*.

pt : *Neptacus* [1], *Mœnicaptus*.

db : *gobedbi, Adbucillus* ; *dsm* : *Adsmerius* ; *dg* : Αδγεν-νοριγι.

ts : *Epotsorovid*.

3° à la fin des mots :

x : *Viridovix* (*cs*), *Cingetorix* (*gs*), *Durotix, Calitix*.

Ces groupes sont, pour la plupart, usités en gaélique et en brittonique.

Le gaélique a, de plus que le gaulois, à l'initiale : *dl, ml, fl* ; *mr* [2], *fr, sr* ; *tn, sn, mn* ; *sc*.

Le brittonique a, de plus que le gaulois, à l'initiale : *tl, chw, fl, fr, gwl, gwr*.

Mais le gaélique a de moins que le gaulois : *nc, nt* [3].

ACCENT TONIQUE [4]

Dans les langues celtiques insulaires, l'accent principal est sur l'initiale, mais il y a des traces d'un accent plus ancien et plus mobile, analogue à celui de plusieurs autres

1. La lecture du P n'est pas sûre ; il peut se faire que ce soit un R inachevé et qu'il faille lire *Nertacus* (irl. *-nerthach*, gall. *nerthog* « puissant ») connu par une autre inscription.

2. En gaulois *mr* est devenu *br* comme en brittonique : v. irl. *mruig* « pays » gaul. *broga*, gall. corn. bret. *bro*.

3. On ne trouve ces groupes en gaélique que dans des mots empruntés.

4. H. d'Arbois de Jubainville, *Mémoires de la Société de linguistique de Paris*, VI (1889), p. 257-258. Meyer-Lübke, *Sitzungsberichte der k. Akademie der Wissenschaften in Wien, philosophisch-historische Classe*, CXLIII (1901), p. 1 et suiv.. Haberl, *Zeitschrift für celtische Philologie*, VIII (1910), p. 95-101.

langues indo-européennes. L'accent gaulois ne nous est connu qu'à l'époque romane par des noms de lieux qui ont persisté en français en gardant leur ancien accent, et cet accent n'est pas conforme aux lois de l'accentuation latine. Il pouvait porter sur l'antépénultième, même si la pénultième était longue. D'après l'effet qu'il a eu sur les voyelles atones, cet accent était un accent d'intensité.

Il porte sur la syllabe initiale dans les dérivés et composés suivants : *Nemausum* Nîmes, *Arelate* [1] Arles, *Condate* Candes, *Brivate* Brioude, *Mimate* [2] Mende, *Tricasses* Troyes.

Il porte sur la dernière syllabe du premier terme dans les composés suivants : *Eburovices* Évreux, *Viducasses* Vieux, *Durocasses* Dreux, *Bodiocasses* Bayeux, *Bituriges* Bourges, *Caturiges* Chorges, *Autessiodurum* Auxerre, *(Epo)manduodurum* Mandeure, *Balodurum* Balleure.

L'analogie a produit, à côté de ces formes anciennes, de nouveaux noms conformes aux lois de l'accent latin : Nemours (cf. Nîmes), comme *Lemausum* Limours ; Arlet (cf. Arles), Condé (cf. Candes), Brivé (cf. Brioude) ; Mimat (cf. Mende). D'autres noms témoignent d'un mouvement de l'accent de l'initiale : *Belisama* a donné Blismes, Blesmes et Bellême.

Il n'y a, sans doute, aucun compte à tenir de l'accent marqué sur les transcriptions grecques des mots celtiques, car la place de cet accent semble déterminé par les lois générales de l'accentuation grecque ; il dépend de la quantité de la dernière syllabe et ne remonte jamais plus haut que l'antépénultième.

La conservation remarquable des voyelles gauloises dans les mots qui nous sont parvenus prouve que, antérieurement à l'accent d'intensité, il y avait un accent de hauteur, sur lequel nous n'avons aucun renseignement.

1. Ou mieux *Arelas*, *Arlate*. A. Thomas, *Essais de philologie française*, 1898, p. 123-125.
2. A. Thomas, *ibid.*, p. 214-216.

La composition des noms celtiques est caractérisée, comme dans les autres langues indo-européennes, par la combinaison de deux termes dont le premier détermine le second [2]. Ce premier terme est soit un nom (substantif ou adjectif), soit une particule (préposition ou adverbe).

I. Composés nominaux [3].

Du point de vue de la signification, ces composés se répartissent en deux classes principales :

1° les composés déterminatifs, où le second terme conserve sa valeur grammaticale propre, comme *Seno-magus* « Vieux-champ » ou « Vieux-marché » :

gaul. *isarno-dorus*, *bardo-cucullus*, *Lugu-dunum*, *epo-redia*, *acaunu-marga*, *glisso-marga*, *vidu-bium*, *trimar-cisia*, *Catu-rigia* (irl. *Coth-raige*), *Seno-carus* (v. bret. *Hen-car*), *Catu-vellauni* (bret. *Cat-uuallon*), *Durno-magus* (irl. *Dorn-mag*), *Seno-magus* (irl. *Sen-mag*), *Vindo-magus*, (irl. *Find-mag*, gall. *Gwyn-fa*), *Coro-bilium* (irl. *Corr-bile*), *Iantu-marus* (irl. *étmar*), *Matu-genus* (irl. *Math-gen*), *Rectu-genus* (v. bret. *Reth-ian*), *Verbi-genus* (v. bret. *Urb-gen*), Κατουαλος (irl. *Cathal*, gall. *Cat-wal*), *Canto-senus* (v. bret. *Hin-cant*), *Toutio-rix* (v. gall. *Tut-ri*).

2° les composés possessifs, indiquant que telle ou telle personne ou tel ou tel objet possède la qualité indiquée

---

1. Zeuss, *Grammatica celtica*, 2ᵉ éd., p. 764-813. Pedersen, *Ver-gleichende Grammatik der keltischen Sprachen*, II, 1913, p. 1-62.

2. Sur le sens de ces composés, voir ci-dessus et le Glossaire. Cette question sera traitée plus à fond dans les volumes de la collec-tion des Antiquités nationales consacrés aux noms propres de per-sonnes et de lieux.

3. Les très nombreux noms composés de lieux du vieux-breton ne sont pas pour la plupart très anciens, comme le prouve l'ordre des termes ; le déterminant suit le déterminé au lieu de le précéder.

par le composé, comme *pempe-dula* « qui a cinq feuilles » :

gaul. *vergo-bretos*, *Allo-broges*, *tri-nanto*, *petor-ritum*, *Petru-corii*, *Tri-corii*, *pempe-dula*, *Avi-cantus* (bret. *Eu-cant*), *Viro-cantus* (gall. *Gwr-cant*, irl. *Fer-chete*), *Ex-omnus* (gall. *eh-ofn*), *Ambi-gatus* (irl. *Im-chath*), Πεννο-ουινδος (irl. *Cenn-finn*, gall. *Pen-wyn*), *Argio-talus* (irl. *Tal-orgg*), *Vino-valeius* (v. bret. *Win-waloe*).

II. Composés à particules.

Voici les principales particules que l'on a reconnues en gaulois :

ad- (irl. gall. *ad-* « à ») : *Ad-namatus* (cf. *Namatius*).

ambi-, *amb-* (irl. *imb*, gall. *am* « autour de ») : *Amb-arri*, *Ambi-gatus* (cf. *Gatus*), *Ambi-toutus* (cf. *Toutius*).

an- ? (irl. *an-*, *am-*, gall. *an-*, *af-*, négatif) : *an-m[a]t*, bret. *an-vad*.

ande- (irl. *ind-*, bret. *an-*, intensif) : *Ande-camulos* (cf. *Camulus*), *Ande-ritum* (cf. *Ritu-*), *Ande-roudus* (cf. *Roudius*).

are- (irl. *air-*, gall. *ar-* « devant ») : *are-pennis*, *are-morici*, *are-vernus*.

ate-, *at-* (irl. *aith-*, gall. bret. *at-*, itératif) : *Ate-gnata* (cf. *gnata*), *At-epilos* (cf. *Epillos*).

cata- (gall. *can(t)*, irl. *ceta-* « avec ») : *Cata-mantaloedis*, cf. gall. *cyd-fantawl*.

co-, *con-*, *com-* (irl. *com-*, gall. *cyf-* « avec ») : *co-vinnus*, *Con-ginna*, irl. *Con-gen*, *Com-prinnus* (cf. *prinni*).

eri- (gr. περι- intensif) : *Eri-dubnos*.

ex- (irl. *es-*, gall. bret. *es-*, *e-* « hors de ») : *ex-acon*, *Ex-omnus*, irl. *es-omun*, gall. *eh-ofn*.

ro- (irl. *ro-*, gall. *ry-*, intensif) : *Ro-smerta* (cf. *Smertullus*), *Ro-talus*.

su- (irl. *su-*, v. bret. *hu-* « bien ») : *Su-carus*, irl. *so-char*, v. bret. *Hu-car*.

ver- (irl. *for-*, gall. *gwr-*, bret. *gour-* « sur », intensif) :

ver-tragus, *ver-nemetis*, v. gall. *Gor-nivet* (cf. *nemeto-*).

vo- (irl. *fo-*, v. gall. *guo-* « sous », diminutif) : *Vo-reto-*,
v. irl. *fo-riuth*.

Le premier ou le second terme est parfois lui-même un
composé, soit de deux noms : *Epomanduo-durum* (cf.
Epo-meduos), *Urogeno-nertus* (cf. *Uro-genius*) ; soit d'une
particule et d'un nom : *Ande-combogius* (cf. *Ad-bogius*),
Con-suanetes (*Su-anetes*), *Conconeto-dumnus* (var. *Coneto-
dumnus*), *Vercingeto-rix* (*Cingeto-rix*), *Vercassi-vellaunus*
(*Cassi-vellaunus*), *Vercondari-dubnus* (cf. *Condarinus*),
Admageto-briga (var. *Mageto-briga*), *Excingo-marus* (cf.
Cingus, *Dumno-coveros* (*Dumno-veros*), *Veriugo-dumnus*
(cf. *Rigo-veriugus*).

Parmi les noms propres, un certain nombre de dérivés
semblent n'être que des formes abrégées des noms composés [1]. Tels sont, par exemple :

1° les dérivés en *-acus* : noms de personnes : *Dumnacus* (*Dumnorix*, *Dumnotalos*), *Congonnetiacus* (*Congonnetodubnus*), *Nertacus* (*Nertomarus*), *Senacus* (*Senorix*),
Togiacus (*Togirix*) ;

ou noms de lieux : *Nemetacum* (*Nemetocenna*), *Sparnacus* (*Sparnomagus*), *Eburacus* (*Eburodunum*), *Condacus*
(*Condomagus*), *Noviacus* (*Noviodunum*), *Turnacus* (*Tur-
nodurum*).

Ce suffixe, qui, à l'époque gallo-romaine, a servi à
former avec des gentilices romains la plupart des noms de
domaines ruraux, est conservé dans les langues celtiques :
irl. *-ach*, gall. *-awc*, bret. *-euc*, *-oc*, *-ec*. C'est lui qui a
donné en français les nombreux noms de lieux en *-ac*, *-ay*,
-ey, *-y*, *-é*, *-ieu*, par exemple *Carantiacus* : Cransac (Avey-
ron), Charencey (Côte-d'Or), Carency (Pas-de-Calais),

<hr>

1. H. d'Arbois de Jubainville, *Mémoires de la Société de linguistique de Paris*, IX (1896), p. 189-191. K. Meyer, *Sitzungsberichte der
königlich preussischen Akademie der Wissenschaften*, LI (1912), p.
1147-1150.

Charency (Jura, Nièvre, Meurthe-et-Moselle), Chérancé (Mayenne, Sarthe, Manche), Charancieu (Isère) ; *Carantacus* : Charentay (Rhône), Carantec (Finistère).

2° des dérivés en *-l-* : *Teutalus*, irl. *Tuathal* (*Teutomalius, Teutomatus*), Κατουαλος [1] (*Caturix*), *Suadulla* (*Suadurix, Suadugenus*), *Smertullus* (*Smertulitanus*).

en *-n-* : *Atepo* [2] (*Atepomarus, Ateporix*), *Vindo* [3] (*Pennovindos* [4]), *Matuinus* (*Matugenus*), *Condarinus* (*-condaridubnus*);

en *-cc-* : *Esuccus* (*Esugenus*), *Lituccus* (*Litugenus*);

3° peut-être même, des noms identiques au premier terme décliné : *Cintus* (*Cintugenus, Cintugnatus*), *Catus* (*Caturix*), *Nertus* (*Nertomarus, Nertovalus*); *Andes* (*Andecavi*) ; ou rattaché à la déclinaison en *-o* : *Togins* (*Togimarus, Togirix*).

Les suffixes des noms communs gaulois nous sont à peu près inconnus. Nous connaissons les suffixes de noms propres pour la plupart à une époque où ils ont fortement subi l'influence latine, en sorte qu'il y aurait quelque imprudence à tenter de les classer rigoureusement, puisque nous ignorons leur histoire. Les voici rangés d'après les consonnes qu'ils contiennent.

v : gaul. *Genava*, gall. *genau* (cf. gall. *gen*) ; gaul. *Vellavi* (cf. gall. *gwell*) ; gaul. *Pictavi* (cf. *Picti, Pictones*); gaul. *Lexovii* (cf. gall. *llech*) ; *Esuvius* (cf. *Esu-*).

i : gaul. *Novio-, Nevio-*, irl. *núe*, gall. *newydd* (cf. gr. νέος) ; gaul. *Brigantio* (cf. *Brigantes*, irl. *Bregait*) ; gaul. *Cobeia* (cf. *Cob-*) ; gaul. *Derceia* (cf. *Derco-*).

s : gaul. *cervesia* (cf. κόρμα); gaul. *Uxsasus* (cf. *Uxisama*);

---

1. A moins que Κατουαλος ne soit pour *Catu-valos*. Voir ci-dessus, p. 105.

2. *Ateponis* au génitif.

3. *Vindonis* au génitif.

4. Ce terme ne se rencontre guère que dans les noms de lieux, d'où il sera passé dans les noms de personnes.

gaul. *Magusius* (cf. *Magu-*); cf. gaul. τριμαρχισία .(cf. μάρκα); gaul. Ἰούρχασσος (cf. *Iura*); gaul. *Toutissa* (cf. *Toutia*); gaul. *Magissa* (cf. *Magi-*); gaul. *Catussa* (cf. *Catu-*, irl. *Cathasach*); *Vindonissa* (cf. *Vindo*; irl. *find*); Νεμωσσός (irl. *nem*); *Ledosus* (gaul. *ledo*) [1]; *Uriassus* (cf. *Uria, urus*); gaul. *Matussius* (cf. *Matu-*, irl. *math*); gaul. *Vectissus* (cf. *Vecti-*).

sc : gaul. *Matisco* (cf. *Mati-*, irl. *maith*); gaul. *Vertiscus* (cf. v. bret. *-uuert*). Ce suffixe se rencontre surtout en ligure [2].

sm : gaul. *Cintusmus* (cf. *Cintu-*, gall. *cynt*).

g : gaul. *selago* ; *carrago*? (cf. *carrus*).

d : gaul. *Donnadu* (cf. *Donno-*), gaul. *Vindedo* (cf. *Vindo-*, irl. *find*); gaul. *Magidius* (cf. *Magi-*); gaul. *Epidius* (cf. *Epo-*); gaul. *Olloudius* (cf. *Ollo-*).

nd : gaul. dat. *Brigindoni* (cf. *Brigia*).

b : gaul. *Cenabum* (cf. *Ceno-*); *Abnoba* (cf. *Abona*).

c : gaul. *Durnacus*, bret. *Dornec* (irl. bret. *dorn*), gaul. *Dumnacus* (gall. *dwfn*, irl. *domun*); gaul. *Caratacos*, irl. *carthach* (cf. gaul. *Carato-*, irl. *car-*); gaul. *-bodiaco-*, irl. *buadach* (cf. *Bodio-*, irl. *buaid*); gaul. *morici* (cf. *more*, irl. *muir*); gaul. *Vertico* (cf. v. bret. *-uuert*); gaul. *Belinicos* (cf. *Belinius, Belinos*); gaul. κάρνυξ [3] (cf. κάρνον); gaul. *Caratucus* (cf. *Caratullus*); gaul. *Smertucus* (cf. *Smertullus*); gaul. *Viducus* (cf. *Vidu-*, irl. *fid*); gaul. *Litaviccus*, v. gall. *Letewic* (cf. *Litavis*); gaul. *Beliniccus* (cf. *Belinos*); gaul. *Congenniccus* (cf. Κογγεννο-).

ct : gaul. *Bibracte* (cf. *beber*); *Senectius* (cf. *Seno-*).

xt : gaul. *Divixtus* (cf. *Divius*).

cn : gaul. *celicnon* (cf. lat. *columna*): gaul. *Taranucnos*

1. Vendryès, *Mémoires de la Société de linguistique de Paris*, XIII (1905-1906), p. 390-392.

2. H. d'Arbois de Jubainville, *Les premiers habitants de l'Europe*, II, 1894, p. 46-70.

3. Si ce mot n'est pas affublé d'une terminaison grecque.

(cf. *Taranis*, gall. *taran*); cf. *Tanotaliknoi* (*Tanotalos*) en Cisalpine [1]; Λουχοτιχνος (cf. *Lucotios*); *Nantonicn* [*os*] (cf. *Nanton-*); *Ollecnus, Ollocnus* (cf. *Ollo-*); *Mainacni* (cf. *Maina*); *Toutissicnos* (cf. *Toutissa*).

nc : gaul. *tarinca*; *arinca*; *Morincum* (cf. *Mori-*); *Agedincum* (cf. *Agedo-*); *Lemincum* (cf. *Lemo-*); *Alisincum* (cf. *Alisia*); *Belsonancum* (cf. *Belsinum*); *saliumca*, Σαλιόγχανος (cf. *Salyes*). Ce suffixe est ligure dans *Bodincum* [2].

rc ? : gaul. *Cadurci*; *Aulerci*.

t : gaul. *-victo-*, v. bret. *guith* (cf. irl. *fichim*), gaul. *Galatae* (cf. irl. *gal* « bravoure »); gaul. *Nantuates* (cf. *nanto*, gall. *nant*); gaul. Ναμαυσατις (cf. *Nemausus*); gaul. *Gaesatae* (cf. *gaesum*); gaul. *Belatu-* (cf. irl. *at-bela*); gaul. *Teutates* (cf. irl. *tuath*); gaul. *Atrebates* (cf. irl. *atreba*); gaul. *brivatiom* (cf. *brio, -briva*); gaul. *Nemeto-*, νεμητον, irl. *nemed*, v. gall. *Nemet, Nimet* (cf. irl. *nem*); gaul. *Loucetius*, irl. *lóche*, gén. *lóchet* (cf. *Leuco-*); gaul. *Tasgetius* (cf. *Tasgo-*, irl. *Tadg*); gaul. *baditis* (cf. irl. *bádi-m*); gaul. *Gabritius* (cf. *Gabrus*); gaul. *Smerto-* (cf. *Smerius*); gaul. *Bituitus* (cf. *Bitus*); gaul. *Gobannitio* (cf. v. bret. *-gouan*).

tico- : gaul. *Epaticcus*, bret. *Ebetic* (cf. *Epo-, Epato-*, irl. *Eochaid*); gaul. Ριγαντικος (cf. v. bret. *roiant-*; gaul. *rigo-*).

tino- : gaul. *rumpotinus* (cf. *rumpus*).

tr : gaul. *taratrum*, irl. *tarathar* (cf. lat. *tere-bra*); gaul. *lautro*, irl. *lóthor* (cf. lat. *lavo*); gaul. *Smertrius* (cf. *Smerius*).

tl : gaul. *Visutlus* (cf. *Visu-*).

nt : gaul. Καρβαντο-, irl. *carbat* (cf. lat. *corbis*); gaul. *Carantus*, irl. *cara*, gén. *carat* (cf. irl. bret. gall. *car-*); gaul. *Arganto-, Argento-*, irl. *argat, arget*, v. bret.

1. Voir ci-dessus, p. 39.
2. Sur ces noms, voir E. Philipon, *Romania*, XXXV (1906), p. 1-18.

argant (cf. *Argio-*); gaul. *Alisontia* (cf. *Alisia*); gaul. *Mogontia* (cf. *Mogounus, Mogeti-*); *bellinuntia*, βιλινουντία (cf. *Belenus*); gaul. *Novientum* (cf. *Novio-*).

r : gaul. *-cadro-*, v. bret. *cadr* (cf. gr. καδ-); gaul. *Labarus*, gall. *llafar* (cf. gall. *llef*); gaul. *Lucterius* (cf. irl. *lucht*); gaul. *Vimpuro* (cf. *Vimpus*, gall. *gwymp*).

rn : gaul. *Isarno-*, irl. *iarn* (cf. got. *aiz*, lat. *aes*), v. br. *Hoiarn-*; gaul. *Tigernus*, v. gall. *tigern* (cf. irl. v. gall. *tig*); gaul. *Logirnus* (cf. *Logius*).

l : gaul. *cantalon, cantlos* (cf. lat. *cantus*, irl. bret. *can-*); gaul. *Teutalus*, irl. *Tuathal* (cf. irl. *tuath*, bret. *tut*); gaul. *-magulus*, v. bret. *Maglus* (cf. irl. *mug*); gaul. *Magalos*, v. bret. *-maglus* (cf. gr. μέγας, μεγάλου); gaul. *viriolae* (cf. *viriae*); gallo-rom. *brogilus* (cf. *-brogi*); gaul. *Uxello-, Uxellus*, gall. *uchel* (cf. gall. *uch*); gaul. *Mosella* (cf. *Mosa*); gaul. *Giamillos* (cf. *Giamius*, v. gall. *gaem*); gaul. *Toutillus* (cf. *Touto-*); gaul. *Salicilla* (cf. *Salica*); gaul. *Boudillus* (cf. *Boudius*, irl. *buaid*); gaul. *Epillos* (cf. *Epi-*); gaul. *Iovincillus* (cf. corn. *iouenc*); gaul. *Caratillus* (cf. *Carato-*); gaul. *Cavarillus* (cf. *Cavari*); gaul. *betulla* (cf. gall. *bedw*); gaul. *Bussullus* (cf. gaul. *Bussu-*); gaul. *Cintullus* (cf. gaul. *Cintu-*, gall. *cynt*).

n [1] : gaul. *Alisanu* (cf. *Alisia*); gaul. *Morini* (cf. *more*, irl. *muir*); gaul. *Cavarinus* (cf. *Cavari*); gaul. *Moltinus* (cf. irl. *molt*); *Caletinus* (cf. bret. *calet*); gaul. *Brigiani* (cf. *Brigius*); gaul. *Carnuteni* (cf. *Carnutes*); *Epenos* (cf. *Epo-*); *Eburones* (cf. *Eburo-*); gaul. *Redones* (cf. *reda*); gaul. *Giamoni* (cf. *Giamos*); gaul. *Senones* (cf. *Seno-*); gaul. *Bratronos* (cf. irl. *bráthir*); *Matrona* (cf. irl. *máthir*); gaul. *Epona* (cf. *Epo-*, gall. bret. *eb-*); gaul. *Maponus*, gall. *mabon* (cf. bret. *map*); gaul. *Ateponius* (cf. *Atepo-*); gaul. *Matuconius* (cf. *Matucia*); gaul. *Vellauno-*, v. gall. *guallaun* (cf. gall. bret. *gwell*); gaul. *Arebrignus* (cf.

---

1. Sur ce suffixe, voir Marstrander, *Zeitschrift für celtische Philologie*, VII (1910), p. 378.

Arebrigium) ; gaul. *Catunius* (cf. *Catu-*, irl. *cath*) ; *Camu-linius* (cf. *Camulinus*, *Camulus*); *Magunia* (cf. *Magu-*), cf. irl. *Mugain* ; gaul. *Arduenna*, *Arduinna* (cf. irl. *árd*) ; gaul. *Cernunnos* (cf. κάρνον, bret. *carn*) ; gaul. *Tarvanna* (cf. *tarvos*) ; gaul. *Bebronna* (cf. *beber*) ; gaul. *Vindonnus* (cf. *Vindo-*, irl. *find*).

m : gaul. *Uxama*, gall. *uchaf* (cf. gall. *uch*) ; gaul. *Belisama* [1], Βηλησαμι (cf. *Belinos*) ; gaul. *Rigisamus* (cf. gaul. *-riges*); *Vertamo-* (cf. *Vertacus*); gaul. *Vindama*, m. bret. *gwennaff* (cf. *Vindo-*, irl. *find*) ; gaul. *Segomo* (cf. *Sego-*).

La plupart de ces suffixes sont, comme on le voit, communs au gaulois et au latin, en sorte qu'on ne peut distinguer les anciens dérivés celtiques des dérivés créés sur l'analogie des dérivés latins, même dans les inscriptions gauloises, car celles-ci ne contiennent pas que des mots d'origine gauloise. Ce que ces suffixes présentent de plus remarquable, c'est leur grande variété ; il n'est guère de thème de nom propre qui ne puisse se combiner avec un grand nombre de suffixes.

Ainsi, du thème *Catu-* employé en composition dans Κατού-γνατος, *Catu-riges*, *Catu-rix*, *Catu-sualis*, *Catu-volcus*, *Catu-slugi*, *Cat-vellaunus*, *Catu-seg-*, on forme les dérivés suivants :

Catuos

Catussa

      Catusacus

           Catuso, Catusso

Catucius

      Catucinus

Catullus

---

1. Le suffixe *-samo-* semble avoir formé, en celtique, le superlatif. R. Thurneysen, *Zeitschrift für vergleichende Sprachforschung*, XXXIII (1895), p. 651. Cf. *Revue celtique*, XVI (1895), p. 121.

Catullacus

Catullinus

Catullianus

Κατουαλος
Catunus
Catuinus
Caturus

Caturo

Caturnus

Les anciennes désinences, dans la déclinaison gaélique, ne se révèlent guère que par l'influence qu'elles ont eue, par l'intermédiaire de la consonne, sur le vocalisme de la syllabe précédente. Ainsi le mot *ech* « cheval », qui répond au latin *eqvos*, se décline ainsi en irlandais :

	singulier		pluriel	
nominatif	*ech*	eqvos	*eich*	eqvī
accusatif	*ech n-*	eqvom	*eochu*	eqvōs
génitif	*eich*	eqvī	*ech n-*	(eqvōrum) [1]
datif	*eoch*	eqvō	*echaib*	(eqvīs) [2]

L'influence vocalique permet de distinguer trois séries de désinences anciennes ; celles qui contenaient *a* ou *o*, celles qui contenaient *e* ou *i*, celles qui contenaient *u*. On peut donc rétablir, sans graves erreurs, les désinences primitives de la déclinaison gaélique, et les comparer aux désinences de la déclinaison gauloise.

Le gaulois semble avoir eu les mêmes thèmes nominaux

1. Le gaélique a conservé l'ancienne désinence -*om* ; le latin a emprunté la désinence en *-som*, -*rum* de la déclinaison en -*ā*.

2. Le latin emploie comme datif l'ancien instrumental. Le gaélique a conservé l'ancien datif en -*bi*.

que le gaélique ; thèmes vocaliques en *-o-*, *-ā-*, *-i-*, *-u-* ;
thèmes consonantiques en *-n-*, *-t-*, *-d-*, *-nt-*, *-c-*, *-g-*, *-r-*, *-s-*.
Ces thèmes sont souvent peu visibles dans les noms communs gaulois ; ils sont peu variés dans les noms propres
dérivés, qui ont été assimilés aux gentilices en *-ius* et aux
surnoms en *-us*, *-ō* ; ils sont bien conservés dans les premiers termes de noms propres, sauf les thèmes en *-ā-*,
et les thèmes consonantiques qui ont pris, comme dans les
autres langues indo-européennes, la voyelle thématique
-o- [1]. Dans le celtique des Iles Britanniques, par suite de
la chute des voyelles thématiques, c'est seulement la
déclinaison qui permet de déterminer à quel thème on a
affaire.

Thèmes en *-o-* et en *-io* : gaul. *Artos*, gall. *arth* « ours » ;
gaul. *tarvos*, irl. *tarb*, bret. *tarv* « taureau » ; gaul. *Caratios*, irl. *carthe* « aimé ».

Cette déclinaison comprenait sans doute des neutres :
gaul. *cantalon*, irl. *cétal* « chant ».

Thèmes en *-ā-* et en *-ia* : gaul. *Vinda*, irl. *find*, gall.
gwenn « blanche » ; gaul. -τοουτα, irl. *tuath* « peuple » ;
gaul. *Alisia*.

Il y avait en gaulois des masculins en *ā* : *druida*, μάρκα ;
on en a de nombreux exemples dans les noms propres :
Belga, *Volca* ; il y avait peut-être aussi des masculins en
-ia : *eporedia*, *Avaucia* [2].

Thèmes en *-i-* : gaul. *Mori-*, irl. *muir* « mer » ; gaul.

1. Cf. *Verno-* (*verna*), *Brivo-* (*briva*), *Touto-* (*-touta*). Il est difficile de distinguer les premiers termes originairement consonantiques
des premiers termes qui ont perdu leur voyelle finale. Voir ci-dessus, p. 60. *Atesmertus* doit sans doute être divisé en *Ate-smertus*.
Cob-nertus a sans doute pour premier terme la particule *com-*, et
non un nom ou un adjectif syncopé.
2. Le gaulois ne marquait donc pas la distinction du genre par les
déclinaisons.

Mati-, irl. *maith* « bon » ; gaul. *bodi-*, irl. *buaid* « victoire » ; gaul. *vati-*, irl. *fáith* « devin » ; gaul. *Togi-*, irl. *toig* « aimable ».

Thèmes en *-u-* : gaul. *Litu-*, irl. *lith* « fête » ; gaul. *Visu-*, irl. *fiu* « digne », gall. *gwiw* ; gaul. *magu-*, irl. *mug* « esclave » ; gaul. *Bitu-*, irl. *bith* « monde » ; gaul. *gutu-*, irl. *guth* « voix » ; gaul. *Rectu-*, irl. *recht* « droit ». Certains thèmes gaulois en *-u* ont des variantes en *-o*, dues sans doute à l'influence latine : *Adiatu-*, *Adiato-* ; *Virdu-*, *Virdo-* ; *Rectu-*, *Recto-*.

Thèmes en *-n-* : l'*n* n'apparaît pas au nominatif, qui est en *-u* dans les masculins et féminins [1], en *-i* dans les neutres : *Criciru*, gén. *Cricironis* ; *Seboddu* ; gaul. κοῦρμι, irl. *cuirm*, pl. *cuirmenn* « bière ».

Thèmes en *-t-* et en *d-* : gaul. *Cinget-*, irl. *cing*, gén. *cinged* « guerrier » ; gaul. *Atrebates* ; gaul. *druides*, irl. *druid* « druides ».

Thèmes en *-c-* : gaul. *-vic-*, *-divic-* ; gaul. *esoc-*, irl. *eo*, gén. *iach* « saumon ».

Thèmes en *-g-* : gaul. *-rig-*, irl. *rí*, pl. *rig* « roi » ; gaul. *brog-*, bret. *bro* « pays ».

Thèmes en *-r-* : gaul. μᾱτρ-, irl. *máthir* « mère ».

Thèmes en *-s-* : gaul. -μᾱγος, irl. *mag* « champ » ; gaul. -δουνος [2], *-dunum*, irl. *dún* « forteresse ».

Les genres et les thèmes ne se correspondent pas tou-

----

1. Sous l'influence de la déclinaison latine, *u* est souvent changé en *o* : *Criciro*. Voir ci-dessus, p. 34.

2. On trouve Λούσδουνος chez le Pseudo-Plutarque. Strabon écrit τὸ Λούγδουνον avec l'article neutre, conservant ainsi le souvenir du genre grammatical, tandis que le Pseudo-Plutarque conserve l'ancienne désinence des thèmes en *-s* : ὄρος Λούσδουνος καλούμενον.

jours en irlandais et en gaulois; ainsi *mag* et *dún* sont neutres en irlandais ; en gallo-romain *-dunum* est neutre et *-magus* masculin, sans que nous puissions déterminer si la cause de cette divergence remonte au gaulois. Pour bon nombre de mots gaulois, les écrivains anciens hésitent entre plusieurs déclinaisons, la déclinaison en -a- et la déclinaison consonantique : *druidae, druides*; *Nantuates*, Ναντουᾶται; — la déclinaison en -o- et la déclinaison consonantique : *Caletes* et *Caleti, Atrebates* et Ἀτρεβάτιοι; — la déclinaison en -a- et la déclinaison en -o- : *Celtae*, Κελταί, Κελτοί ; Γαίσαται et Γαίσατοι [1] ; *-briva, brio* [2].

Les thèmes varient, d'une langue celtique à l'autre et même à l'intérieur de la même langue : gaul. *Taranu-*, *Tarani-*, bret. **taranu*, irl. **toranno-*; gaul. μάρκα, *Marco-*, irl. **marco-*, bret. **marc'ho-*; gaul. *bulga*, irl. **bolgo-* ; gaul. κόρμα, κοῦρμι, irl. **curmen-*; gaul. *druida-, druid-*, irl. **druid-* ; gaul. δουλα, *-dulo-*, irl. **dulio-* ; gaul. *nanto, Nantu-*, gall. **nantu-* ; gaul. *broga, -brog-*, irl. **mrogi-*, **brogi-* ; gaul. *esoc-*, irl. **esoc-*, gall. **esāco-* ; gaul. *Caranto-*, irl. **carat-* ; gaul. *Leucetio-*, irl. **lóchent-*.

Nous ne connaissons pas exactement le nombre des cas de la déclinaison gauloise; elle semble avoir comporté un cas, avec la postposition δε ; la préposition *in* était construite avec un cas (locatif ou ablatif) qui ne se confondait pas, comme en grec, avec le datif. La déclinaison pronominale nous est inconnue. Il n'y a point d'article. Nous avons sans doute deux exemples d'adjectifs-pronoms démonstratifs [3].

Voici le tableau comparé des terminaisons gaéliques (telles qu'elles étaient avant la chute de certaines voyelles de la syllabe finale) et des terminaisons gauloises d'après les inscriptions gauloises et les textes des Anciens [4].

1. Voir ci-dessus, p. 90.
2. Voir ci-dessus, p. 66, 67.
3. Voir ci-dessus, p. 40.
4. Les exemples donnés en note sont choisis parmi les moins contestables. Nous les donnons sous la forme même sous laquelle ils nous sont parvenus. Voir aussi ci-dessus, p. 34, 39-40.

Thèmes en -o- (-io-) [1]

	Singulier		Pluriel	
	gaélique	gaulois	gaélique	gaulois
nominatif	-os	-os	-ī	(-oi), -i
vocatif	-e		-ūs	
accusatif	-on	-on [2]	-ūs	
n. v. a. neutre	-on	-on	-ā	
génitif	-ī	-i	-on	
datif	-ū	-u	-obi	

Le paradigme des thèmes en -io- présente les mêmes désinences précédées de i : -ios, -ie, -ion, -ii, -iū ; -iī, -iūs, -ion, -iobi.

Thèmes en -ā- et en -iā- [3]

nominatif	-ā -ia	-a, -ia	-(i)ās

1. Les exemples de cette déclinaison sont nombreux dans les inscriptions gauloises : au nominatif : *Andecamulos Toutissicnos, Licnos Contextos, Iccavos Oppianicnos,* Κασσιταλο; Ουερσιχνο;, Σεγομα-ρος Ουιλλονεο; etc. ; au génitif *Segomari* ; au datif *Alisanu, Anvalonnacu* ; à l'accusatif masculin ou neutre : *canecosedlon, cantalon, celicnon,* νεμητον ; au nominatif pluriel : *Senani,* cf. *Tanotaliknoi.*

Le nominatif est d'ordinaire latinisé en -us dans les inscriptions gallo-romaines : *Agedovirus, Setubogius, Atepomarus* (gén. *Atepomari*). La forme primitive -os est attestée par les légendes monétaires et quelques inscriptions en caractères latins. Les inscriptions en caractères grecs ont toujours -ο;. C'est sans doute le retour fréquent dans la langue gauloise de cette terminaison qui avait fait croire aux Gaulois, à Delphes, qu'ils avaient en face d'eux des Grecs et non leurs compatriotes (Pausanias, X, 23, 8). Le datif en -u se trouve dans les inscriptions gallo-romaines : *Brixantu.*

2. La désinence de l'accusatif singulier d'après les inscriptions gauloises proprement dites est n et non m. On ne trouve m final que dans *brivatiom* (qui est peut-être écrit en abrégé) et καντεμ (qui semble une faute de graveur pour καντενα).

3. Inscriptions gauloises : au nominatif : *Buscilla* ; à l'accusatif : ματικαν ; au datif : Εσκεγγαι, Βλανδοουικουνιαι ; au locatif : *Alisiia, Alixie* ; au datif pluriel : ναμαυσικαβο. Βηλησαμι est peut-être un datif de cette déclinaison (cf. *Belisama*). *Gnatha* (n° 59) est sans doute un vocatif.

vocatif	-ā -ia	-a	-(i)ās	
accusatif	-ien	-an (?)	-(i)ās	-ias
génitif	-iās, iës		-(i)on	
datif	-ī	-ai (?), -i	-(i)ābi	-abo
locatif		-ia, -ie		

Thèmes en -i- [1]

nominatif	-is	-is	-īs	
vocatif	-i	-i	-īs	
accusatif	-in	-in	-īs	
génitif	-os		-ion	-iom ?
datif	-ei	-e	-ibi	

Thèmes en -u- [2]

nominatif	-us	-us	-oves	-oves ?
vocatif	-u		-oves	
accusatif	-un		-ūs	
génitif	-ous		-ion	
datif	-ū	-ou	-obi	

Le gaélique et le brittonique n'offrent aucune formation

Textes anciens : à l'accusatif singulier : μάρκαν (Pausanias, X, 19) ; au nominatif : *reda*, *briva* ; à l'accusatif pluriel : *eporedias*.

Inscriptions gallo-romaines : au nominatif : *Senobena* ; au datif : *Virotoutae* ; cf. au génitif : *legionis secundes Italices*.

Sur cette déclinaison, voir A. Meillet, *Mélanges H. d'Arbois de Jubainville*, 1906, p. 229-236.

1. Inscriptions gauloises : au nominatif : Ναμαυσατις, *Lixovialis* ; à l'accusatif : *ratin*, *sosin*, *Ucuetin* ; au datif : *Ucuete*, mais aussi Βηλησαμι si ce mot appartient à la déclinaison en *i* ; au génitif pluriel (?) : *brivatiom?* *Vimpi* est sans doute un vocatif.

2. Inscriptions gauloises : au nominatif : τοουτιους, *trigaranus*, *Esus* ; au datif (?) : Ταρανοου. Le nominatif est écrit en alphabet grec -ους ; il se confond avec -us = -os dans les inscriptions en alphabet latin. De là quelques confusions dans les inscriptions gallo-romaines : *Belinicous* à côté de *Belinicos*, *Belinicus*.

Inscriptions gallo-romaines : au nominatif pluriel : *Lugoves* (cf. *Lugu-*). J. Loth, *Revue archéologique*, XXIV (1914), p. 205-230.

semblable à *bratude*, qui serait un ancien instrumental ou un ancien ablatif ; ni à Ταρανοου qui semble un ancien locatif.

Thèmes en -n- [1]

	Singulier		Pluriel	
	gaélique	gaulois	gaélique	gaulois
nominatif	-ō	-u	-nes	-nes
vocatif	-ō		-nes	
accusatif	-ṇen		-nās	-nas
génitif	-nos		-non	-non
datif	-ni	-ni	-nobi	

Thèmes en -t- (-d-) [2]

nominatif	-s	-d	-tes	-tes
vocatif	-s		-tes	
accusatif	-ten		-tās	-tas
génitif	-tos		-ton	-ton
datif	-ti		-tobi	

Le paradigme des thèmes en -d- présente les mêmes désinences précédées de d : (-s), -den, -dos, di ; -des, -dās, -don, -dobi (gaul. dbi ?).

Thèmes en -g-, (-c-) [3]

nominatif	-x	-x	-ges	-ges

1. Inscriptions gauloises : au nominatif singulier : *Frontu, Caledu, Criciru* ; au datif : *Brigindoni*, si le nominatif de ce mot est *Brigindu*.
Textes anciens : à l'accusatif pluriel : *Pictonas, Santonas*.
Inscriptions gallo-romaines : au nominatif : *Saciru* à côté de *Saciro, Criciru* et *Criciro* ; au datif : *Segomoni* ; à l'accusatif pluriel : *Lingonas*.

2. Inscriptions gauloises : au nominatif : *epad* ; au datif pluriel : *gobedbi*. Le *d* de *mid* (inscr. n° 53) et celui de *Nercod* (monnaie), si ces mots ne sont pas écrits en abrégé, est sans doute pour *d*.
Textes anciens : au nominatif singulier : *Drappes, Atrebas* ; au nominatif pluriel : *Namnetes, Atrebates* ; au génitif pluriel : *Namnetum, Atrebatum* ; à l'accusatif pluriel : *Atrebatas*.

3. Inscriptions gauloises : au nominatif : Εσκιγγορειξ.
Textes anciens : au nominatif singulier : *Vercingetorix, Viridovix* ;

vocatif	-x		-ges	
accusatif	-gen		-gās	*-gas*
génitif	-gos	*-gos*	-gon	*-gon*
datif	-gi	*-gi*	-gobi	

Le paradigme des thèmes en -c- présente les mêmes désinences précédées de -c- : (-x), -cen, -cos, -ci ; -ces, -cēs, -con, -cobi.

Thèmes en -r- [1]

nominatif	-r	-res
vocatif	-r	-res
accusatif	-ren	-rās
génitif	-ros	-rion
datif	-ri	-rebi *-rebo, -rebe*

Thèmes en -s- [2]

nominatif	-s	-sa
vocatif	-s	-sa
accusatif	-s	-sa
génitif	-sos	-son
datif	-s	-sbi

Le gaélique a conservé des traces du duel, déjà en pleine décadence, car il ne peut pas s'employer sans le nom de nombre *dá*, fém. *di*. On a cru trouver des exemples de duel en gaulois [3] sur une légende de monnaie de bronze

à l'accusatif pluriel : *Biturigas* ; au nominatif pluriel : *Bituriges* ; au génitif pluriel : *Biturigum*.

Inscriptions gallo-romaines : au génitif singulier : *Andebrocirigis* f., mais peut-être aussi *Samorigos* (écrit *Samoricos*) ; au datif : *Caturigi, Toutiorigi* ; au nominatif : *Biturix*.

1. Inscriptions gauloises : au datif pluriel : ματρεβο, suioreƀe (?) Inscriptions gallo-romaines : au nominatif pluriel : *matrae, matres* ; au datif pluriel : *matribus, matris, matrabus*.

2. On n'a pas en gaulois d'exemple sûr de thème en -s- ; δουνος et μαγος qui appartenaient anciennement à cette déclinaison sont, à l'époque romaine, passés dans la déclinaison en -o- : *-dunum, -magus*. Voir ci-dessus, p. 115.

3. R. Mowat, *Revue celtique*, V (1881), p. 121-124.

des *Lixovii*, qui porte **CISIAMBOS CATTOS VERCO-BRETO**. La désinence du duel que la grammaire comparée permet de restituer serait *ōu* et non *o* ; si l'on suppose que *ōu* s'est réduit comme en latin à *ō*, cet *ō* serait devenu *u* [1]. Il est plus probable qu'il s'agit de la désinence du singulier -*os* [2], dont l's final est souvent tombé dans les légendes monétaires, et que *vercobreto* est mis pour *vercobretos*.

Il est possible que, là où on ne peut mettre de désinences gauloises attestées en face des désinences restituées du vieux-celtique, les formes gauloises fussent plus voisines du latin que du gaélique [3]. Le gaulois avait, comme le latin, des thèmes masculins en -*ā*- ; l'irlandais n'en a pas ; le gaulois comme le latin avait mieux conservé la déclinaison des féminins en -*ā*-, que l'irlandais confond en partie avec la déclinaison en -*ī*- ou en -*ia*-.

La parenté étroite du gaulois et du latin expliquerait pourquoi on a songé à rattacher à un dialecte italique les inscriptions gauloises de la Narbonnaise. Elle expliquerait encore pourquoi les mots celtiques sont si rares dans le bas-latin de la Gaule. Si, en effet, le vocabulaire gaulois était proche du vocabulaire latin, il a dû se fondre plus rapidement dans celui-ci que s'il en avait été très différent. D'autre part, les difficultés que présentent du point de vue phonétique quelques étymologies françaises peuvent tenir à ce que le prototype est non un mot latin, mais un mot gaulois apparenté à ce mot latin.

Conjugaison

Les misérables restes de conjugaison que l'on trouve

1. Voir ci-dessus, p. 96.
2. Ch. Robert, *Comptes rendus de l'Académie des inscriptions et belles-lettres*, 1885, p. 283. Ernault, *Mémoires de la Société de linguistique de Paris*, VI (1889), p. 158-161. Blanchet, *Traité des monnaies gauloises*, p. 88.
3. Telle semble être l'idée de E. Windisch dans son article *Keltische Sprachen* du *Grundriss der romanischen Philologie* de G. Gröber, I.

dans les textes gaulois ne permettent pas de dresser un tableau comparé de la conjugaison du vieux-celtique et de la conjugaison gauloise. On ne peut guère identifier que quelques désinences.

1re personne du singulier : v. celt. *-ō*. On attendrait en gaulois une désinence *-u*. Ce serait le cas de *ieuru*, ειωρου, si cette forme était un verbe, et si elle pouvait s'expliquer par une première personne, cf. irl. *caru* « j'aime ».

2e p. sg. Nous n'avons d'exemple que de l'impératif, v. celt. *-i*, gaul. *-i* : *gabi*, irl. *gaib* « prends » ; *moni*, cf. gall. *myn-et*, bret. *mon-t* « aller ». Quant à *vernus : obsta*, *cecos* (?) : *dimitte*, ils attendent encore une explication.

3e p. sg. : v. celt. *-it*, gaul. *-it* : *legasit, cariedit*; cf. irl. prés. *légaid* « il lit », prét. *légais* ; v. gall. *prinit*. Mais *avot* est peut-être un nom (cf. *avotis*), et *ieuru*, χαρνιτου, *vritu* (*uritu*) sont difficiles à expliquer par une désinence de troisième personne [1].

1re personne du pluriel : v. celt. *-mos*, gaul. *-mo* : *voraimo* (cf. lat. *oravimus*?), *priavimo*, *dertiimo* ; cf. irl. *-caram*, bret. *caromp* « nous aimons ».

3e p. pl. : v. celt. *-ont*, gaul. *-ont* : *heiont, cartaont, demtitiont*; cf. irl. *berat* « ils portent », bret. *caront* « ils aiment ».

3e p. pl. relative : v. celt. *-ont-io* (?), gaul. *-ontiio* [2] : *dugiiontiio*, cf. v. irl. *mórate* « qui magnifient ».

De la forme verbale *legasit*, on peut conclure à l'exis-

---

1. H. d'Arbois de Jubainville rattache *uritu* à la même racine que *ieuru* et l'explique ainsi que χαρνιτου par une première personne du singulier du prétérit en *-t* (*Éléments de la grammaire celtique*, p. 122-124). Pedersen semble admettre pour χαρνιτου l'explication par une troisième personne du singulier déponent (*Vergleichende Grammatik der keltischen Sprachen*, I, p. 245 ; II, p. 406).

2. R. Thurneysen, *Zeitschrift für celtische Philologie*, VI (1907), p. 558. Poisson, *Bulletin de la Société de géographie de Rochefort*, XXX (1908), p. 259.

tence en gaulois du prétérit en *-s*, caractéristique en vieil-
irlandais des verbes dérivés en *-a* et en *-i*, et qui est le
seul prétérit vivant en brittonique : 3ᵉ p. pl. irl. *carsit*
« ils ont aimé », *leicsit* « ils ont laissé » ; gall. *carassant*,
bret. *carsont* « ils ont aimë ».

M. Loth a proposé de reconnaître, dans le *marcosior*
d'une inscription sur peson de fuseau, une première personne du présent du subjonctif déponent, comparable au
passif gallois en *-yor* : *rychior* « il est enterré », *llemi-
tyor* « il sera piétiné » [1].

Quant à *eurises*, que l'on a parfois considéré comme une
forme verbale apparentée à *ieuru* [2], ce mot appartient à
une inscription latine qui ne semble contenir, en fait de
gaulois, que des noms propres.

Rien jusqu'ici ne nous autorise à croire que le gaulois
ait eu en commun avec le gaélique et le brittonique quelques-uns des traits les plus originaux qui caractérisent les
langues celtiques au regard des autres langues indo-européennes, mais qui n'ont encore été constatés que dans les
dialectes insulaires. Ce sont :

1° Les mutations consonantiques, c'est-à-dire la modification des consonnes initiales après les mots qui se lient
étroitement au mot suivant (l'article, les adjectifs possessifs, certaines prépositions, conjonctions et particules verbales). Ainsi le mot irlandais *bó* « vache » selon le mot
qui le précède gardera la forme *bó* ou deviendra soit *bhó*
(prononcé *vó*), soit *mbó* (prononcé *mó*). Les deux seuls

1. J. Loth, *Comptes rendus de l'Académie des inscriptions et
belles-lettres*, 1916, p. 175. G. Dottin, *Les désinences verbales en -r
en sanskrit, en italique et en celtique*, 1896, p. 186.
2. Ce serait une troisième personne du pluriel du prétérit comparable au latin *dixere* = *'dixesc*. Dans l'inscription de Rom, on a
peut-être encore comme formes verbales : *demtissie, compriato,
caticato*.

ordres de mutations communs aux deux familles de langues celtiques sont la mutation de *b*, *d*, *g* en *v* (*w*), δ, γ, c'est-à-dire des occlusives sonores en fricatives sonores ; et la mutation de *b*, *d*, *g* en *m*, *n*, *ṅ*, c'est-à-dire des occlusives sonores en nasales.

2° L' « infection » vocalique, c'est-à-dire la modification des voyelles par les consonnes qui les suivent [1] : irl. *marc* « cheval », pl. *mairc* ; gall. *march*, pl. *meirch*.

3° la triple formation des pronoms personnels. Ces pronoms ont trois formes : la forme absolue, quand ils sont sujets, attributs ou compléments directs ; la forme infixe [2], quand ils sont compléments directs ou indirects d'un verbe ; la forme suffixe, après les prépositions. Ainsi, on dira en moyen gallois MI *a wnaf* « je ferai », *neu*-M-*goruc* « il m'a fait », *yn-o-*F « en moi ».

4° le futur en -*b*, le passif et le déponent en -*r* [3], qui caractérisent à la fois le celtique et le latin.

5° la double conjugaison du présent gaélique, selon que le verbe est simple ou composé : ainsi, on dit en irlandais *berim* « je porte », mais *do-biur* « j'apporte ».

6° l'expression du pluriel par le collectif et la transformation de ce collectif en singulatif au moyen d'un suffixe, si fréquente en brittonique : gall. *gwydd*, bret. *gwez* « des arbres » ; gall. *gwydden*, bret. *gwezen* « un arbre ».

Le gaulois n'a, en général, pas fait subir aux consonnes intervocaliques, ni aux consonnes doubles ou précédées de certaines consonnes [4], les changements que l'on observe

---

1. Le point d'articulation de la consonne dépend, à son tour, de la voyelle suivante et persiste après la chute de cette voyelle. Ainsi, le *c* de *mairc* est palatal ou antérieur, parce qu'il était jadis suivi d'un *ι*. Voir ci-dessus, p. 113.

2. H. d'Arbois de Jubainville, *Mémoires de la Société de linguistique de Paris*, X (1898), p. 283-289.

3. Voir néanmoins ci-dessus, p. 123 : *marcosior*.

4. Irl. *lóche*, gén. *lóchet*, gall. *llug*, gaul. *Leucetius* ; irl. *cethir*, m. gall. *pedwar*, gaul. *petor-* ; irl. *brecc*, gall. *brych*, gaul. *Bricco-* ; irl. *crot*, gallo-rom. *ᵗcrotta*, gall. *crwth* ; irl. *marc*, gall. *march*, bret. *marc'h*, gaul. μάρχα ; irl. *nert*, gall. *nerth*, bret. *nerz*, gaul. *Nerto-*.

en celtique. On peut toutefois considérer la notation de *t* par *th* dans *gnatha* comme un commencement d'affaiblissement de la consonne sourde intervocalique, et noter quelques changements de *b*, *m* en *v*, de *g* en *h*, de *p* en *b*, de *c* en *g*.

Le gaulois s'oppose, même, aux langues celtiques insulaires, pour l'un des faits les plus caractéristiques de ces langues. Tandis que la construction de la phrase gaélique et brittonique comporte l'ordre suivant : verbe, sujet, complément, les mots de toutes les phrases gauloises qui sont parvenues jusqu'à nous sont rangés à peu près dans le même ordre qu'en latin, mais aucune ne présente le verbe en tête de la phrase [1] :

1° sujet, (verbe), complément indirect, complément direct : *Iccavos Oppianicnos ieuru Brigindoni cantalon* ; *Licnos Contextos ieuru Anvalonnacu canecosedlon* ; Σεγομαρος Ουιλλονεος τοουτιους ναμαυσατις ειωρου Βηλησαμι σοσιν νεμητον ;

2° sujet, verbe, complément circonstanciel, complément direct, complément indirect : Κασσιταλος Ουερσικνος δεδε βρατουδε καντενα λαμι εινουι ;

3° sujet, verbe, compléments indirect et circonstanciel : Καρταρος Ιλλανουιακος δεδε ματρεβο ναμαυσικαβο βρατουδε ;

4° sujet, verbe, compléments indirect et circonstanciel, complément direct : Ουηβρουμαρος δεδε Ταρανοου βρατουδε καντεμ ;

5° complément direct, sujet, (verbe) : *Ratin brivatiom Frontu Tarbelsonios ieuru* ;

6° sujet, complément direct, verbe, compléments circonstanciel et indirect : *Buscilla sosio legasit in Alixie Magalu* ;

7° complément indirect, (verbe), sujets : *Elvontiu ieuru Aneuno Oclicno, Luguri Aneunicno.*

<hr>

1. Voir J. Vendryès, *Mémoires de la Société de linguistique de Paris*, XVII (1911-1912), p. 338-339.

A part l'ordre des mots, la syntaxe gauloise, faute
d'exemples comprenant des conjonctions et des phrases
subordonnées, nous est à peu près inconnue. L'inscription
d'Alise semble offrir un exemple de phrase relative [1] analogue à la forme gaélique correspondante.

Comme nous l'avons vu, il semble y avoir entre le gaulois et les autres langues celtiques d'importantes différences.
Mais ces différences sont sans doute provisoires, et la
découverte de nouvelles inscriptions peut en réduire le
nombre. Elles portent sur les trois parties de la grammaire : phonétique, morphologie et syntaxe. S'il n'est pas
probable que les langues celtiques insulaires aient beaucoup innové en morphologie et en syntaxe, il faut tout de
même admettre l'influence possible qu'ont pu avoir sur
elles les langues des Iles Britanniques parlées antérieurement à l'arrivée des Celtes ; et il est admissible que certains faits de phonétique, comme les mutations consonantiques (qui ne sont pas propres au gaélique et au brittonique, mais qui se trouvent, par exemple, dans un dialecte roman de Sardaigne) soient postérieurs à la séparation des langues celtiques insulaires d'avec le celtique
continental. Notre connaissance du gaulois est trop impar-
faite pour que nous puissions arriver, sur ce point, à des
résultats probants.

RAPPORTS DU GAULOIS

AVEC LES AUTRES LANGUES INDO-EUROPÉENNES [2]

L'établissement des Gaulois dans la plus grande partie
de l'Europe les mit en rapports avec des peuples auxquels

1. Voir ci-dessus p. 122, et inscription n° 33.
2. Ces rapports ont été exposés, pour la première fois, par Ebel,
Beiträge zur vergleichenden Sprachforschung, II (1865), p. 137-194 ;
puis par Fick, *Vergleichendes Wörterbuch der indogermanischen
Sprachen*, 1e éd. 1868, 2e éd. 1871, 3e éd. 1874 ; nouvelle édition
comprenant un *Urkeltischer Sprachschatz*, Gœttingue, 1894, par
Stokes et Bezzenberger.

ils ont pu emprunter ou fournir des mots. Nous ignorons
presque complètement, faute de connaître les langues des
peuples qui occupaient l'Europe antérieurement à l'arrivée
des Indo-Européens, les rapports linguistiques des Celtes
avec les peuples qui ne parlaient pas des langues indo-
européennes [1]. Mais, pour les peuples indo-européens, la
détermination de ces rapports est réalisable, bien qu'elle
présente de graves difficultés. Il est, en effet, le plus souvent impossible de distinguer les mots anciennement
empruntés [2] par une langue à une autre langue, des mots
qui étaient primitivement communs à ces deux langues.
C'est la parenté de grammaire, plutôt que la parenté de
vocabulaire qui démontre la communauté d'origine.

La liste, récemment dressée, des mots du slave commun
dont on trouve les équivalents en celtique ne permet pas
de conclure à des emprunts faits par les Slaves aux
Celtes [3]. L'explication des noms de peuples, de villes et
des rivières slaves par le celtique serait plus probante, si
l'on pouvait jamais être sûr d'une étymologie. On a depuis
longtemps comparé le nom des Wendes de la Baltique
(*Venedi* ou *Veneti*) avec celui des Vénètes (*Veneti*) d'Armorique; mais ce qui doit inspirer quelque défiance, c'est
l'identité du nom de ces mêmes Vénètes avec celui des
Vénètes de l'Adriatique, qui sont, semble-t-il, des Illy-
riens, non des Celtes. Le rapport du nom des Estes de la

1. On a cru relever quelques traces d'emprunts faits au celtique
par l'ibère : basque *artza* « ours », aquitain *Harsus*, irlandais *art*;
basq. *andre* « femme », aquit. *Andere*, irl. *ainder* « jeune femme »,
gall. *anner* « génisse »; basq. *izokin* « saumon », gaul. *esox*; basq.
tegi « maison », irl. *teg*; basq. *iratz* « fougère », irl. *raith*. Schuchardt, *Sitzungsberichte der kaiserlichen Akademie der Wissenschaften*, CLVII, 2, Vienne, 1907.
2. Quand il s'agit de mots empruntés à une époque plus récente,
les mots empruntés se distinguent par leur phonétique et leur iso-
lement dans la langue.
3. Schakhmatov, *Archiv für slavische Philologie*, XXXIII (1911),
p. 51-99. Voir ci-après, p. 131.

Baltique (*Aestii*) avec celui des *Aedui* de Gaule est peu étroit ; il reste toutefois que Tacite a écrit que la langue des *Aestii* était assez proche de celle des Bretons insulaires. Les *Nemetes* installés dans le bassin de Memel semblent porter un nom celtique. L'explication du nom de Riga par le celtique *Rigo-*, la comparaison du nom de la Lituanie avec *Letavia*, nom celtique de l'Armorique, sont très douteuses. Les noms de cours d'eau prêtent encore moins que les autres noms propres à des démonstrations convaincantes.

Les rapports du gaulois avec le germanique sont plus apparents. Quelques noms de peuplades données comme germaniques s'expliquent facilement par les langues celtiques : les *Nemetes* ou *Nemetae*, cf. *nemeton* « endroit consacré » ; les *Tri-boci*, cf. le nom carnute *Touto-bocio* et les noms qui contiennent le nombre trois, comme *tri-garanus*, *Tri-casses*, *Tri-novantes*; les *Marco-manni*, cf. *calliomarcus*, *Ceno-manni*. Le nom des *Caleti* de Gaule semble identique au mot germanique **halitha* « héros ». Le nom des Volques, *Volca*, en germanique *Walah*, a servi chez les Germains à désigner les Celtes, puis les Romains, puis les nations latines. Le nom des Celtes, Κελτοί, semble apparenté au mot germanique **hiltja* « combat », fréquent dans les noms propres. Un bon nombre de noms de personnes sont identiques dans les deux langues : *Maroboduos* et *Mara-bathus*, *Catu-maros* et *Hadu-mār*, *Caturix* et *Hadu-rīch*, *Cuno-maros* et *Hun-mār*, *Cluto-rix* et *Hlud-rīch*, *Rigo-maros* et *Ric-mār*, *Sego-maros* et *Sigu-mār*.

Il est possible que le gotique *fairguni* « montagne » ait été emprunté au nom qui désignait chez les Celtes l'ensemble des montagnes de l'Europe centrale : *Arcunia*.

De plus, le vocabulaire des deux langues coïncide pour beaucoup de termes de civilisation : gaul. *-rix*, got. *reiks*

« roi » ; gaul. *rigio-*, got. *reiki* « royaume » ; gaul. *ambac-tos* « serviteur », v. h. a. *ambaht*; *veni-*, irl. *fin-* « famille », v. h. a. *wini* « époux » ; *magu-*, irl. *mug*, got. *magus* « garçon » ; *gestlo-*, irl. *giall*, v. h. a. *gîsal* « otage » ; *verto-*, v. br. *uuert*, a. *wert* « prix d'achat » ; *catu-*, irl. *cath*, « combat », v. h. a. *hadu-*; *baga-*, irl. *bág* « bataille », v. h. a. *baga* « dispute » ; *vico-*, irl. *fich* « combat », v. h. a. *wíg* « combat » ; *corio-*, irl. *cuire* « troupe », got. *harjis*; *gaison* « javelot », a. *gêr* ; *marca* « cheval », v. h. a. *marah* ; *bodi-*, irl. *buaid* « victoire », a. *beute* « butin » ; *-dunum* « forteresse » a. s. *tûn* « enceinte » ; *briga*, got. *baurgs* « ville » ; *trebo-*, got. *thaurp* « village » ; *-ritum*, v. gall. *rit* « gué », a. *furt* ; *vidu-*, irl. *fid* « arbre », v. h. a. *witu* ; *paraveredus* « palefroi », a. *pferd* ; *reda*, v. h. a. *reita* « char » ; *isarno-*, irl. *iarn*, got. *eisarn* « fer » [1]. Il semble certain que quelques-uns de ces mots aient été empruntés par les Germains aux Celtes, par exemple *rix, ambactos, isarno-* [2].

La parenté du celtique avec l'italique est si étroite que les linguistes n'ont pas hésité à supposer qu'une unité linguistique italo-celtique avait suivi la période de l'unité indo-européenne et précédé la séparation en langues italiques et en langues celtiques [3]. Quelques-uns des faits caractéristiques de l'unité italo-celtique sont visibles en gaulois :

1. H. d'Arbois de Jubainville, *Comptes rendus de l'Académie des inscriptions et belles-lettres* (1885), p. 316-325 ; *Les premiers habitants de l'Europe*, II (1894), p. 330-369. Voir la bibliographie de cette question chez Pedersen, *Vergleichende Grammatik der keltischen Sprachen*, I, p. 21-22.

2. A. Meillet, *Caractères généraux des langues germaniques*, 1917, p. 208-210.

3. Meillet, *Les dialectes indo-européens*, 1908, p. 31-39. M. C. Jullian, *Revue des études anciennes*, XVIII (1916), p. 263-276) identifie la période italo-celtique à l'époque ligure et les Italo-celtes aux Ligures qui auraient occupé l'ouest de l'Europe.

1° le génitif en -*ĭ* des thèmes en *-o-* : gaul. *Segomari*, génitif de *Segomaros* ; lat. *equi*, génitif de *equos* :

2° la formation du superlatif : gaul. *Uxisama*, lat. *maximus*, osq. *nessimas* « proches » f. pl., irl. *nessam*, bret. *nesan* ;

3° la présence de la même consonne dans les deux syllabes du nombre 5 : gaul. *pempe-*, lat. *quinque*, irl. *cóic*, bret. *pemp*, tandis que les autres langues ont deux consonnes différentes : gr. πέντε, skr. *páñca*, lit. *penki*. Cette caractéristique est partagée par l'italo-celtique avec le germanique : got. *fimf*.

Mais un certain nombre d'autres faits, aussi caractéristiques, n'apparaissent que dans les langues gaélique et brittonique, comme le passif et le déponent en *-r* ; les subjonctifs en *-â-* et en *-s-*; le suffixe *-tiō, -tin-*[1].

D'autre part, les vocabulaires coïncident pour des mots très importants, surtout lorsque l'on compare le vieux-celtique aux dialectes osques et ombriens qui ont gardé parfois mieux que le latin les anciens mots du fonds italique commun :

1° des prépositions : lat. *com-*, irl. *com-*, gaul. *Com-* ; lat. *dē*, irl. *dī*, gaul. *-δε* ;

2° des noms : lat. *terra*, irl. *tír* ; lat. *veru*, ombr. *beru-*, irl. *bir*, bret. *ber* ; lat. *crispus*, gall. *crych*, gaul. *Crixos* ; irl. *nert* « force », gaul. *nerto-*, cf. osq. *ner* « homme » ; irl. *ad* « loi », ombrien *ars* (pour *ad*) « rite »[2].

On a rapproché le nom de la déesse des *Petrucorii*, *Vesunna*, de la déesse italique *Vesuna* ; *Loucetius*, surnom de Mars dans les pays celtiques, de *Lucetius* nom de Jupiter en Italie.

Il se peut même que la parenté des deux vocabulaires

---

1. Le futur en *-b* que l'on trouve en latin et en gaélique semble avoir été créé indépendamment dans chacune de ces langues. Vendryès, *Mélanges Havet*, 1909, p. 557-569.

2. J. Vendryès, *Revue celtique*, XXXV (1914), p. 212-214.

nous induise à attribuer une origine latine à des mots qui existaient à la fois en latin et en gaulois [1]. Il ne faut pas oublier, d'autre part, que le latin avait emprunté des mots au celtique, par exemple *alauda*, *vertragus*, *veredus*, *caballus*, *petorritum*, *essedum*, *combennones*, *gabalus*, les uns, dès le IVe siècle, au gaulois de la Cisalpine, les autres au gaulois transalpin, après la conquête [2].

On a relevé dans les langues indo-européennes du nord et de l'ouest : slave, baltique, germanique, italique et celtique, un assez grand nombre de mots qui manquent dans les autres langues indo-européennes : indo-iranien, arménien, grec. L'ensemble de ces coïncidences ne saurait être fortuit. Il y aurait donc entre les langues du nord et de l'ouest une certaine communauté de vocabulaire, qui proviendrait d'un développement de civilisation commun. Voici celles de ces coïncidences dont le gaulois fournit des exemples :

Termes d'agriculture :

« pomme », v. sl. *ablŭko*, lit. *óbůlas*, v. h. a. *apful*, gaul. *avallo*.

« porc » lat. *porcus*, gaul. *orco-*, irl. *orc*, v. h. a. *farah*, lit. *par̃szas*, v. sl. *prasę*.

« orme » lat. *ulmus*, gaul. *limo-*, irl. *lem*, v. isl. *álmr*, sl. *jilĭma*.

« if » gaul. *ivo-*, irl. *eo*, v. h. a. *îwa*, lit. *ëvà*, v. sl. *jiva*.

« roue » lat. *rota*, gaul. *roto-*, irl. *roth*, v. h. a. *rad*, lit. *rãtas*.

---

1. Tels seraient *gnatus* « fils », *gnata* « fille », qui semblent bien être communs au latin et au celtique.

2. G. Mohl, *Introduction à la chronologie du latin vulgaire*, 1899, p. 71-86. Bourciez, *Éléments de linguistique romane*, 1910, p. 60. Draeger, *Historische Syntax der lateinischen Sprache*, 2e éd., Leipzig, (1878), p. xxi-xxii. Sur la parenté du latin et du celtique, voir ci-dessus, p. 121.

Mots relatifs à la société :

« peuple » osq. *touto*, gaul. *touto-*, *teuto-*, irl. *tuath*, got. *thiuda*, lit. *tauta*.

« dominer » v. sl. *vladą*, lit. *valdaũ*, got. *waldan*, gaul. *vlati-*, irl. *flaith*, lat. *valeō*.

Mots divers :

« mer » lat. *mare*, gaul. *mori-*, irl. *muir*, got. *mari-*, lit. *mãrěs*, v. sl. *morje*.

« vrai » lat. *vērus*, gaul. *viro-*, irl. *fir*, v. h. a. *wâr*, v. sl. *věra* « foi »[1].

Les rapports du gaulois avec les autres langues indo-européennes nous le montrent donc plus proche apparenté aux langues des peuples qui furent les voisins des Gaulois dans l'Europe centrale et occidentale, et la linguistique confirme, sur ce point, les données de l'histoire.

D'autre part, il y a entre le vocabulaire indo-iranien et le vocabulaire italo-celtique des correspondances frappantes dont l'ensemble constitue une catégorie spéciale[2] ; ce sont surtout des mots techniques de caractère liturgique, qui attestent que l'Inde et l'Iran, d'une part, l'Italie et la Gaule, de l'autre, ont conservé en commun certaines traditions religieuses[3].

---

1. A. Meillet, *Les dialectes indo-européens*, 1908, p. 17-23.
2. J. Vendryès, *Mémoires de la Société de linguistique de Paris*, XX (1918), p. 265-285.
3. Cf. G. Dottin, *Les anciens peuples de l'Europe*, 1916, p. 63.

HISTOIRE DE LA PHILOLOGIE GAULOISE

LES GLOSSAIRES

Si l'on met à part le Glossaire gaulois de Vienne [1], le premier recueil des mots gaulois conservés par les Anciens fut composé par l'historien Camden (1586) ; il contient une cinquantaine de mots que l'auteur essaie d'expliquer par le gallois ; un bon nombre de ces rapprochemènts sont exacts [2]. Après Camden, il faut citer Isàac Pontanus [3] dont le glossaire parut en 1606. L'ouvrage de Cluvier sur la Germanie ancienne offre un chapitre consacré à l'étude d'une trentaine de mots gaulois [4]. Bochart, dans un chapitre de sa *Géographie sacrée*, relève environ quatre-vingts mots gaulois, parmi lesquels quelques termes de noms de lieux [5]. Boxhorn a donné dans son livre sur les origines gauloises une étude sur le gaulois où il donne l'étymologie galloise et hébraïque d'environ 80 mots [6]. A. D. Altaserra consacre au gaulois quinze chapitres où il énumère, sans étymologies ni comparaison, plus d'une centaine de mots gaulois tirés des Anciens [7]. Le *Mithridates* de Adelung

1. Publié ci-après.

2. *Britannia*, trad. Gibson, Londres, 1695, p. xviii-xxiii (1e édition, 1586).

3. Voir ci-dessus, p. 6, n. 6.

4. *Germaniae antiquae libri tres* (2e éd. Leyde, 1631), p. 49-60 (1e éd. 1606). Le livre de Vossius, *De vitiis sermonis et glossematis latino-barbaris libri quatuor*, Amsterdam, 1645, ne contient qu'une douzaine de mots gaulois.

5. *Geographiae sacrae pars prior*, Caen (1646), p. 734-758.

6. *Originum gallicarum liber*, p. 10-45. Voir ci-dessus, p. 7.

7. *Rerum Aquitanicarum priores libri quinque*, ch. vi-xxi, éd. Marotta, Naples, 1777, p. 62-82.

donne 280 mots gaulois [1], malheureusement défigurés souvent par de mauvaises leçons, et cités inexactement. Déjà, dans le premier volume des *Celtica* de Diefenbach (1839), il y a 347 mots gaulois [2] ; revu par l'auteur en 1861, ce glossaire comptait 356 mots, en y comprenant les mots germaniques et ibères [3]. Les principaux mots et noms gaulois figurent déjà dans la première édition de la *Grammatica celtica* [4]. Mais l'étude la plus approfondie qu'on eût tentée des noms gaulois est l'œuvre de Glück, qui, en 1857, à propos des noms celtiques que l'on rencontre chez César [5], passa en revue presque toute l'onomastique gauloise et en donna des étymologies dont la plupart sont encore admises..

Le *Glossaire* de Roget de Belloguet [6], dont la première édition parut en 1858, marque un grand progrès sur ses devanciers. Aucun de ceux-ci n'avait distingué les mots transmis par les Romains des mots dus aux Grecs, ni les dates auxquelles ces mots étaient signalés. Roget de Belloguet en donne un classement historique. Une première catégorie groupe les mots que les Anciens nous ont transmis avec leur signification, ceux qui sont expressément cités comme gaulois, ceux qui semblent indiqués comme tels, ceux qui n'étant pas signalés comme gaulois peuvent néanmoins être tenus pour tels. La deuxième catégorie comprend les mots dont les Anciens ne nous ont pas transmis la signifi-

---

1. *Mithridates oder allgemeine Sprachforschung*, éd. Vater, Berlin, 1809, II, p. 40-77.

2. *Celtica*, I, Stuttgart, 1839.

3. *Origines Europaeae*, Francfort, 1861, p. 217-442.

4. L'index des noms et mots gaulois contenus dans la *Grammatica celtica* a été dressé par Tourneur, *Archiv für celtische Lexikographie*, III (1907), p. 109-137.

5. *Die bei Caius Julius Caesar vorkommenden keltischen Namen*. Munich, 1857.

6. *Ethnogénie gauloise*, I, 2e éd. (1872). Une mise au point de ce glossaire a paru chez G. Dottin, *Manuel pour servir à l'étude de l'Antiquité celtique*, 2e éd., 1915, p. 62-121.

cation, les noms communs fournis par les écrivains, les inscriptions et les médailles ; les éléments caractéristiques des noms d'hommes, de peuples et de lieux ; les noms propres dont quelques circonstances nous indiquent la signification. C'est une œuvre critique de grande valeur, et il n'a manqué à l'auteur, homme d'une intelligence pénétrante et d'une science profonde, qu'une connaissance plus intime des méthodes linguistiques pour que toutes les parties de son livre fussent également de premier ordre [1]. Tel qu'il est, il peut encore rendre des services par son ingénieuse disposition. Le nombre des mots recueillis est de 430.

La publication du *Corpus inscriptionum latinarum* [2] accrut singulièrement le nombre des noms propres gaulois ou supposés tels, et, dès 1875, H. d'Arbois de Jubainville avait commencé un dictionnaire gaulois dont il ne publia qu'un spécimen [3]. Car, en mars 1891, paraissait la première livraison du dictionnaire vieux-celtique de A. Holder [4]. La publication de ce répertoire, qui contient plus de trente mille mots, est l'événement le plus considérable qui se soit produit dans l'histoire des études celtiques depuis l'apparition de la *Grammatica celtica*.

1. Actuellement encore, il n'est point de livre où l'on trouve une discussion plus approfondie des anciennes théories sur les rapports du celtique et du germanique, et des témoignages des Anciens sur l'usage de la langue gauloise.

2. Berlin, depuis 1863. Les volumes consacrés à la Gaule ont paru en 1888 (XII, Narbonnaise), 1899 (XIII, Aquitaine et Lugdunaise), 1904 (XIII, Belgique), 1905 (XIII, Germanie supérieure), 1907 (XIII, Germanie inférieure), 1916 (XIII, supplément).

3. *Les noms gaulois chez César et Hirtius* De bello gallico. *Première série. Les composés dont* rix *est le dernier terme*, 1891. H. d'Arbois de Jubainville avait expliqué de nombreux noms gaulois dans ses *Études grammaticales sur les langues celtiques*, 1881, dont M. Ernault a publié un excellent index en appendice à son *Glossaire moyen-breton*, 1896, p. 749-770.

4. *Alt-celtischer Sprachschatz*. Les tomes I et II ont paru par livraisons à Leipzig de 1891 à 1904 ; le tome III, qui contient les lettres U-Z et le supplément, est en cours de publication.

LES INSCRIPTIONS ET LES MANUSCRITS

Les inscriptions gauloises n'ont été trouvées que peu à peu [1]. Voici l'énumération chronologique de celles dont on connaît la date de découverte :

Inscription de Nevers, copiée dès 1492 (n° 40).

Inscription de Saint-Remy, xvie siècle (n° 3).

Inscription des Garrigues, à Nîmes, xviiie siècle (n° 21).

Inscriptions des autels de Notre-Dame de Paris, 1710 (n° 50).

Inscription d'Auxey, xviiie siècle (n° 38).

Inscription de la Fontaine de Nîmes, 1739 (n° 28).

Inscription du temple de Diane, à Nîmes, 1742 (n° 19).

Inscription de Vieux-Poitiers, 1783 (n° 51).

Inscription du lac d'Antre, 1802 (n° 54).

Inscription de Vieil-Évreux, 1836 (n° 49).

Inscription de Néris-les-Bains, 1836 (n° 48).

Inscriptions de Saint-Remy, 1836 (n°s 4, 5).

Inscription d'Alise-Sainte-Reine, 1839 (n° 33).

Inscription de Vaison, 1840 (n° 7).

Inscription de Substantion, 1840 (n° 18).

Inscription d'Autun, 1844 (n° 39).

Inscription de Saint-Révérien, 1845 (n° 59).

Inscription de Séraucourt, 1848 (n° 47).

Inscription de Couchey (dite de Dijon), 1853 (n° 37).

---

1. Le *Dictionnaire archéologique de la Gaule*, publié par la Commission de topographie des Gaules de 1866 à 1878, n'en contient que 10, dont l'inscription, en caractères étrusques, de Novare. M. Héron de Villefosse (*Bulletin monumental*, 1879, p. 41-44) en comptait 17. En 1887 un inventaire des inscriptions gauloises en caractères grecs, dressé par le même savant se composait de 21 numéros (*Bulletin archéologique du Comité des travaux historiques*, 1887, p. 203-207).

Inscription de Notre-Dame-du-Grosel, 1855 (n° 2).

Inscription de Sazeirat (dite de Guéret), 1864 (n° 41).

Inscription de Saignon, 1867 ? (n° 16).

Inscription d'Uzès, 1869 (n° 26).

Inscription de Collorgues, 1869 ? (n° 29).

Inscription de Saint-Saturnin-d'Apt, 1870 (n° 8).

Inscription de la rue de la Lampèze, à Nîmes, 1876 (n° 20).

Inscription de Gargas, 1880 (n° 10).

Inscription de Collias, 1880 ? (n° 32).

Inscription de ‹ Saint-Martin-de-Castillon, 1882 (n° 17).

Inscription de Boutæ, 1882 (n° 43 *bis*).

Inscription d'Alleins, 1882 ? (n° 6).

Inscription de l'Isle-sur-Sorgue, 1884 (n° 9).

Inscription d'Orgon, 1886 (n° 1).

Inscription de Saint-Côme, 1886 (n° 27).

Inscription de Rom, 1887 (n° 52).

Inscription du Mercure de Lezoux, 1891 (n° 42).

Inscriptions de Genouilly, 1894 (n°ˢ 45, 46).

Inscription de Coligny, 1897 (n° 53).

Inscription de Lapipe-Sené, à Alise, 1906 (n° 35).

Inscription de Saint-Baudilé, à Nîmes, 1906 (n° 23).

Inscription de Saint-Césaire, à Nîmes, 1907 (n° 25).

Inscription de Montmirat, 1907 (n° 24).

Inscription de La Fanderolle, à Alise, 1907 (n° 34).

Inscriptions de Cavaillon, 1909 (n°ˢ 11, 12, 13, 14, 15).

Inscription d'Alise sur lames de plomb, 1909 (n° 36).

Le Glossaire de Vienne, qui contient une vingtaine de mots gaulois, a été découvert en 1836 dans un manuscrit du ix° siècle.

Les formules de Marcellus de Bordeaux avaient attiré l'attention des celtistes dès 1849 [1]. En 1853, Zeuss décla-

_____

1. Grimm avait cru y reconnaître de l'irlandais (*Ueber Marcellus Burdigalensis,* Berlin, 1849 ; *Ueber die Marcellischen Formeln,* Ber-

rait qu'il n'y trouvait aucun mot celtique [1]. Il revint, paraît-il, sur cette première opinion et reconnut la celticité de ces formules dans une lettre adressée à Jacob Grimm et communiquée à l'Académie de Berlin [2].

La première étude comparative des inscriptions gauloises est sans doute celle que publia, en 1851, E. Germer-Durand [3]. En 1858, Roget de Belloguet donna dans son *Ethnogénie gauloise* [4] six inscriptions qu'il essayait d'interpréter avec prudence et réserve ; c'est la première édition critique que l'on ait faite des inscriptions alors connues. L'essai d'interprétation de sept inscriptions que proposa Ad. Pictet en 1859 est encore assez contestable [5]. On peut faire le même reproche au livre de H. Monin, qui offre, classées par cités gauloises, des légendes monétaires, des inscriptions latines et une demi-douzaine d'inscriptions gauloises [6]. En 1861, H. Künssberg publiait huit inscriptions gauloises [7]. En

lin, 1855. Grimm et Pictet, *Abhandlungen der königlichen Akademie der Wissenschaften zu Berlin*, 1847, 28 juin; 1855, p. 51-68. Grimm, *Kleinere Schriften*, II, 1865, p. 114-151, 152-172. Voir Roget de Belloguet, *Glossaire gaulois*, 2e éd., 416-421.

1. « Quae apud Marcellum Burdegalensem, Virgilium grammaticum, in glossa malbergica leguntur peregrina, inaudita vel incognita, si quis quaesiverit in hoc opere, non inveniat; in his omnibus enim equidem nec inveni vocem celticam nec invenio. » Préface de la *Grammatica celtica*, 2e éd., p. xxxii-xxxiii. Sur Virgile le grammairieu voir ci-dessus, p. 28. Quant aux gloses malbergiques, Leo les expliquait par les langues celtiques dès 1842 (*Die Malbergische Glosse, ein Rest altkeltischer Sprache und Rechtauffaszung*, Halle, 1842-45). Edélestand du Méril réfutait Leo (*Mémoires sur la langue des gloses malbergiques*, 1843). Mais la théorie de Leo était reprise par Mone (*Celtische Forschungen*, Fribourg-en-Brisgau, 1857).

2. Pictet, *Essai sur quelques inscriptions en langue gauloise*, p. 59, n. 1.

3. *Mémoires de l'Académie du Gard* (1850-1851), p. 75.

4. *Ethnogénie gauloise*, I, p. 197-204.

5. *Essai sur quelques inscriptions de langue gauloise*, Genève, 1859. *Lettre de M. Ad. Pictet à M. de Longuemar*, 1859.

6. *Monuments des anciens idiomes gaulois*, 1861.

7. *Wanderung in das germanische Alterthum*, Berlin, 1861.

1867, Pictet donna une nouvelle édition de son *Essai sur les inscriptions gauloises*[1] ; il y étudiait douze inscriptions. Les premiers travaux vraiment scientifiques sur les inscriptions gauloises furent publiés dans les *Beiträge* de Ad. Kuhn et Schleicher. Le plus complet est celui de J. Becker, où l'on trouve une édition, avec une abondante bibliographie, des douze inscriptions gauloises alors connues [2]. Mais, dès 1861, Wh. Stokes y publiait une étude sur neuf inscriptions gauloises [3] ; en 1863, il y étudiait l'inscription de Todi [4] ; ces études, remaniées et publiées à plusieurs reprises en 1869, en 1885, en 1886 s'étendaient, en 1886, à vingt-huit inscriptions (dont cinq inscriptions de Cisalpine) [5]. Les explications de Wh. Stokes sont méthodiques et ingénieuses, mais il n'a pas vérifié ses lectures sur les originaux et il se donne parfois la peine d'expliquer des formes incorrectes. Plus hardi encore dans ses conjectures est J. Rhys ; mais il est l'auteur d'une édition, soigneusement revue sur les monuments, de toutes les inscriptions des Gaules connues jusqu'ici [6].

Dès la publication des inscriptions gauloises, les savants essayèrent d'en extraire tout ce qu'elles pouvaient contenir de renseignements grammaticaux.

1. *Nouvel essai sur les inscriptions gauloises, lettres adressées à M. le général Creuly* par Adolphe Pictet, *Revue archéologique*, XV (1867), p. 276-289, 313-329, 385-402 ; XVI (1867), p. 1-20, 123-140.

2. *Beiträge zur vergleichenden Sprachforschung*, III (1863), p. 162-215, 326-359, 405-443 ; IV (1865), p. 129-170.

3. *Beiträge zur vergleichenden Sprachforschung*, II (1861), p. 100-112.

4. *Ibid.*, III (1863), p. 65-74.

5. *Beiträge zur Kunde der indogermanischen Sprachen*, XI (1886), p. 122-141. C'est à cette édition que nous renvoyons ci-après.

6. *The Celtic inscriptions of France and Italy*, Londres, 1906 ; *Notes on the Coligny calendar*, Londres, 1910; *The Celtic inscriptions of Gaul, additions and corrections*, 1911 (*Proceedings of the British Academy*, II, IV, V). Un résumé du premier de ces recueils a été donné par E. Ernault dans la *Revue celtique*, XXVIII (1907), p. 262-275, 431.

LES ÉTUDES GRAMMATICALES

Les premiers éléments de grammaire gauloise datent de la *Grammatica celtica*. Dès la première édition de son livre (1853), Zeuss avait comparé au gaélique et au brittonique la phonétique, les restes de la déclinaison, la dérivation et la composition des mots et des noms gaulois. Lors de la seconde édition (1871), Ebel put utiliser les travaux de Glück, Pictet, Siegfried et Becker. Les restes de la déclinaison et les épaves de la conjugaison, qu'avaient livrés les inscriptions, ne tiennent pourtant qu'une petite place dans l'œuvre monumentale de Zeuss ; mais la composition et surtout la dérivation des noms propres gaulois y sont étudiées de façon à peu près complète. Un bon résumé grammatical fut donné en 1890 par M. J. Loth [1], d'après les travaux de Wh. Stokes [2]. Celui-ci avait, à plusieurs reprises et au fur et à mesure que les découvertes augmentaient le nombre des textes, extrait des inscriptions tout ce qu'elles pouvaient contenir de renseignements sur la grammaire. Enfin, en 1903, H. d'Arbois de Jubainville essayait de reconstituer, à l'aide du vieil-irlandais, la déclinaison et la conjugaison du vieux-celtique [3].

En même temps, le gaulois avait une place de plus en plus grande dans les ouvrages de grammaire comparée. Tandis qu'il était à peine cité dans la *Grammaire comparée des langues indo-européennes* de Bopp [4], il prenait, grâce à

1. *Chrestomathie bretonne*, Paris, 1890, p. 3-32.
2. *Beiträge zur Kunde der indogermanischen Sprachen*, XI (1886), p. 152-166.
3. *Éléments de la grammaire celtique, déclinaison, conjugaison*, 1903.
4. Trad. Bréal, I, 1875, p. xlvii, 266 ; II, p. 203. Schleicher, dans son *Compendium der vergleichenden Grammatik der indogermanischen Sprachen*, Weimar, 1861, commençait à admettre le celtique

M. R. Thurneysen une importance nouvelle dans la grammaire comparée de Brugmann [1]. Il est souvent rapproché de l'irlandais dans la grammaire du vieil-irlandais de M. R. Thurneysen [2]. Il figure dans maints passages de la grammaire comparée des langues celtiques de M. H. Pedersen [3].

Les textes connus jusqu'ici, et dont le sens n'est pas encore entièrement éclairci, ne permettent pas d'écrire une grammaire de la morphologie gauloise. Mais les noms propres recueillis fournissent, même si l'on se borne à ceux dont l'étymologie est sûre, les éléments suffisants d'une phonétique et d'une étude de la dérivation et de la composition. Ces éléments ont été mis en œuvre dans cette première partie [4].

dans la grammaire comparée, et Curtius, grâce à la collaboration de E. Windisch, l'admettait dans ses *Grundzüge der griechischen Etymologie*, 4ᵉ éd., Leipzig, 1873.

1. *Grundriss der vergleichenden Grammatik der indogermanischen Sprachen*, Strasbourg, 1ʳᵉ éd. 1886-1892 ; 2ᵉ éd. 1897-1911.

2. *Handbuch des Alt-Irischen. I. Grammatik*, Heidelberg, 1909.

3. *Vergleichende Grammatik der keltischen Sprachen*, Gœttingue, 1908-1913.

4. Voir ci-dessus, p. 95-126.

DEUXIÈME PARTIE

LES TEXTES

LES TEXTES [1]

Les inscriptions gauloises qui figurent dans ce livre
reproduisent grossièrement, au moins pour la séparation
des mots et la disposition des lignes, l'aspect de l'original.
Elles sont précédées d'une courte notice dans un ordre
uniforme : nature de l'inscription et matière de l'objet sur
lequel elle est gravée ; lieu et date de la découverte ; endroit
où elle est actuellement conservée. Chaque inscription est
accompagnée d'une bibliographie sommaire, indiquant les

1. Ces textes, dont nous avons donné l'énumération ci-dessus
(p. 32, 33, 39-49), ne nous font rien connaître de la littérature gauloise proprement dite. Cette littérature était orale. Elle était l'œuvre
des druides, des bardes et des prophètes. Elle comprenait : des poèmes
didactiques que les druides faisaient apprendre par cœur à leurs
disciples et qui traitaient des mouvements des astres, de la grandeur
de l'univers, de la nature, de l'action et du pouvoir des dieux immor-
tels (César, VI, 14 ; cf. Méla III, 2, 19 ; Lucain, I, 452-453) ; de
l'immortalité de l'âme, de la migration des âmes et du mépris de la
mort (*ibid.*) ; — des chants épiques et lyriques consacrés à célébrer
les faits des grands hommes (Ammien, XV, 9, 8 ; Athénée, IV, 37 ;
Appien, *Celtica*, 12 ; Horace, *Epodes*, IX, 17-18) ; — des poésies
satyriques (Diodore, V, 31, 2 ; Silius Italicus, IV, 278-280 ; V, 649-
655) ; — des chants de guerre, monodies (Tite Live, VII, 10, 15) ou
chœurs (Tite Live, XXI, 28 ; X, 26, 11 ; XXIII, 24, 11) ; — des prophéties
(Tacite, *Histoires*, IV, 54) ; — des chants magiques (Méla, III, 48). Cf.
C. Jullian, *Revue archéologique*, XL (1902), p. 304-327. On peut s'en
faire une idée par la littérature des Irlandais du haut Moyen-Age,
dont la plus grande partie est antérieure au christianisme et n'a pas
subi l'influence grecque ou romaine. Voir H. d'Arbois de Jubainville,
Cours de littérature celtique, V, 1892, et *Táin bó Cúalnge, la plus
ancienne épopée de l'Europe occidentale*, 1907-1912.

principales transcriptions et facsimilés, ainsi que les travaux les plus importants qui lui ont été consacrés [1].

Les inscriptions sont classées d'après leur provenance géographique, et non d'après l'alphabet dans lequel elles sont écrites. Il est facile de distinguer les inscriptions gauloises des inscriptions grecques ou des inscriptions latines de Gaule, quand elles sont de quelque étendue et surtout quand elles contiennent des verbes. Mais quand elles se composent uniquement de noms propres, l'attribution de telle ou telle inscription à la langue gauloise est provisoire et discutable. Dans certains cas, il serait impossible, par exemple, de distinguer une inscription gauloise due à un Gaulois qui emploie l'alphabet grec, d'une inscription grecque due à un habitant de la Gaule complètement hellénisé.

La lecture d'un certain nombre d'inscriptions est difficile et ne pourra être assurée que par de nouvelles découvertes. La séparation des mots, quand elle n'est pas indiquée dans l'inscription, est souvent douteuse.

1. Inscription d'Orgon (Bouches-du-Rhône) ; gravée sur un petit cippe de pierre mollasse ; trouvée en 1886 ; conservée au musée Calvet à Avignon [2].

ΟΥΗΒΡΟΥΜΑΡΟC

ΔΕΔΕ ΤΑΡΑΝΟΟΥ

ΒΡΑΤΟΥΔΕ ΚΑΝΤΕΜ

Ουηβρουμαρος δεδε Ταρανοου βρατουδε καντεμ.

1. Chaque note comprend deux paragraphes. Dans le premier sont mentionnés les mémoires qui traitent de la lecture de l'inscription et qui limitent leurs rapprochements aux inscriptions gauloises ou gallo-romaines. Dans le second, je renvoie aux travaux qui traitent plus spécialement de la comparaison linguistique avec le gaélique et le brittonique et qui proposent des traductions. Pour la bibliographie générale, voir ci-dessus, p. 136-139.

2. Mowat, *Revue archéologique*, IX (1887), p. 122. Allmer, *Revue épigraphique du m'di de la France*, II (1887), p. 259. *Corpus inscriptionum latinarum*, XII, p. 820.

Rhys, *Inscriptions*, p. 17.

La gravure est peu soignée. L'ᴍ doit être une ligature pour **NA** (Voir nᵒˢ 2, 20, 28).

Sur δεδε et βρατουδε voir ci-dessus, p. 36-39. On trouve ces mots dans les inscriptions nᵒˢ 19, 20, 23 (?), 28, 32 et βρατουδε seul dans les inscriptions nᵒˢ 2, 3, 24 (?), 27, 29 (?). On a καντενα dans les inscriptions nᵒˢ 2, 20, 27, 28, 32.

2. Inscription de Notre-Dame-du-Grosel près Malaucène (Vaucluse) ; gravée sur un cippe servant depuis 1810 de support à une croix ; trouvée en 1855 ; conservée à l'entrée de l'église [1].

ΛΟΥC

ΛΛΙΑΚΟC

ΡΑCΕΛΟΥ

ΡΑΤΟΥΔΕ

ΚΑΝΤΕΝΑ

. . .λους . .λλιακος . .ρασελου .ρατουδε καντενα.

Rochetin restitue (Γ)ρασελου, qui serait le nom de la célèbre source du Grosel ou Groseau.

2 *bis*. Inscription de Beaumont près Vaison (Vaucluse) ; gravée sur un cippe en pierre ; trouvée vers 1847 ; conservée à Malaucène chez M. Chastel [2].

SVBRON

SVMELI

VORETO

VIRIVS·F

1. A. Deloye, *Bibliothèque de l'École des Chartes*, IV (1847-1848), p. 329. Fr. Saurel, *Revue archéologique*, IV (1884), p. 237-239 ; *Aeria, recherches sur son emplacement*, 1885 ; Rochetin, *Revue archéologique*, V (1885), p. 111-112 ; *Bulletin épigraphique*, V (1885), p. 198-205. Héron de Villefosse, *Bulletin de la Société des Antiquaires de France*, 1884, p. 188. *Corpus inscriptionum latinarum*, XII, p. 824.

Ernault, *Bulletin de la Faculté des Lettres de Poitiers*, 1885, p. 86-91 ; *Revue celtique*, VII (1886), p. 103-110. Stokes, nᵒ 12. Rhys, *Inscriptions*, p. 28.

2. A. Deloye, *Bibliothèque de l'École des Chartes*, IV (1847-1848), p. 326. *Corpus inscriptionum latinarum*, XII, 1351.

Stokes, nᵒ 24. Rhys, *Inscriptions*, p. 24.

Cette inscription est vraisemblablement latine. A la première ligne, Deloye avait lu **IVBRON** que Stokes explique par le latin *jubar*, que Belloguet compare à l'irlandais *ibar* « if », et que Pictet rapproche de l'irlandais *iubhrach* « vase en bois ».

3. Inscription de Saint-Remy (Bouches-du-Rhône) ; gravée sur une pierre ; trouvée au xvie siècle ; disparue [1].

ΟΝ ΘΟΥΟΠΟΔΙΟΥΙ·ΒΡΑΤΟΥ

. . . . . ον Οουοποδιουι βρατου..?
Le Θ peut être lu Ο plutôt que Θ.

4. Inscription de Saint-Remy (Bouches-du-Rhône) ; gravée sur une stèle ; trouvée en 1836 ; conservée au musée (hôtel de ville) de Saint-Remy [2].

ΟΥΡΙΤΤΑ
ΚΟΣΗΛΟ
ΥΣΚΟΝΙ
ΟΣ

Ουριττακος Ηλουσκονιος.

5. Inscription de Saint-Remy ; gravée sur une stèle ; trouvée en 1836 ; conservée au musée de Saint-Remy [3].

ΒΙΝΜΟΣ
ΛΙΤΟΥΜ
ΑΡΕΟΣ

Βιν(να)μος Λιτουμαρεος.

1. Manuscrit de Romyeu (1574), f° 95. *Corpus inscriptionum latinarum*, XII, p. 127.
Rhys, *Inscriptions*, p. 33.
2. Lenormant, *Rheinisches Museum*, XXI (1866), p. 223. Aurès, *Congrès archéologique* (Arles), XLIII (1876), p. 523. Héron de Villefosse, *Bulletin monumental*, 1879, p. 38. Allmer, *Revue épigraphique*, I (1878), p. 2. *Corpus inscriptionum latinarum*, XII, p. 12-7.
Stokes, n° 11. Rhys, *Inscriptions*, p. 32.
3. Lenormant, *Rheinisches Museum*, XXI (1866), p. 223. Aurès, *Congrès archéologique*, XLIII (1876), p. 523. Héron de Villefosse, *Bulletin monumental*, 1879, p. 39. Allmer, *Revue épigraphique*, I, (1878), p. 1, cf. p. 48. *Corpus inscriptionum latinarum*, XII, p. 127.
Stokes, n° 10. Rhys, *Inscriptions*, p. 32.

Entre | et **M** se trouve une ligature que l'on a lue **MV**, **NV**, **M**, **NNA**, **NN**.

6. Inscription d'Alleins (Bouches-du-Rhône) ; gravée sur un cippe carré ; trouvée en 1882 (?) ; conservée à l'intérieur de l'église [1].

KOΓΓENN
OΛITANO
C KAPΘIΛITA
NIOC

Κογγεννολιτανος Καρθιλιτανιος.

6 *bis*. Inscription de Ventabren (Bouches-du-Rhône) ; gravée sur une tombe ; trouvée en 1902 ; conservée au musée d'archéologie de Marseille [2].

OYENITOOYTA
KOYAΔPONIA

Ουενιτοουτα Κουαδρονια.

H. d'Arbois de Jubainville regarde **KOYAΔPONIA** comme la forme ligure correspondante au gaulois *Petronia* ; l'inscription serait celto-ligure, comme le pays d'où elle provient [3].

7. Inscription de Vaison (Vaucluse) ; gravée légèrement, en lettres apparentées aux lettres cursives, sur une table de pierre blanche ; trouvée en 1840 ; conservée au musée Calvet, à Avignon [4].

1. Elle est encastrée dans le mur de la chapelle des fonts baptismaux, m'écrit M. Aussel, secrétaire de la Mairie. G. Lafaye, *Bulletin épigraphique de la Gaule*, II (1882), p. 127. *Corpus inscriptionum latinarum*, XII, 5793.
Rhys, *Additions*, p. 29.
2. H. de Gérin-Ricard et Arnaud d'Agnel, *Comptes rendus de l'Académie des inscriptions et belles-lettres*, 1903, p. 59-61. H. d'Arbois de Jubainville, *ibid.*, p. 108-111 (facsimilé). Chaillan, *Revue épigraphique du midi de la France*, V (1903), p. 1.
3. Strabon, IV, 6, 3. Pseudo-Aristote, *Des singularités merveilleuses*, 85.
4. De la Saussaye, *Numismatique de la Gaule Narbonnaise*, 1842, p. 163. Deloye, *Bibliothèque de l'École des Chartes*, IV (1847-1848),

CEΓOMAPOC
OYIΛΛONEOC
TOOYTIOYC
NAMAYCATIC
EIⲰPOYBHΛH
CAMI COCIN
NEMHTON

Σεγομαρος Ουιλλονεος τοουτιους ναμαυσατις ειωρου Βηλησαμι σοσιν νεμητον.

τοουτιους se trouve aussi dans l'inscription de Briona (n° 17 *bis*) ; νεμητον, sous la forme Νεμετο-, *Nemeto-*, -νεμετον, *-nemetum*, est fréquent comme premier ou second terme de noms de lieux ; σοσιν se trouve aussi dans l'inscription d'Alise (n° 33).

8. Inscription de Saint-Saturnin-d'Apt (Vaucluse) ; gravée sur un petit autel calcaire terminé en pyramide ; trouvée en 1870 ; conservée au musée Calvet [1].

OYAΛIKIO··
ONEPECT·
AIOYNIAI

Ουαλικιο Ονερεστ... Αιουνιαι.

9. Inscription de l'Isle-sur-Sorgue (Vaucluse) ; gravée sur une colonne ; trouvée en 1884 ; conservée au musée Calvet [2].

p. 312. E. Germer-Durand, *Mémoires de l'Académie du Gard*, 1850-1851, p. 82. *Dictionnaire archéologique de la Gaule*, n° 2. *Corpus inscriptionum latinarum*, XII, p. 162 ; cf. XIII, 8 : Minervae Belisamae.
Stokes n° 6. Rhys, *Inscriptions*, p. 13, traduit : « Segomaros, fils de Villonos, citoyen de Nîmes, a fait cet endroit sacré pour Belesama ».
1. Héron de Villefosse, *Bulletin de la Société des Antiquaires de France*, 1879, p. 128. *Corpus inscriptionum latinarum*, XII, p. 137.
Stokes, p. 126 n.. Rhys, *Inscriptions*, p. 19.
2. Rochetin, *Revue épigraphique du midi de la France*, II (1884), p. 39. *Bulletin de la Société des Antiquaires de France*, 1884, p. 242. *Corpus inscriptionum latinarum*, XII, p. 822.
Rhys, *Inscriptions*, p. 21 ; *Additions*, p. 3.

ΑΔΓΕΝΝΟΡΙΓΙ
ΟΥΕΡΕΤΕ ΜΑΡΕ ΥΙ

Αδγεννοριγι Ουερετε... Μαρε..υι.

La gravure est mauvaise. L'ı final de la première ligne n'est pas sûr ; il y a une lacune après **ΟΥΕΡΕΤΕ** et à l'intérieur de **ΜΑΡΕ ΥΙ**.

10. Inscription de Gargas (Vaucluse) ; gravée sur un bloc de pierre ; trouvée en 1880 ; conservée au musée Calvet [1].

ΕΣΚΕΓΓΑΙΒΛΑΝΔΟΟΥΙΚΟΥΝΙΑΙ

Εσχεγγαι Βλανδοουιχουνιαι.

11. Inscription de Cavaillon (Vaucluse) ; gravée sur une stèle ; trouvée en 1909 ; conservée à Cavaillon [2].

ΕΛΟΥΙΣΣΑ
ΜΑΓΟΥΡΕΙ
ΓΙΑ°ΥΑ

Ελουισσα Μαγουρει γιαουα ου Μαγουρειγι αουα.

Le signe qui commence la troisième ligne peut être lu Γ ou Τ.

12. Inscription de Cavaillon ; gravée sur un fragment de colonne ; trouvée en 1909 ; conservée à Cavaillon [3].

ΒΑΛΑΥΔΟ
ΥΙΜΑΚΚΑΡΙΟ
ΥΙ

Βαλαυδουι Μαχχαριουι.

1. Fl. Vallentin et Garcin, *Revue épigraphique du midi de la France*, I (1880), p. 176. Florian Vallentin et Mowat, *Comptes rendus de l'Académie des inscriptions et belles-lettres*, VIII (1880), p. 260. Stokes, *Revue celtique*, V (1881), p. 121.
Rhys, *Inscriptions*, p. 20.
2. F. Mazauric, *Revue du Midi*, 15 janvier 1910, où l'on trouve les inscriptions 11-15.
Rhys, *Additions*, p. 2 (fac-similé 1).
3. Rhys, *Additions*, p. 5 (fac-similé 2).

13. Inscription de Cavaillon ; gravée sur une stèle : trouvée en 1909 ; conservée à Cavaillon [1].

KABIPOCOYI
NΔIAKOC

Καβιρος Ουινδιαχος.

14. Inscription de Cavaillon ; gravée sur une stèle ; trouvée en 1909 ; conservée à Cavaillon[2].

MITIЄCI·MIT
IC·MAΓOY
TI·ONNA
KOYI

Μιτιεσι Μιτις Μαγουτι Οννα χουι.
La partie supérieure de la première ligne et le commencement des lignes sont endommagés.

15. Inscription de Cavaillon ; gravée sur une stèle ; trouvée en 1909 ; conservée à Cavaillon [3].

MICCO
YKΘS
GIΛOY
KNOG

Μισσουχος Σιλουχνος.

15 bis. Inscription de Cavaillon (Vaucluse) ; gravée sur un roc ; trouvée vers 1903 ; conservée sur la colline Saint-Jacques entre Cavaillon et la Durance [4].

OYEΛPOY
ΦHKIKOC

Ουελρου Φηχιχος.

1. Rhys, *Additions*, p. 6 (fac-similé 3).
2. Rhys, *Additions*, p. 8 (fac-similé 4). J. Loth (*Revue des études anciennes*, XX (1918), p. 38-42) traduit : « Mitis (fils de) Mitiesos, Onna (fille de) Magutios, ici », et compare χουι à l'oghamique *koi*, qui a pour équivalent *hic jacet* dans les inscriptions bilingues.
3. Rhys, *Additions*, p. 11 (fac-similé 5).
4. Labaude, *Mémoires de l'Académie de Vaucluse*, 1903, p. 164. Rhys, *Inscriptions*, p. 23 ; *Additions*, p. 13-15.

D'après Rhys, le premier Y n'est pas sûr ; peut-être ʌ était-il jadis un Δ ; Φ est seulement probable ; ȮC n'est guère lisible.

16. Inscription de Saignon (Vaucluse) ; gravée sur un cippe carré ; trouvée dans les jardins du presbytère vers 1867 et encastrée dans le mur de l'église [1].

ΔBO IOO

OYEIMATIKAN

ΛIOTEIKΛPNITOY

..δβο ...ιοο .. ουει ματικαν Αιοτει (ou Ανοτει) καρνιτου. Inscription d'une lecture difficile. Allmer lit : ΛIOYEI.

17. Inscription de Saint-Martin-de-Castillon (Vaucluse) ; gravée sur un fragment de colonne ; trouvée en 1882 ; conservée au musée Calvet d'Avignon [2].

ΣOYI KΛIPNITOYΣ

NAKⱯΣ

IΔΔE

...σουι κλιρνιτους ...νακνος ...ιχδε. La lecture est douteuse. A la première ligne, A. Deloye lit : Ϙ au lieu de P ; à la seconde : NAPNOΣ ; et à la troisième ΑΔE. On est tenté de lire, à la première ligne, καρνιτους.

17 *bis*. A ces inscriptions, qui sont les seules en Gaule qui contiennent ou semblent contenir le mot καρνιτου, on peut comparer :

1° la célèbre inscription bilingue de Todi, qui présente aussi ce mot.

<hr>

1. Garcin, *Revue épigraphique du midi de la France*, I (1883), p. 367. *Corpus inscriptionum latinarum*, XII, p. 822.
Rhys, *Inscriptions*, p. 30.
2. Garcin et Allmer, *Revue épigraphique du midi de la France*, I (1882), p. 333-384. Deloye, *Bulletin épigraphique*, VI (1886), p. 70. *Corpus inscriptionum latinarum*, XII, p. 822.
Rhys, *Inscriptions*, p. 22 ; *Additions*, p. 16.

<table>
<tr><td align="center">Face A.</td><td align="center">Face B.</td></tr>
<tr><td>EI·VRNVM
OISIS DRVTI·F
RATER·EIVS
MINIMVS·LOCAV E
STATVITQVI ·
   eknati trutikni
   nitu·lokan·ko
   utiknos</td><td>SIS
DRVTEI·F·FRATER
EIVS
MINIMVS·LOCAV
IT·ET·STATVIT
   ateknati trut
   ikni·karnitu
   artuass koisis·t
   rutiknos</td></tr>
</table>

2° l'inscription de Briona près de Novare, qui offre *carnitus* et *toutio*.

inakuitesasocoikeni
tanotaliknoi
kuitos
lekatos
anokopokios
setupokios
esanekoti
anareuisseos
tanotalos
carnitus [1]

(en marge, verticalement : tekos . toutio . sut)

18. Inscription de Substantion près Montpellier (Hérault) ; gravée sur le tailloir d'un chapiteau ; trouvée en 1840 ; conservée au musée de la Société archéologique de Montpellier [2].

1. *Dictionnaire archéologique de la Gaule*, II, 1876, n° 10. *Corpus inscriptionum latinarum*, I, 1408 ; V, p. 719, XI, 4687.

Stokes, *Beiträge zur Kunde der indogermanischen Sprachen*, XI (1886), p. 113-118. Rhys, *The Celtic inscriptions of France and Italy*, 1906, p. 59-75 (facsimilé). *The Celtic inscriptions of Cisalpine Gaul*, 1913.

2. *Recueil des inscriptions antiques de la province de Languedoc* publié par A. Lebègue et Fr. Germer-Durand, Toulouse, 1892, n° 107.

Rhys, *Additions*, p. 28.

Face A.   Face B.

ΙΛ   ΙΝΟΥϹΙΔ

Sur la face A la première lettre lisible est Ι, Γ, Τ ou Ρ.

19. Inscription du temple de Diane, à Nîmes ; gravée en beaux caractères sur un chapiteau de marbre blanc ; trouvée en 1742 ; conservée au musée de Nîmes [1].

ΚΑΡΤΑΡΟΣΙΛΛΑΝΟΥΙΑΚΟΣΔ̣ΕΔΕ̣
ΜΑΤΡΕ̣ΒΟΝΑΜΑΥΣΙΚΑΒΟΒΡΑΤΟΥΔΕ̣

Καρταρος Ιλλανουιακος δεδε Ματρεβο Ναμαυσικαβο βρατουδε. Sur δεδε et βρατουδε, voir ci-dessus, p.

A la première ligne ΡΟΣΙ est à peine lisible.

20. Inscription de la rue de la Lampèze, à Nîmes ; gravée grossièrement sur un bloc rectangulaire de pierre dure ; trouvée en 1876 ; conservée au musée de Nîmes [2].

ΚΑϹϹΙΤΑΛΟϹ
ΟΥΕΡϹΙΚΝΟϹΔ
ΕΔΕΒΡΑΤΟΥΔ
Ε ΚΑΝΤΕΝΑ·ΛΑ
ΜΙ·ΕΙΝΟΥΙ

Κασσιταλος Ουερσικνος δεδε βρατουδε καντενα Λαμι Εινουι. Les points que Rhys a cru voir ne sont pas sûrs ; il est

<hr>

1. Séguier, ms. 13802, I, 10, à la bibliothèque de Nîmes. Colson, *Mémoires de l'Académie du Gard*, 1850-1851, p. 75. Boudard, *Revue archéologique*, XV (1858), p. 44. *Dictionnaire archéologique de la Gaule*, n° 1. Desjardins, *Géographie historique et administrative de la Gaule romaine*, II, p. 214, n. 3. *Corpus inscriptionum latinarum*, XII, p. 383. *Inscriptions de Languedoc*, n° 104.

Siegfried, *Beiträge für vergleichende Sprachforschung*, I (1858), p. 451. Stokes, n° 7. Rhys, *Inscriptions*, p. 34.

2. Aurès et Bertrand, *Bulletin de la Société des Antiquaires de France* (1876), p. 95. H. d'Arbois de Jubainville, *Revue des sociétés savantes*, VI, 4 (1877), p. 266. Ernault, *Bulletin de la Faculté des lettres de Poitiers*, 1885, p. 88. Rochetin, *Bulletin épigraphique*, V (1885), p. 191. *Corpus inscriptionum latinarum*, XII, p. 383. *Inscriptions de Languedoc*, n° 103.

Stokes, n° 8. Rhys, *Inscriptions*, p. 35.

possible qu'il faille lire en un seul mot : Λχμιειναυι. La lecture de la dernière ligne est, d'ailleurs, douteuse.

21. Inscription des Garrigues à Nîmes, gravée sur une stèle ; trouvée au xviiie siècle ; conservée au musée de Nîmes [1].

> ECKIΓΓO
> PEIΞKO
> NΔΙΛΛΕ
> OC

Εσχιγγορειξ Κονδιλλεος.

22. Inscription d'origine inconnue, gravée sur une tablette de grès rouge ; trouvée en 1879 à la Bibliothèque ; conservée au musée de Nîmes [2].

> MBATI
> TOOY
> TIN

. . μβατι . . . τοου . . . τιν.

M. Fr. Germer-Durand suppose que **TOOY** est le commencement de **TOOYTIOYC.**

23. Inscription de Saint-Baudile à Nîmes ; gravée sur un bloc de pierre tombale ; trouvée en 1906 ; conservée au musée de Nîmes [3].

1. Manuscrits nos 13.801, 13.802 et 16.930 de Séguier (1703-1784), les deux premiers à la bibliothèque de Nîmes, le troisième à la Bibliothèque nationale. Germer-Durand, *Comptes rendus de l'Académie des inscriptions et belles-lettres*, VIII (1880), p. 259. *Bulletin de la Société des Antiquaires de France*, 1880, p. 246. *Corpus inscriptionum latinarum*, XII, p. 383. *Inscriptions de Languedoc*, no 108.

Stokes, *Revue celtique*, V (1881), p. 120. Stokes, no 9. Rhys, *Inscriptions*, p. 38.

2. Germer-Durand, *Bulletin de la Société des Antiquaires de France*, 1879, p. 293. Aurès, *Revue épigraphique du midi de la France*, I (1880), p. 170. *Corpus inscriptionum latinarum*, XII, p. 383. *Inscriptions de Languedoc*, no 109.

Stokes, p. 126 n. Rhys, *Inscriptions*, p. 37.

3. Mazauric, *Musées archéologiques de Nîmes, Recherches et acquisitions*, Nîmes, 1908, p. 16. M. Mazauric a bien voulu me renseigner par lettre sur cette inscription, qu'il croit gravée sur une pierre tombale.

Ryhs, *Additions*, p. 17-18.

<table>
<tr><td>Face A.</td><td>Face B.</td></tr>
<tr><td>ΑΔΓΕ
ΝΟΥΙ
Αδγενουι .</td><td>ΑΔΓεΝ
ΟΟΥΔ
Αδγενοου δ</td></tr>
</table>

La lecture est douteuse. M. Mazauric lit : **ΑΔΓΕΝ** (A. 1), et **ΝΟΟΥΔ** (B. 2). Rhys lit : Αδγενουι δεδε βρ (face A), ce qui est peu vraisemblable, le monument semblant être une pierre tombale.

24. Inscription de Montmirat (Gard) ; sur un fragment d'autel gallo-romain ; trouvée en 1907 ; conservée au musée de Nîmes [1].

ΒΡΑΤΟΥΤ

βρατουτ.

25. Inscription de Saint-Césaire à Nîmes ; gravée sur une pierre ; trouvée en 1907 ; conservée au musée de Nîmes [2].

ΡΙΤ^ΟΥ

...ριτου.

26. Inscription d'Uzès (Gard) ; gravée sur un chapiteau ; trouvée en 1869 ; conservée au musée de Nîmes [3].

ϹΕΝΙΚΙΟϹ ∴ ΑΒΡШ

Σενικιος Αβρω.

27. Inscription de Saint-Côme près Nîmes ; gravée en beaux caractères sur un fragment d'abaque en marbre blanc ; trouvée en 1886 ; conservée au musée de Nîmes [4].

1. Mazauric, *ibid.*, p. 71-73.
Rhys, *Additions*, p. 19.
2. Mazauric, *ibid.*, p. 73.
Rhys, *Additions*, p. 19.
3. Aurès, *Procès-verbaux de l'Académie du Gard*, 1868-1869, p. 42. *Inscriptions de Languedoc*, n° 105.
Rhys, *Additions*, p. 20.
4. Bondurand et Héron de Villefosse, *Bulletin archéologique du Comité des travaux historiques*, 1887, p. 201-202. Guillemaud, *Revue archéologique*, VIII (1886), p. 360-363. Bertrand, *Comptes rendus de*

ΑΔΡΕΣΣΙΚΝΟΣ
ΥΙΒΡΑΤΟΥΔΕΚΑ

...αδρεσσικνος .....υι βρατουδε κα.

28. Inscription de la Fontaine de Nîmes ; gravée sur une pierre ; trouvée en 1739 ; disparue [1].

ΥΙΙϽΥ Ь ΕΟΥLΟ
ΟΥΑΒ ΔΕΔΕ..
ΟΥ Ε ΑΝΤΕΝ

...ουαβ ..δεδε ...ου...ε αντεν.

La première ligne, très mal lue, ne comprend aucun mot reconnaissable.

29. Inscription de Collorgues (Gard) ; gravée sur un fragment de vase ; trouvée vers 1869 ; conservée au musée de Nîmes [2].

ΜΑΤΙΑΒ
ΚΟΝΝ°ΟΥΒΡ

Ματιαβ.....Κοννου βρ.

L'inscription est à peine lisible. Allmer lit : ΑΑΠΑΟ **ΚΟΛΛΟΥΡΓ**.

30. Inscription de la vigne Guirand, à Nîmes ; gravée sur une pierre ; signalée en 1652 [3].

<hr>

l'Académie des inscriptions et belles-lettres, IX (1887), p. 110. Allmer, *Revue épigraphique du midi de la France*, II (1887), p. 258. A. de Barthélemy, *Revue celtique*, VIII (1887), p. 397. *Corpus inscriptionum latinarum*, XII, p. 833. *Inscriptions de Languedoc*, n° 1786.

Rhys, *Inscriptions*, p. 39.

1. *Histoire de l'Académie des inscriptions et belles-lettres*, XIV (1743), p. 107. *Corpus inscriptionum graecarum*, III, 6788 e. *Inscriptions de Languedoc*, n° 2065.

Rhys, *Inscriptions*, p. 42.

2. Allmer, *Revue épigraphique*, II (1885), p. 82. *Corpus inscriptionum latinarum*, XII, 5885.

Rhys, *Inscriptions*, p. 38 ; *Additions*, p. 20.

3. Manuscrit de Guiran (1652), conservé à la Bibliothèque impériale de Vienne, II, p. 391. *Corpus inscriptionum latinarum*, XII, p. 383.

Rhys, *Inscriptions*, p. 41.

KATO
VAΛOC

Κατουαλος.

31. Inscription de Redessan (Gard) ; gravée sur une stèle ; découverte en 1891 ; conservée au musée de Nîmes [1].

KPEITE

Κρειτε.

32. Inscription de Notre-Dame-de-Laval, près Collias (Gard) ; gravée assez grossièrement sur une pierre oblongue ; trouvée vers 1880 ; conservée au musée de Nîmes [2].

ƎꞀ ΛIO
CPiOY
MAN
OCAN
ΔOOYN
NABOΔ
ЄΔЄBPATO
YΔEKAN
TEN

Εκ(ο)λιος Ριουμανος Ανδοσυνναβο δεδε βρατουδε καντεν.

La lecture de la première ligne est difficile ; après une ligature, que l'on lit **EK**, vient un signe composé d'une sorte de **N** à longue diagonale, coupée à angle droit par une barre ; puis vient un **I** ou un **N** ; enfin un **O**. A la fin de la troisième ligne après **N**, M. Maruéjol trouve un **E**. Au commencement de la quatrième ligne, Rhys trouve un **I**.

32 *bis*. Inscription de Montagnac (Hérault) ; gravée sur

1. Maruéjol, *Bulletin archéologique du Comité des travaux historiques*, 1891, p. 280-282. *Revue archéologique*, XX (1892), p. 44-53. Rhys, *Inscriptions*, p. 39.

2. Fr. Germer-Durand, *Bulletin de la Société des Antiquaires de France*, 1884, p. 267 ; *Bulletin épigraphique*, IV (1884), p. 253. Rochetin, *ibid.*, V (1885), p. 190. *Corpus inscriptionum latinarum*, XII, 5887. *Inscriptions de Languedoc*, n° 1509. Stokes n° 13. Rhys, *Inscriptions*, p. 39 ; *Additions*, p. 23.

un fût de colonne ; trouvée en 1898 ; conservée au musée
de Béziers [1].

ΑΛΛΕΤΙΝΟΣ ΚΑΡΝΟΝΟΥ ΑΛ ΣΟ ΕΑΣ

Ἀλλετινος Καρνονου Ἀλ(ι)σο(ν)εας.

33. Inscription d'Alise-Sainte-Reine (Côte-d'Or), gravée
sur un cartouche avec moulures et queues d'aronde ; trouvée
en 1839 ; conservée au musée d'Alise [2].

MARTIALISⱯDANNⱻ A
LI
I EVRVⱯVCVETEⱯSOSИ
CELICNON ᛒ ETIC
GOBEDBIⱯDVGIIONTIIO
VCVETINⱯ
ᛒ IN   ALISIIA ᛒ

*Martialis Dannotali ieuru Ucuete sosin celicnon etic
gobedbi dugiiontiio Ucuetin in Alisiia.*

1. Noguier et Héron de Villefosse, *Bulletin de la Société nationale
des Antiquaires de France,* 1899, p. 274-275. L. Noguier, *Revue épigraphique du midi de la France,* IV (1900), p. 83.

2. Auber, *Bulletin de la Société des Antiquaires de l'Ouest,* 1855,
p. 333. Prolat, *Deuxième étude sur les inscriptions des enceintes
sacrées gallo-romaines,* Dijon, 1861. Creuly, *Revue archéologique,* V
(1862), p. 118-119. Mowat, *Revue archéologique,* XIII (1889), p. 368-
369. *Dictionnaire archéologique de la Gaule,* n° 7. Desjardins, *Géographie historique et administrative de la Gaule romaine,* II, p. 467.
Lejay, *Inscriptions antiques de la Côte-d'Or,* 1889, p. 18. *Corpus
inscriptionum latinarum,* XIII, 2880. Cf. une inscription latine d'Alise
qui porte : Deo Ucueti et Bergusiae (L. Berthoud, *Pro Alesia,* III,
1908, p. 386).
Pictet, *Revue archéologique* (1867), p. 322. Ebel, *Beiträge zur vergleichenden Sprachforschung,* V (1868), p. 79.
Stokes, n° 18. Rhys, *Inscriptions,* p. 4 ; *Additions* (fac-similé 7),
p. 39. Pour la présence possible d'une feuille entre une préposition
et son régime Rhys compare une inscription latine de Bourges
(*C. I. L.,* XIII, 1190). M. G. Poisson (*Bulletin de la Société de géographie de Rochefort,* XXX (1908), p. 259) et M. R. Thurneysen
(*Zeitschrift für celtische Philologie,* VI (1908), p. 558) reconnaissent
dans *gobedbi* un datif pluriel et dans *dugiiontiio* un verbe. Le sens
serait : « Martialis, fils de Dannotalos, a fait pour Ucuetis cet édi-
fice (?) et pour les prêtres (?) qui servent (?) Ucuetis dans Alise ».

Il y a, entre *in* et *Alisiia*, une lacune que Rhys propose de remplir par ꝛ ; *in Alisiia* se trouve sous la forme *in Alixie* dans l'inscription de Séraucourt (n° 47).

34. Inscription de La Fanderolle à Alise ; gravée sur une pierre ; trouvée en 1907 ; conservée au musée d'Alise [1].

ITOCAYOY
ЧT

Ιτος αυουωτ.

Rhys croit reconnaître dans AYOYЧT le AVVOT des inscriptions en alphabet latin [2]. Il manque peut-être une lettre initiale au commencement de l'inscription. L'ω offre une forme singulière, en usage après l'ère chrétienne.

35. Inscription de Lapipe-Sené à Alise ; sur quatre fragments de pierre ; trouvée en 1906 ; conservée au musée d'Alise [3].

CAM TAΛO   YOYωT KNO
CEC ΛAMA   ΓAPMA   C
BIPAKOTωYTI   ANNC
KOBPITOYΛωY   B : AT NO

Rhys suppose dans cette inscription les noms Σαμ(ο)ταλο(ς), (Α)υουωτ(ι)κνος Σεσ(ια) (Κ)λαμα(κι) Γαρμα, Βιρακοτωυ, Κοβριτουλωυ.

On pourrait couper, autrement, Βιρακοτωυτι(ς) en Βιρακο et τωυτι(ς) ; cf. τςουτιους (n° 7).

36. Inscription d'Alise ; en écriture cursive, gravée sur deux lames de plomb ; trouvée en 1909 ; conservée au musée d'Alise [4].

1. Rhys, *Additions* (fac-similé 8), p. 37.
2. Si cette identification est exacte, il faut remarquer la notation de VV par YOY. Mais le même mot est dans l'inscription 35 avec la terminaison κνος.
3. Espérandieu, *Pro Alesia*, I, p. 43-45 (fac-similé, pl. XI). Rhys, *Inscriptions*, p. 100 ; *Additions* (fac-similé 9), p. 40.
4. Rhys, *Additions* (fac-similé 10, 11), p. 51.

Lame 1.   Lame 2.

ΚΑΡΟΜΑΡΟ   **ΟΥΙΓΡΑ**

Καρομαρο   Ουιγρα

Le Γ peut être un **B** incomplet.

37. Inscription de Couchey (Côte-d'Or) ; gravée au pointillé sur le manche d'une patère en bronze ; trouvée en 1853 ; conservée au musée de Dijon [1].

DOIROS·SEGOMARI

IEVRV·ALISANV ⌂

Doiros Segomari ieuru Alisanu.

38. Inscription d'Auxey (Côte-d'Or) ; gravée en beaux caractères sur une pierre méplate ; trouvée au xviiie siècle, cette inscription fut à Volnay jusqu'en 1855 ; conservée au musée de Beaune [2].

ICCAVOS·OP

PIANICNOS·IEV

RV·BRIGINDONI

CANTALON

Iccavos Oppianicnos ieuru Brigindoni cantalon.

39. Inscription d'Autun ; gravée sur une pierre méplate ; trouvée en 1844 ; conservée au musée d'Autun [3].

1. Auber, *Bulletin de la Société des Antiquaires de l'Ouest*, 1855, p. 327-330. Creuly, *Revue archéologique*, V (1862), p. 112-113. Mowat, *Revue archéologique*, XIII (1889), p. 367. *Dictionnaire archéologique de la Gaule*, n° 6. E. Desjardins, *Géographie historique et administrative de la Gaule romaine*, I, p. 125. Lejay, *Inscriptions antiques de la Côte-d'Or*, p. 64. *Corpus inscriptionum latinarum*, XIII, 5468, cf. 2843 : Deo Alisano.

Stokes, n° 17. Rhys, *Inscriptions*, p. 10.

2. Roget de Belloguet, *Glossaire gaulois*, 1859, p. 204 (d'après une communication de L. Renier). Creuly, *Revue archéologique*, V (1862), p. 27-28. *Dictionnaire archéologique de la Gaule*, n° 4. Lejay, *Inscriptions antiques de la Côte-d'Or*, p. 40. *Corpus inscriptionum latinarum*, XIII, 2638.

Stokes, n° 15. Rhys, *Inscriptions*, p. 11.

3. Ed. Thomas, *Histoire de l'antique cité d'Autun*, éd. Devoucoux et Fontenay, Autun, 1846, p. lxviii. H. de Fontenay, *Autun et ses monu-*

LICNOS·CON
TEXTOS·IEVRV
ANVALONNACV·
CANECOSEDLON

Licnos Contextos ieuru Anvalonnacu canecosedlon.

40. Inscription de Nevers ; gravée sur une table de pierre ; copiée dès 1492 ; existant encore en 1734, perdue depuis [1].

ANDE
CAMV
LOSTOVTI
SSICNOS
IEVRV

Andecamulos Toutissicnos ieuru.

41. Inscription de Sazeirat près Marsac (Creuse) ; gravée sur un bloc de granit ; découverte en 1864 ; conservée au musée de Guéret [2].

ments, Autun, 1889, p. 70. *Dictionnaire archéologique de la Gaule,* nº 5. *Corpus inscriptionum latinarum,* XIII, 2733. Cf. *Deo Anvallo ; Deo Anvalo.* J. Bulliot, *Mémoires de la Société éduenne,* XXVIII (1900), p. 5, 8.

Stokes, nº 16. Rhys, *Inscriptions,* p. 11.

On a comparé à *canecosedlon* le *tribunalia dua* d'une inscription de Saint-Acheul (*C. I. L.,* XIII, 3487).

1. On en trouve une copie dans un manuscrit de la fin du xvᵉ siècle, appartenant à M. Girerd. Cotignon, *Catalogue historial des evesques de Nevers,* Paris, 1616, p. 7-8. Bourignon de Saintes, *Dissertation sur le Vieux-Poitiers,* Poitiers, 1786, p. 28. Lorin de Sainte-Marie, *Recherches historiques sur Nevers,* 1811, p. 8. Auber, *Bulletin de la Société des Antiquaires de l'Ouest,* 1855, p. 321. *Corpus inscriptionum latinarum,* XIII, 2821. *Dictionnaire archéologique de la Gaule,* II, nº 9.

Stokes, nº 20. Rhys, *Inscriptions,* p. 57.

2. Fillioux, *Bulletin de la Société des Antiquaires de France,* 1865, p. 177. Bonnafoux, *Revue des Sociétés savantes,* IV, 3 (1866), p. 17. Arbellot, *Bulletin de la Société archéologique du Limousin,* XVI (1866), p. 44. Espérandieu. *Épigraphie romaine du Poitou et de la Saintonge,* 1888, p. 110. Fl. Vallentin, *Bulletin épigraphique,* I (1884), p. 38. *Corpus inscriptionum latinarum,* XIII, 1452.

Stokes, nº 19. Rhys, *Inscriptions,* p. 43.

SACER PEROCO
IEVRV DVORI
CO·V·S·L·M

Sacer Peroco ieuru Dvorico v(otum) s(olvit) l(ibens) m(erito).

Les lettres sont grossières.

42. Inscription de Lezoux (Puy-de-Dôme); gravée grossièrement sur le dos et les épaules de la statue de Mercure; trouvée en 1891; conservée au musée de Saint-Germain-en-Laye [1].

APRONIOS
IEVRV·SOSI
ESOMARO

Apronios ieuru sosi(n) Esomaro (?).

Il y a peut-être une trace de N après **SOSI**. La troisième ligne est très douteuse; elle commençait peut-être par un *c* ou un *g*.

43. Inscription de Lezoux; gravée sur un fragment de vase de terre; trouvée en 1880; conservée au musée de Saint-Germain [2].

43 *bis*. Inscription de Boutæ, Les Fins d'Annecy (Haute-Savoie); gravée sur un fragment de vase de terre à vernis rouge; trouvée en 1882; conservée au musée d'Annecy [3].

Ces deux fragments n'appartiennent pas au même vase,

1. Plicque, *Lug, le dieu de l'or des Gaulois*, Vichy, 1892, p. 18. Cf. Déchelette, *Les vases céramiques ornés de la Gaule romaine*, I, 1904, p. 145. Héron de Villefosse, *Bulletin de la Société des Antiquaires de France*, 1891, p. 393.

Rhys, *Inscriptions*, p. 56; *Additions*, p. 61, où il donne la lecture de M. C. Jullian.

2. Plicque, *Congrès archéologique*, XLVII, 1880, p. 225.

3. Plicque, *Congrès archéologique de France* (Arras), XLVII (1880), p. 225. *Corpus inscriptionum latinarum*, XIII, 3, p. 459, n° 10.012, 19.

Marteaux et M. Le Roux, *Boutae, vicus gallo-romain de la cité de Vienne*, Annecy, 1913, p. 91.

Rhys, *Additions*, p. 63 (fac-similé 18).

mais ils contiennent l'un et l'autre deux fragments de la même inscription en caractères cursifs.

43. 43 bis.

CALIA·VII
BIVSNNITI ITI
ɈOBIIRTII·M II·M
OVNO NO ⚘
  CALIINI
  OFICINA

Cette inscription est vraisemblablement latine. A la seconde ligne, le premier N peut être interprété comme une ligature représentant AN ou AV. Au commencement de la ligne 3, il y a un signe que Hirschfeld interprète par I ou X, et Rhys, par I ou E. Le C initial de la ligne 5 diffère de ceux des lignes 1 et 6.

44. Inscription de Banassac (Lozère) ; gravée en caractères cursifs sur un petit pot ; trouvée en 1872 (?) ; conservée au musée de Saint-Germain [1].

NIIDDAMON
DIIᴋGV ᴋINOT

Neddamon delgu linot.

45. Inscription trilingue de Genouilly (Cher) ; gravée sur une stèle ; trouvée en 1894 ; conservée au musée de Bourges [2].

OS VIRIᴌIOS
TOS OYIPIΛΛIO

1. Héron de Villefosse, *Bulletin de la Société des Antiquaires de France*, 1872, p. 141. *Corpus inscriptionum latinarum*, XIII, 3, p. 480, n° 10.016, 13.

Rhys, *Additions*, p. 68.

2. Ed. de Laugardière, *Bulletin archéologique du Comité des travaux historiques*, 1894, p. 127-137. *Mémoires de la Société des Antiquaires du Centre*, XX, p. 1. H. d'Arbois de Jubainville, *Revue celtique*, XV (1894), p. 236-237. *Corpus inscriptionum latinarum*, XIII, 1326.

Rhys, *Inscriptions*, p. 54 ; *Additions* (fac-similé 16), p. 55.

ANЄOYNOC
ЄΠOЄI

ELVONTIV
IEVRV·ANEVNO
OCLICNO·LVGVRI
ANEVNICNO

Elvontiu ieuru Aneuno Oclicno Luguri Aneunicno.

Rhys remarque que la partie inférieure des o finals de *Aneuno, Oclicno, Aneunicno* est formée d'une ligne horizontale en sorte qu'ils ressemblent à des Ω.

46. Inscription de Genouilly; gravée sur une stèle; trouvée en 1894 ; conservée au musée de Bourges [1].

RVONTV

Ruontu.

47. Inscription de Séraucourt à Bourges ; gravée à la pointe en spirale autour du col d'un vase de terre noire en style du ivᵉ siècle ; trouvée en 1848 ; conservée au musée de Saint-Germain-en-Laye [2].

BVSCILLASOSIOLEGASITINALIXIEMAGALV

Buscilla sosio legasit in Alixie Magalu.

48. Inscription de Néris-les-Bains (Allier) ; gravée sur une pierre ; trouvée en 1836 ; conservée au musée de Bourges [3].

1. Ed. de Laugardière, *l. c.*, p. 133. *Corpus inscriptionum latinarum*, XIII, 1325.
Rhys, *Additions*, p. 27 (fac-similé 17).
2. A. de Longpérier, *Revue archéologique*, VI (1849), p. 554-556 ; fac-similé. F. Lenormant, *Revue des Sociétés savantes*, IV (1858), p. 565.
Stokes, nº 25. Rhys, *Inscriptions*, p. 55. Rhys traduit : « Buscilla a placé ceci en Alise pour Magalos ».
3. Mowat. *Revue archéologique*, VI (1878), p. 94-108; 188-189. *Comptes rendus de l'Académie des inscriptions et belles-lettres*, V (1877), p. 267. *Bulletin de la Société des Antiquaires de France*, 1887. p. 265. Desjardins, *Géographie historique et administrative de la*

BRATRONOS
NANTONICN
EPADATEXTO
RIGI·LEVCVLL·
SVIOREBE·LOGI
TOE

Bratronos Nantonicn epad Atextorigi Leucullosu iorebe
(ou *Leucullo suiorebe*) *logitoe.*

L'o de **LEVCVLLO** porte une barre horizontale à gauche.
L'**E** final, que Rhys regarde comme sûr, bien qu'il ait été
lu **K, I, F, V**, aurait la barre du milieu plus longue que
les deux autres. L'**O** de **NANTONICN** et de **SVIOREBE** a,
d'après Rhys, une forme semblable à celle d'un Ω.

49. Inscription bilingue de Vieil-Évreux (Eure) ; gravée
sur un fragment de table en bronze ; trouvée en 1836,
conservée au musée d'Évreux [1].

S⸍ CRISPOS BOVI
RAMEDON   〉
   AXTAC BITI EV⸍
DO CARABITONV
N IA SELANI SEBODBV⸍
   REMI FILIA 〉
DRVTA GISACI CIVIS SVE

Gaule romaine, II, p. 476, n. 2. *Bulletin épigraphique de la Gaule*, I,
(1881), p. 245. *Corpus inscriptionum latinarum*, XIII, 1388.
    Stokes, *Revue celtique*, V (1881), p. 116-119. Stokes, n° 23. Rhys,
Inscriptions, p. 52 ; *Additions*, p. 60. Cf. alae *Atectorigianae*, *C. I. L.*,
XIII, 1041. M. Jullian propose de traduire : « Bratronos Nantoni f.
eques Atextorigis Leucullosu erexit (donavit) locum ». Rhys propose
« Bratronos fils de Nantonos a fait cette sépulture pour Epadatex-
torix et Leuçullos et pour ses (leurs) deux sœurs ». On pourrait
aussi penser à une dédicace : *Sororibus* (cf. *C. I. L.*, XIII, 11740).
    1. Le Prévost, *Mémoires de la Société des Antiquaires de France*,
XIV (1838), p. xv. Chevreaux, *Bulletin monumental*, VI (1840), p. 472.
Bonnin, *Antiquités gallo-romaines des Eburoviques*, 1860, pl. XVIII,
2. *Dictionnaire archéologique de la Gaule*, n° 8. Desjardins, *Géographie historique et administrative de la Gaule romaine*, p. 497,
n. 1. *Corpus inscriptionum latinarum*, XIII, 3204.
    Stokes, n° 21. Rhys, *Inscriptions*, p. 2 ; *Celtae and Galli*, p. 49.

Sauf la fin, qui est latine, cette inscription très difficile à lire, est pour le moment impossible à transcrire.

50. Inscriptions bilingues du chœur de Notre-Dame-de-Paris ; gravées sur les faces de quatre autels de pierre ; trouvées en 1710; conservées au musée de Cluny [1].

Face A.	Face B.	Face C.	Face D.
1. TIB▽CAESARE▽	EVRISES	SENANI	VSEILO
AVG▽IOVI▽OP.TVM			
MAXSVMO▽ŚV			
NAVTAE▽PARISIAC			
VBLICE▽POSIER			
▽N			
2. IOVIS	TARVOS▽TRIGARANVS▽	VOLCANVS	ESVS
3. CERNVNNO	CASTOR		SMERT O
4. FORT	VS		

Les quatre autels sont ornés de figures : le premier représente sur la face B trois personnages barbus coiffés de bonnets, armés de boucliers hexagonaux et de lances ; sur la face D, deux personnages coiffés de même, mais imberbes et armés de boucliers ovales et de lances ; sur la

1. Baudelot, *Description des bas-reliefs anciens trouvés depuis peu dans l'église cathédrale de Paris*, 1711. M. de Mautour, *Observations sur des monuments d'antiquité trouvés dans l'église cathédrale de Paris*, 1711. Leibnitz, *Collectanea etymologica*, Hanovre, 1717, I, p. 75-81. Cf. *Histoire de l'Académie des inscriptions et belles-lettres*, III (1723), p. 242-246. Montfaucon, *L'Antiquité expliquée*, 2ᵉ éd., 1722, II, 2, pl. CXC, p. 424-427. Al. Lobineau, chez D. Félibien, *Histoire de la Ville de Paris*, I, 1725, p. cxxix-clii. E. Johanneau, *Mémoires de l'Académie celtique*, I (1807), p. 151-175. Mowat, *Comptes rendus de l'Académie des inscriptions et belles-lettres*, III (1875), p. 350. *Bulletin épigraphique*, (1881), p. 49. Desjardins, *Géographie historique et administrative de la Gaule romaine*, III, 261-268. *Corpus inscriptionum latinarum*, XIII, 3026 On en trouvera des facsimilés dans la *Revue archéologique*, IX (1907), p. 31-37; la *Revue des études anciennes*, IX (1907), pl. xi-xiv, et chez Espérandieu, *Recueil général des bas-reliefs de la Gaule romaine*, IV, 1911. p. 211-215. Stokes, nº 26. Rhys, *Inscriptions*, p. 46 ; *Additions*, p. 59.

face C, trois hommes sans armes vus de profil. Le second représente sur la face A un Jupiter barbu ayant à sa droite un aigle ; sur la face B, un taureau revêtu d'une housse et sur lequel perchent trois grues ; sur la face C, Vulcain tenant de la main gauche des tenailles ; sur la face D, un bûcheron s'apprêtant à couper une branche de saule. Le troisième représente sur la face A un dieu barbu orné de deux cornes de cerf à chacune desquelles est suspendu un collier gaulois ; sur la face B et la face C, un Dioscure imberbe, cuirassé, tenant d'une main sa lance et de l'autre la bride de son cheval ; sur la face D, un homme barbu tenant de la main droite une arme dont il menace un serpent. Le quatrième représente sur la face A deux divinités féminines drapées ; sur la face B, une déesse et Mars ; sur la face C, une déesse et un dieu nus ; sur la face D, une déesse et Mercure.

Face A, 1, l. 5 : on voit un reste du *p* de *publice.* — 3 : un *s* final est très douteux.

Face C, 1 : tout le haut des lettres est effacé ; *s* et *l* ne sont pas sûrs ; on aperçoit une trace d'un *i* final après une lacune que l'on a voulu combler par *n* ou *nn.* — 3 : on ne voit qu'un peu du côté droit de *o*.

Face D, 3 : au lieu de *Smert[ull]o(s)*, que l'on restitue d'ordinaire, il faut sans doute lire *Smertrios* ; cf. *Marti Smertrio* [1].

A l'exception de la face A du premier autel, toutes les autres faces des autels présentent ou présentaient des figures en bas-relief au-dessous des inscriptions ou de la place que celles-ci occuperaient.

51. Inscription de Vieux-Poitiers près de Cenon (Vienne) ;

---

1. *Corpus inscriptionum latinarum*, XIII, 4119. La lecture *Smertrio* est assurée par une inscription de la Moselle inférieure, récemment découverte.

gravée sur la face nord d'un menhir ; trouvée en 1783 au milieu d'un champ près la rive du Clain [1].

RATN BRIᴧTIOM

FRONV TARBBLSONόS

IBVRV

Ratin brivatiom Frontu Tarbelsonios icuru [2].

Rhys lit **TARBEISONIOS.**

52. Inscription de Rom (Deux-Sèvres) ; gravée en lettres cursives du IIIe ou du IVe siècle sur les deux faces d'une tablette en plomb ; trouvée en 1887 ; conservée chez M. Blumereau, notaire à Rom [3].

1. Bourignon de Saintes, *Dissertation sur le Vieux-Poitiers*. Poitiers, 1786, p. 25. Siauve, *Mémoire sur les Antiquités du Poitou*, 1804, p. 111-129 (fac-similé). De Chaudruc de Crazannes, *Mémoires de la Société des Antiquaires de France*, 1823, p. IV. De la Massardière, *Mémoires de la Société des Antiquaires de l'Ouest*, III, 1837, p. 108 ; Auber, *ibid.*, VII, 1855, p. 322 (fac-similé). De Chaudruc de Crazannes, *Revue archéologique*, IV (1847), p. 44. *Dictionnaire archéologique de la Gaule*, n° 3. *Corpus inscriptionum latinarum*, XIII, 1171. Espérandieu, *Épigraphie romaine du Poitou et de la Saintonge*, 1888, p. 109-119. Lièvre et Ernault, *Bulletin de la Faculté des lettres de Poitiers*, 1890, p. 112-126.

Stokes, n° 14. Rhys, *Inscriptions*, p. 44.

2. Stokes traduit : « Propugnaculum pontilium Fronto, Tarbeisoni filius, fecit. » *Beiträge zur Kunde der indogermanischen Sprachen*, XI (1886), p. 129. E. W. B. Nicholson (*Zeitschrift für celtische Philologie*, III, p. 308-309), traduit *ratin brivatiom* par « la digue des gens du pont ».

3. C. Jullian, *Mémoires de la Société des Antiquaires de France*, LVIII (1897), p. 118-148 ; *Revue celtique*, XIX (1898), p. 168-176. Rhys, *Inscriptions*, p. 94. Audollent, *Defixionum tabellae*, 1904, p. 165-167. Cagnat, *Revue archéologique*, XXXIII (1898), p. 453. Une traduction très hypothétique de cette inscription a été donnée par E. W. B. Nicholson, *Zeitschrift für celtische Philologie*, III (1901), p. 312-321 ; une autre, moins hardie, a été donnée par J. Rhys, *Celtae and Galli*, Londres, 1905, p. 40 et 46.

Une inscription sur lame de plomb découverte à Paris et publiée par Th. Vacquer (*Revue archéologique*, XXXVII (1879), p. 111-114 ; cf. *Corpus inscriptionum latinarum*, XIII, 3051) contient à plusieurs reprises le mot *sin* et est peut-être à rapprocher de la tablette de Rom. Voir J. Loth, *Comptes rendus de l'Académie des inscriptions et belles-lettres*, 1909, p. 19.

Face A.   Face B.

1. APECIALLICARTI   TEVORAVIMO
2. ETIHEIONTCATICNTO   EHZAATANTOTEHEG
3. NADEMTISSIECLOTV   ZOATANTATECOM
4. LILASEDEMTITIONT   PRIATOSOSIODERTI
5. BICARTAONTDIBO   NOIPOMMIOATEHO
6. NA SOSIODEVIPIA   TISSEPOGEATEPRI
7. SOSIOPVRASOSIO   AVIMOATANTATE
8. GOVISASVEIOTIET   ONTEZATIMEZO
9. SOSIOPOVRA   ZIATEVORAVIMO
10. SVADEMTIA   APE SOSIODERTI
11. DVNTNAVOVSEIA   IMONTADEMTISSE
                             VPE   ʌ

Particularités de lecture :

Face A, 1. 2. N et T liés. Rhys lit **CATICATO** en 1905.

4. M. Jullian lit **VLA**, **VIA** ou **LILA**.

5. Le début pourrait se lire **DVG** et la fin n'est pas sûre
N et T sont liés.

6. M. Jullian lit **DEEI**.

8. Sauf **O** et **A** du début aucune lettre n'est sûre
(Jullian).

9. Après **POYRA** M. Jullian lit **HE··O··T** sans en être
absolument certain.

10. M. Jullian lit à la fin de la ligne **APON TI**.

11. M. Jullian lit **DVNNA** au lieu de **DVNT** par N et
T liés ; il y a doute pour les trois dernières lettres de la
ligne.

Face B. Le signe transcrit ici **Z** est une sorte de monogramme dont l'élément principal est une lettre ressemblant
à **Z**. Le **Z** qui se rencontre au commencement de la
ligne 8 de la face A a été regardé par M. Jullian et par
Rhys comme une forme cursive de **G** et il est transcrit
ici par **G**. Quant au monogramme, il n'a pas été encore
interprété définitivement.

l. 1. avec **A** et **V** liés ou **VORAIIMO** (Jullian).

2. **N** et **T** sont liés. **HEG**, que M. Jullian lit **HEI**, est
douteux.

3. **N** et **T** sont liés.

4. Peut-être **HE** à la fin (Jullian).

6. **POGE** ou **POTE** (Jullian).

7, 8. **N** et **T** sont liés.

9. **A** et **V** sont liés.

11. **N** et **T** sont liés. M. Jullian lit **IMONA** et **DEMTISSIE**. Rhys ne trouve pas la place de **I** devant **E**.

12. M. Jullian lit péniblement **V·IEIIA O PA A·**

Séparation des mots proposée par M. Jullian (1898) et Rhys (1905) :

ape cialli carti etiheiont caticato na demtissie clotu lila se demtitiont bi cartaont dibona sosio deei pia sosio pura sosio govisa sueiotiet sosio poura he.. o.. t sua demti apo..ti dunnavouseia.

te voravimo ehza atanto, te heizo atanta, te compriato sosio derti noi pommio,atehotisse potea, te priavimo atanta, te ontezatim ezo zia, te voravimo ape sosio dertiimo na demtissie uzietiao.. pa... a.

Il semble qu'il y ait quelques mots latins : *te, pia, pura, poura*.

53. Inscription de Coligny (Ain), gravée sur une table de bronze ; trouvée en 1897 ; conservée au musée de Lyon [1].

Cette inscription, brisée en 149 fragments, mesurait ·1 m. 48 × 0 m. 80. Elle a été reconstituée par MM. Dissard et Espérandieu. Nous donnons ci-après, classés par mois, tous les restes du calendrier de Coligny, sans essayer

1. Fac-similé en noir d'après les dessins de M. Dissard, dans les *Comptes rendus de l'Académie des inscriptions et belles-lettres*, XXV (1897), p. 730 (transcription en 1898, p. 299-336), reproduits dans la *Revue celtique*, XIX (1898). Fac-similé en couleur par M. Espérandieu, supplément à la *Revue épigraphique*, 1898, n° 90, et à la *Revue celtique*, XXI (1900).

Bibliographie critique des publications auxquelles le Calendrier a donné lieu, jusqu'en 1899, par M. Seymour de Ricci (*Revue celtique*, XXI, 1900, p. 10-27). Parmi ces publications, il faut citer ici celles qui ont trait à l'interprétation linguistique du calendrier : Seymour de Ricci, *Revue celtique*, XIX (1898), p. 213-223 ; J. Loth, *Comptes*

de rétablir le texte des lacunes [1]. Mais, pour permettre d'avoir une idée de l'ensemble du calendrier, dont la reconstitution générale est sûre, un tableau présente la disposition des mois sur la table de bronze. Les noms ou les fragments de noms qui ne nous ont pas été conservés sont entre parenthèses. La disposition typographique adoptée présente le calendrier dans le sens de la longueur, alors que l'original est dans le sens de la largeur. Chaque ligne représente ici une colonne qu'il faut lire horizontalement de droite à gauche, tandis que sur la table de bronze les colonnes sont disposées verticalement et doivent être lues de haut en bas.

Les abréviations sont nombreuses et il n'est pas toujours aisé de décider quels mots elles représentent. Après la date des jours, on trouve souvent les signes †II, II†, I†I, dont la valeur est inconnue. Les principales particularités de l'écriture sont l'absence de barre horizontale dans les A et la ressemblance de C et de G ; l'I est souvent plus grand et dépasse la ligne ; les barres horizontales de E, T sont inclinées de droite à gauche [2].

rendus de l'Académie des inscriptions et belles-lettres, XXVI (1898), p. 175-176). Nicholson, Sequanian : first steps in the investigation of a newly discovered ancient European language, Londres, 1898 (travail hardi et aventureux, où l'auteur explique les mots du calendrier surtout par le latin). R. Thurneysen, Zeitschrift für celtische Philologie, II, p. 523-544.

Depuis 1899, il a paru : J. Loth, L'année celtique, Comptes rendus de l'Académie des inscriptions et belles-lettres, I (1904), p. 25 ; Revue celtique. XXV (1904), p. 113-162. Rhys, Celtae and Galli, Londres, 1905 ; The Celtic inscriptions of France and Italy, Londres, 1906, p. 82-94 ; Notes on the Coligny Calendar, Londres, 1910 ; The Celtic inscriptions of Gaul, additions and corrections, Londres, 1911, p. 79-100.

Le texte reproduit ici est celui de Rhys, dont les lectures ont été revues par M. Lechat. Rhys a rétabli toutes les lettres qui manquent.

1. Les fragments dont la place n'a pas encore été trouvée sont à la suite du calendrier.

2. Dissard, Comptes rendus de l'Académie des inscriptions et belles-lettres, XXVI (1898), p. 163-167.

TABLEAU D'ENSEMBLE DU CALENDRIER DE COLIGNY

I, 2 (Atenoux) (Duman)	I, 1 Atenoux Sam(on)	mois intercalaire (Atenoux)	( )	col. 1
I, 6 Atenoux (Cutios)	I, 5 Atenoux (Ogron)	I, 4 Atenoux (Anagan)	I, 3 (Ate)noux (Riuros)	col. 2
I, 10 (Atenoux) Elemb	I, 9 Atenoux Equos	I, 8 (Atenoux) Simivi	I, 7 (Atenoux) Giamon	col. 3
II, 2 Atenoux Duman	II, 1 Atenoux Samon	I, 12 (Atenoux) Cantlos	I, 11 (Atenoux) Edrini	col. 4
II, 6 (Atenoux) (Cutios)	II, 5 (Atenoux) Ogron	II, 4 (Atenoux) Anagan	II, 3 (Atenoux) (Riur)os	col. 5
II, 10 Atenoux Elembiv	II, 9 (Atenoux) (Equ)os	II, 8 Atenoux Simiv	II, 7 Atenonx (Giam)oni	col. 6
III, 2 Atenoux Dum(an)	III, 1 (Atenoux) (Samon)	II, 12 (Aten)oux Cantlos	II, 11 Ateno(u)x (Edrini)s	col. 7
III, 6 (Atenoux) Cut(ios)	III, 5 (Ate)noux (Ogron)	III, 4 (Aten)oux (An)agtio	III, 3 Ateno(ux) Biuros	col. 8
III, 8 Atenoux Simiv	III, 7 Atenoux Giamon	mois intercalaire Atenoux	Ciallos	col. 9
III, 12 Atenoux Cantlos	III, 11 Atenoux (Edrin)	III, 10 Atenou(x) (Elemb)	III, 9 (Atenoux) Equos	col. 10
IV, 4 Atenou(x) (Anag)an	IV, 3 (Aten)oux Riuros	IV, 2 (Atenoux) Duman	IV, 1 Atenoux (Samon)	col. 11
IV, 8 (Atenoux) Simivis	IV, 7 Atenoux (Giamon)	IV, 6 (Atenoux) (Cutios)	IV, 5 Atenoux (Og)rom	col. 12
IV, 12 (Atenoux) Cantlos	IV, 11 (Atenoux) (Edrin)	IV, 10 (Atenoux) (Elemb)	IV, 9 (Ate)noux Equos	col. 13
V, 4 (Atenoux) (Anagan)	V, 3 (Atenoux) Riuros	V, 2 (Atenoux) (Duman)	V, 1 (Atenou)x (Samon)	col. 14
V, 8 (Atenoux) (Simivis)	V, 7 At(enoux) (Gia)mom	V, 6 Atenoux Cutios	V, 5 Atenou(x) (Ogron)	col. 15
V, 12 (Atenoux) Cantlos	V, 11 Atenoux Edrini	V, 10 Atenoux (Elem)biv	V, 9 (Atenoux) Equos	col. 16

Bas   Haut

Premier mois intercalaire.

```
        D

      M I D
      MATV
°I MAT D                              RIV
       GIA                         MB ·RIVR
°II MAT D                             NI
     SONNA           °V D DVMANNIFAMB   RIV
°III MA·             °VI II+ MD RIVRI
°IIII               °VII NSDS SAM NI ANAGAN
                         INNIS          TIT
                    °VIII  NSDS          TO
                          INN
°VII N              °VIIII N
   TINAD                  ED
    NE                    SV
    VI
°VIII                 X

      MA
°VIIII MA

   EDVTIO
     MV                 X
°X                      XV
 XI
                            MB RIXTIO
                   COB     CARIEDIT
                    OX  ANTIA
                   POGDEDORTONIN
                     QVIMON
```

Titre : Après le D de MID on trouve la trace de la moitié gauche d'un X.

Premier mois de la première année.

```
        MID  SAMM                        ATENOVX

P         D   DVMANNI IVOS        I         D   DVMANNI
II    MD          IVOS           II    MD   TRINOSAM·SINDIV
III +II   D   EXINGIDVM IVOS     III    ·   D       AMB
IIII  MD          IVOS           IIII'  MD
V         D   AMB RIXRI          V         D       AMB
VI    MD                         VI II+  M D
°VII      N   DVMANN INIS·R      VII       D   DVMANNI AMB
°VIII MD          MO               II +II  D   DVMANNI
°VIIII    D   DVMANNI                      N   DVMANNI·IN·R
°X    ·MD
°XI       D       AMB
 II       D
 III      D
 IIII     D
XV        D
```

V. RIXRI est sans doute une faute pour RIVRI.

VIII. S n'est pas sûr.

Deuxième mois de la première année.

```
                                 VI II+
         AMB                     °VII
                                 °VIII
        IVRI                     °VIIII
        RIVRI                    °X    II
D  RIVRI                         °XI
D                                °XII      N
        INIS   R                 °XIII              AMB IVO
D                                °XIIII    NS  DS   IVO
        IVOS                               DIVERTIOMV
```

Atenoux XIII. Devant AMB on trouve les restes d'un N plutôt que d'un D.

Troisième mois de la première année.

N O V X

D ΛMB

MV·RIVO
NIS   R   ·

```
        I+I   D   ΛNΛGΛNTIO
VIII    II+   D   ΛNΛGΛNTIO
VIIII         D   ΛNΛGΛNTIO
X             MD
XI            N     INIS
XII           MD
DEVO  RIVO  RIVR
XIIII         MD
XV            MD
```

XIII: Il semble y avoir à la fin RIVRI plutôt que RIVRO.

Quatrième mois de la première année.

E N O V X

```
                                   °              D
II                                 °              D
III                                °              ΛMB
°IIII       M                      °
°V              N                  °              ΛMB
°VI             PR                 °              INIS  R
°VII        M   D   OG             °              OGRO  ΛMB
°VIII       M   D   OGRON          °          MD  CVTIO
°VIIII      M   D   OGRONI         °VIIII      D  OGRON  ΛMB
·°X             D                  °XI  ++I     D
°XI             D   ΛMB            °XI  II+      D
°XII +II    ·   D                  °XII                      •
°XIII·I+I       D                  °XIII         D  ΛMB·
·°XIIII·II+·    D                  °XIIII        D
                D                             DI  RTOMV
```

Atenoux XI à lire X; ++I est sans doute pour I+I.

Cinquième mois de la première année.

```
                                              Λ T E N O V X

                                    °I      MD    CVTI
                                    °II     MD    CVT
                                    °III     D    CV
•IIII    M                          °IIII    M
•V        D
°VI      MD
°VII     MD
°VIII    MD  CV
°VIIII     N  CVT
°X       MD
°XI       D  Λ
°XII     MD
°XIII    MD
°XIIII   MD
°XV      MD
```

Sixième mois de la première année.

```
         M                                   Λ T E N O V X

°I      MD            IVOS        °I      MD    OGRON
°II     MD            IVOS        °II     MD    OGRON
°III    MD            IVOS        °III     D    OGRON
°IIII   PRINI         LOVD        °IIII    N      IN
°V      [..]N       INIS·R        °V        D    ΛMB
°VI     MD                        °VI       N    INIS
°VII      [GIΛM PRI LAG           °VII      N    GIΛM
°VIII     D GIΛMONI               °VIII     N    GIΛ
°VIIII    N GIΛMO INIS R          °VIIII    D    ΛMB
°X      MD                        °X       MD
°XI      D      ΛMB               °XI       D
°XII    MD                        °XII     MD
°XIII   MD                                          B
°XIIII  MD
°XV     MD                                        ΛMB
```

Septième mois de la première année.

```
                                        N  S

              °III              D   ΛMB
              °IIII   +II       D
              °V     I+I        D   ΛMB
              °VI    II+        D
              °VII            · D  SIMIVI ΛMB
              °VIII           MD  SIMIVISO
              °VIIII           D  SIMIVIS ΛM
              °X    +II        D
              °XI              N   INIS
              °XII  II+        D
              °XIII            D   ΛMB
              °XIIII           D


                            DIVERTOMV
```

Huitième mois de la première année.

```
         M· SIMIVI MΛT

°I       GIΛMO PRIN LΛG
°II      M D
°III       D  EQVI
°IIII    M D
°V         N  INIS          °V
°VI        D  EQVI          °VI  I+I   D  EQVI
°VII      .D  EQVI          °VII II+   D  EQVI  ΛMB
°VIII     EQV  PRI LΛ       °VIII      D  EQVI
°VIIII    .D  EQVI          °VIIII     D  ΛMB  EQVI
°X       M D                °X      M  D
°XI        D  ΛMB           °XI        D  ΛMB  EQVI
°XII     M D                °XII    M  D        IVOS
°XIII      D  EQVI          °XIII      D  ΛMB  IVOS
  IIII    NS DS             °XIIII     D        IVOS
              S EQVI        °XV    ·   D  ΛMB  IVOS
```

Neuvième mois de la première année.

M EQVOS ANM				ATENOVX			
°I			IVOS	°I	M D	SEM VIS	
°II	PRINI	LAG	IVOS	°II	M D	SEMIVIS	
°III	M D	SIMI	IVOS	°III	D	AMB SIMIV	
°IIII	D		IVOS	°IIII	D		
°V	D		AMB	°V	D	AMB	
°VI	M D	SIMIVISO		°VI I+I	D	SIMISO	
°VII	D	ELEMBI		°VII I+I	D	ELEM AMB	
°VIII	D	ELEMBI		°VIII II+	D	ELEMB	
°VIIII	D	ELEMBI		°VIIII	D	AMB ELEM	
X	D			°X	D		
XI	D	AMB		°XI +II	D		AMB
I	D			°XII I+I	D		
XIII	M D	SEMIVIS		°XIII II+	D		AMB
XIIII	M D	SEMIVIS		°XIIII	D		
XV	M D	SEMICANO		XV	D		

Dixième mois de la première année.

M ELEMB AN

D

I

S

	D		
	D	EDRI	AMB
	M D	EDRINI	
IIII	D	AMB	EDRINI
X	D	SIND	IVOS
°XI	D		AMB
°XII +II	D		
°XIII I+I	D		AMB
°XIIII II+	D		
	DIVERTOMV		

Onzième mois de la première année.

```
M  EDRINI MAT                              X
          CANTLI


              AMB

                 NT

                        °VIIII        D
                        °X            D
                        °XI           D
                        °XII      M D
                        °XIII        D      AMB IVOS
                        °XIIII    M D            IVOS
                        °XV          D      AMB IVOS
```

Douzième mois de la première année.

```
       M  CANTLOS ANM
°I          D AEDRIN
°II         D
°III        D
°IIII       PRINNI LAG
°V          D      AMB
°VI         D
°VI         D CANTLI        °VII
            D CANTLI        °VIII
   II       D CANTLI        °VIIII I+I              R
            D              °X           D
   XI       D AMB          °XI          D
°XII        D              °XII         D
°XIII       D              °XIII II+    D AMB IV
°XIIII      D              °XIIII I+I   D IVO DIB CANT
   XV       D TIOCOBRIXT          DIVERTOMV
```

Premier mois de la deuxième année.

M SAMON MAT				ΛTENOVX				
°I		N DVMΛN IVOS		°I		D DVMΛN		
°II	M D	IVOS		°II	II+	D TRINVXSΛMO		
°III +II		DVM IVO		°III		D ΛMB		
°IIII	M D			°IIII +II		D		
°V	D ΛMB			°V	I+I	D ΛMB		
°VI	M D			°VI	II+	M D		
°VII		PRINI LOVDIN		°VII		D ΛMB		
°VIII	D DVM			°VIII		N INIS R		
°VIIII II+	M D			°VIIII		N INIS R		
°X	M D			°X	+II	M D		
°XI	D ΛMB			°XI	I+I	D ΛMB IVOS		
°XII	M D			°XII	II+	M D IVOS		
°XIII +II	M D			°XIII		D ΛMB IVOS		
°XIIII I+I	M D			°XIIII		M D IVOS		
°XV II+	M D			°XV		D ΛMB IVOS		

Deuxième mois de la deuxième année.

M DVMΛN ΛNM			ΛTENOVX			
I SΛMON PRIOVDIXIVOS			I	M D SΛMONI		
II	N IVOS		II	M D SΛMONI		
III	D IVOS		III I+I	D ΛMB		
IIII	D IVOS		IIII II+	D		
V	RINNI LΛGIT		V	D ΛMB		
			°VI II+	M D		
	N INIS R		°VII	D ΛMB		
I+I M D SΛMONI			°VIII +II	D		
VIIII	D		°VIIII	N INIS R		
X	D		°X II+	D		
XI	N INIS R		°XI	D ΛMB		
XII	D		°XII	N INIS R		
XIII	D		°XIII	D ΛMB		
XIIII	D		°XIIII	NS DS		
XV	D			DIVERTOMV		

I. Il faut lire sans doute : PR LOVD IX IVOS.

Troisième mois de la deuxième année.

```
        O S  MAT

        NAGANT
          LOVD

      G  RIVROS
   NIS      R                                              S

                                                   MB
      NNI LOVD                              PETIVX ANAG
                            III          D AMB
   M                        X   II+  M D  PETIVX RIVRI
        INIS      R         XI  +II    D  AMB IVOS
                            XII I+I M D        IVOS
      M   IVG    RIV       °XIII II+   D  AMB IVOS
          IVO             °XIIII    M D       :IVOS
                         °XV          D  AMB IVOS
```

Qûatrième mois de la deuxième année.

```
   M ANAGAN ANM                   ATENOVX

 °I       M D RIVRI IV        °I          D
                              °II         D
                              °III  +II   D  AMB
                              °IIII II+   D
                              °V    II+   D  AMB
                              °VI         N  INIS      R
                              °VII        N  INIS      R
                              °VIII       D
                              °VIIII      N  INIS      R
          D                   °X          D
 °XI      D                   °XI   II+   D  AMB
 °XII     D.                  °XII        D
 °XIII    D                   °XIII       D  AMB
 °XIIII   D                   °XIIII      D
 °XV      D                        DIVORTOMV
```

Cinquième mois de la deuxième année.

M OĠRON MAT

Sixième mois de la deuxième année.

Septième mois de la deuxième année.

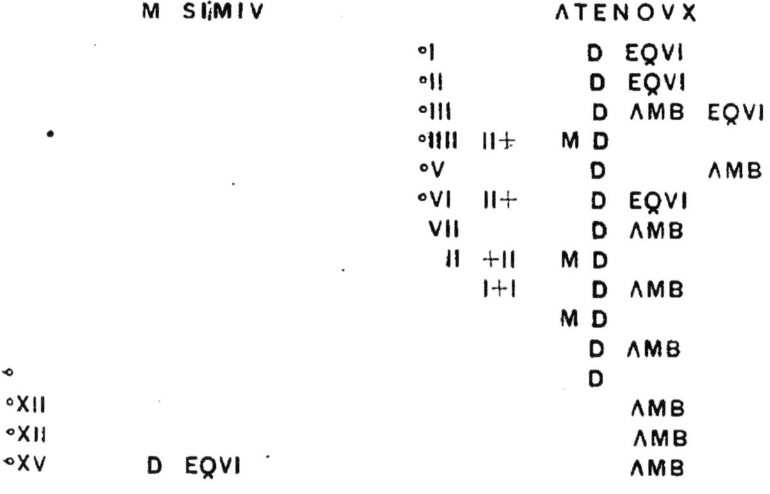

ONI			ATENOVX			
			°I		D	
			°II		NS DS	
			°III		D	B
			°IIII	+II	D	
			°V	III	D	ΛMB
			°VI	·II+	D	
°V			°VII		N	INI R
°VIII			°VIII		N	INI R
°VIIII			°VIIII		D	ΛMB
°X			°X	+II	D	
°XI	D		°XI		N	INI R
°XII	D		°XII	II+	D	
XIII	D		°XIII		D	ΛMB
III	D		°XIIII		D	
V	D				DIVORTOMV	

Huitième mois de la deuxième année.

M SIIMIV			ATENOVX				
			°I			D EQVI	
			°II			D EQVI	
			°III			D ΛMB	EQVI
			°IIII	II+	M	D	
			°V			D	ΛMB
			°VI	II+		D EQVI	
			VII			D ΛMB	
			II	+II	M	D	
			I+I			D ΛMB	
					M	D	
						D ΛMB	
						D	
°XII						ΛMB	
°XII						ΛMB	
°XV	D EQVI					ΛMB	

Atenoux **XIV**. ΛMB est peu marqué et doit être supprimé.

Neuvième mois de la deuxième année.

```
                        O S
°I            D
°II           PRI
°III    ·     M D
°IIII                                    IIII
°V
°VI     I+I   N
°VII          D
°VIII         D
°VIIII        D
°X            D
```

Dixième mois de la deuxième année.

```
    M ELEMBIV ΛNM                 Λ·TENOVX

°I            D      IVOS      °I         M D  EDRINI
°II           D      IVOS      °II        M D  EDRINI
°III   PRINNI LΛG    IVOS      °III  +II   D   ΛMB   EDRIN
°IIII         D      IVOS      IIII        D
°V            D      IVOS                  D   ΛMB
°VI           D ΛMB                        D
°VII          D                                ΛMB
°VIII         D
°VIIII     PRINNI LΛG
°X            N  INI R
°XI           D ΛMB
°XII          D
°XIII         D
°XIIII        D
°XV           D
```

Onzième mois de la deuxième année.

S MAT   ΛTENO   X

          IVOS   °I   D ELEMB
          IVOS   °II   D ELEMB
          VOS   °III   D ELEMBI ΛMB
                  °IIII +II M D
                  °V   I+I   D ΛMB
                  °VI   II+   M D
                  °VII   D ΛMB
                  °VIII   D
                  °VIIII +II   D ΛMB
                  °X   I+I   D SIND   IVOS
                  °XI   II+   D ΛMB
XII   I+I   °XII   M D
XIII I+I M   °XIII   M D ΛMB
XIIII II+ M   °XIIII   M D
XV   D M   V   N

Douzième mois de là deuxième année.

M CΛNTLOS ΛNM   O V X

°I   M D EDRINI
•II   D
°III   D   °III   ΛMB
°IIII   PRINNI LΛGE   °IIII   N INIS   R
°V   D ΛMB   °V   D ΛM
•VI   D   °VI   II+ D
°VII   D   °VII   D ΛMB
°VIII   D   °VIII   D
°VIIII   D   °VIIII   D ΛM
°X   D   °X   D
              ΛMB   °XI   D ΛM
                            °XII   D
                            °XIII +II D ΛMB
                            °XIIII I+I D

       IOCOBREXTIO

Premier mois de la troisième année.

IVO
IVOS
MELE IVO

LOVD .
M

Deuxième mois de la troisième année.

	M D V M			ATENOVX		
°I	SAMON PRIN LOD		°I	M		
°II	N IVOS		°II	M		
°III	D IVOS		°III			
°IIII	D IVOS		IIII			
°V	PRINNI LAGE		V		D	
°VI	D		VI	II+	D	
°VII	N INIS R		VII		D	
°VIII I+I M	D SAMONI		VIII		D	
°VIIII	D		VIIII		N INIS	
°X	D		X		D	
°XI	N INIS R		XI		N AMB	
°XII	D		XII		N INIS R	
°XIII	D		XIII		D AMB	
°XIIII	N		XIIII		NS DS	
°XV	D			DIVORTOM		

1. LOD est sans doute suivi de I.

Troisième mois de la troisième année.

```
        M  RIVROS  MAT                    ΛTENO

°I              D  ΛNΛG          °I              M  D
°II          PRINNI  LÒVD        °II          M  D
°III             N               °III              D  ΛM      VO
°IIII        M  D  BRIG  RIV      °IIII        M  D
°V            N  INIS  R          °V    '+II    D  ΛM     IVO
°VI        M  D                   °VI   I+I  M  D
°VII       M  D                   °VII  II+     D  ΛMB
°VIII        PRINI       LO       °VIII         D  PETI  RIVRI ΛNΛG
 VIIII  +II  M  D                 °VIIII        N
   X  '  II+  M  D                         IVRIDRIVRIII+ M
                                              IVOS
                                               VOS
°X                                            IVOS
°XIIII                                        IVOS
°XV                                           IVOS
```

Quatrième mois de la troisième année.

```
        M  ΛGTIO  ΛNM                     O  V  X

°I     M  RIVRI  EX  IVO
°II             IVOS
               IVOS                       ΛMB
               OCIOM  RIVRI
           N  INIS  R                     ΛMB
         PRINNI  LΛG                      INIS   R
         NS  DS                           INIS   R
             D
    III      D                            INIS   R
             D
             D  ΛMB                        ·MB
             D
```

Cinquième mois de la troisième année.

```
                                        N O V X

                                   M D  CVTIO
                                     N  CVTIO
                            II+      D  CVTIO  ΛMB
                      °IIII      M D
                      °V             D  ΛMB
                      °VI   +II   M D
                      °VII  I+I      D  ΛMB
°VIII          M D    °VIII I+I   M D  CVTIO
°VIIII  +II    M D    °VIIII        D  ΛMB
°X      I+I    M D    °X         M D
°XI     II+      D ΛMB °XI          D  ΛMB
°XII           M D    °XII          N  INIS  R
                 D     XIII  I+I     D  ΛMB
                       IIII  II+  M D
                         V           D  ΛMB
```

Sixième mois de la troisième année.

```
      CVT

°                     °V
°I                    °VI
°V                    °VII    +I
°V                    °VIII   I+I
°V                    °VIIII  II+        ƒ
°                     °X           M D
°                     °XI            D
°                     °XII         M·D
°                     °XIII   +II    D
                      °XIIII
                      °XV
```

Second mois intercalaire.

CIALLOSB IS			ATENOVX
SONNO CINGOS			
AMMAN·M·M XIII	°I		D ANAGAN
LAT·CCCLXXXV	°II +II	M D	QVTI IN OGRO
ANTARAN·M	°III		D OGRONI QVT
D SIMIVIS	°IIII		D GIAMONI
MANNI IVCS	°V		D SIMIS AMB
MAN IVOS	°VI II+		D SIMIVISONN
RI IVO			QVTIO
IVRIVRIAN	°VII		N GIAMONI
T ANAG			ELEMBI
RO	°VIII		N GIAMONI
			AEDRINI
N	°VIIII		D GIAMO CANT
VIII D			AMB RIVR
°VIIII N O	°X +II	M D	SAMON
INIS	°XI		D DVMN AMB
°X N EL	°XII III	M D	RIVRI
°X D EORI	XIII		D ANAG·AMB
°XII II+ D CANTL	XIIII II+		D OGRONV
°XIII +II M D SAMONI	XV		D AMB QVT
°XIIII D DVMANNI			
°XV D S· M·NS RIVR			

Atenoux XIII. NV est peut-être l'équivalent de NN ligaturé.

Septième mois de la troisième année.

M GIAMON AN		ATENOVX	
I	M D SIMIVISON GIA	°I	D
°II	D	°II	NSDS
°III	D	°III	D AMB
°IIII	D	°IIII	D
°V	D AMB	°V	D AMB
°VI	D	°VI II+	D
°VII II+ M D SIMIVI TIOCBR			D SIMI AMB
°VIII M D SIMIVIS			SIMIVI
°VIIII M D SIMI SIND IVOS			MIVIS AMB
°X	D		
°XI	D AMB		R
°XII	D		
°XIII	D		
°XIIII	D		
°XV	D		

Huitième mois de la troisième année.

M SIMIV		ATENOVX	
°	GIAMON P	°I	D EQVI
°II	M D	°II	D EQVI
°III	D 'EQ	III	D EQVI AMB
°IIII	M D		
°V	N		
°VI	D EQVI		
°VII	D EQVI		
°VIII	EQVI PRINNI LA		
°VIIII	D EQVI		
°X	M D		
°XI +II	AMB		
°XII I+I M D			
°XIII	D EQVI		
°XIIII	D EQVI		
°XV	D EQVI		

Neuvième mois de la troisième année.

```
        M EQVOS ANM
°I                 IVOS
°II   PRIN LAG IVOS
 J    M. D       IVOS
                 IVOS
```

Dixième mois de la troisième année.

```
                      ATENOV
              I
              II


              TIOCOB
°VIIII   M D  EDRINI
°X        N   INIS R
°XI       D   AMB
°XII      D
°XIII     D
°XIIII    D
°XV       D
```

Onzième mois de la troisième année.

                              Λ T E N O V X

		°I			D ELEMB	
		°II			D ELEMB	
		°III		.	D ELEM AMB	
		°IIII	III	M D	.	
		°V	II+	D	ΛMB	
		°VI	II+	M D		
		°VII		D	CΛNTL ΛMB	
	CΛNTL	°VIII		D	CΛNTL	
	CΛNTI	°VIIII		D	CΛNTL	
		°X	I+I	M D		
°XI	D ΛNB	°XI	II+	D	ΛMB	
°XII	+II M D	°XII		M D		
°XIII	I+I M D	°XIII		D	ΛMB	
°XIIII	III ·M D	°XIIII		M D		
°XV	M D	°XV		N		

VIIII. CΛNTI est sans doute pour CΛNTL.

XI. ΛNB est pour ΛMB.

Douzième mois de la troisième année.

          M CΛNTLOS ΛN   ΛTENOVX

Jour	M CΛNTLOS ΛN			Jour	ΛTENOVX	
°I	M D	ΛEDRINI	IVOS	°I	D	.
°II	D		IVOS	°II	D	
°III	D		IVOS	°III	D ΛMB	
°IIII		PRINNI	LΛG	°IIII	N	INI
°V	D ΛMB			°V	D	
°VI	D			°VI		
°VII		SΛMON PRINI	LOVD			
°VIII	D	DVMΛNI				
°VIIII	M D	SΛMONI				
°X	D					
°XI	D ΛMB					
°XII	D					
XIII	D					
XIIII	D					
XV	D	TIOCOBREXT				

Premier mois de la quatrième année.

			∧TENOVX	
			°I	D DVMANI
			°II	D PRINI S∧M SIND
			°III	D ∧MB
			°IIII	III M D
			°V	III D ∧MB
VI			°VI	III M D
°VII			°VII	D DVM ∧MB
°VIII	M D		°VIII	D DVM
°VIIII	D DVM∧		°VIIII	N DVM INIS R
°X	M D		°X	+II M D
°XI	D ∧MB		°XI	I+I D ∧MB
°XII	M D		°XII	II+ M D
°XIII	+II M D		°XIII	D ∧MB
°XIIII	II+ M D		°XIIII	M D
°XV	II+ M D		°X∧	D ∧MB

Deuxième mois de la quatrième année.

	M DVM∧N ∧NN
I	S∧MON PRINI LOVD
II	D
III	D
IIII	D
V	PRIN
V	

Titre : ∧NN est pour ∧NM.

Troisième mois de la quatrième année.

```
                              O V X

              IVOS
           IG  RIVRI
      ⁻NIS       R

   ΛNΛGTIOS
   ΛNΛG
    NΛG

        S        R

      IV·G·RIVRI
             MΛT
      ΛT    NS
```

ʀv. Il y a des traces de ᴍ devant ᴧᴛ.

Quatrième mois de la quatrième année.

```
         Λ N  NN                    Λ T E N O V

      M D      RIVRO      °I              D
°II        D               °II             D
°III       D               °III            D  ΛM
°IIII  M D  OCIOMV  RIVRI  °IIII           D
°V         N  INIS         °V  ·           D  ΛMB
°VI        D      ONI      °VI             N  INIS   R
°VII   M D  OGRONI         °VII   I+I      D  ΛMB  OGRON
°VIII  M D  OGRONI         °VIII  I+I  M D  QVTI  OGRON
°VIIII M D      ONI        °VIIII          D  OGRON  ΛMB
°X         D               °X           NS  DS
              MB           °XI             D  ΛMB
                           °XII            D
                           °XIII           D  ΛMB
                           °XIIII          D
                           X      D I V I R T O M V
```

Titre : ɴɴ est pour ɴᴍ.

Atenoux ɪv : après ᴅ il y a ᴧᴍʙ barré par le graveur.

Cinquième mois de la quatrième année.

ROM M   ATENOV

```
      °I     +II    M D  QVTIO
      °II    I+I    M D  QVTIO
      °III   II+      D  AMB  QVTIO
      °IIII         M D
      °V              D  AMB
      °VI             D
      °VII   I+I         AMB  QVTIO
      °VIII  II+    M D  OGRO  QVTI
      °VIIII II+      D  AMB  Q
      °X            M D
      °XI                AMB
°          °XII
°X         °XIII
°XII       °XII
°XV        °X
```

Titre : OM **est sans doute** pour ONI.

Sixième mois de la quatrième année.

Septième mois de la quatrième année.

```
                                              R
                                    S         R
                                        M B

                            I N I             R

                    D           Λ M B
                    D
                D I V E R T O M V
```

Huitième mois de la quatrième année.

```
              M S I M I V I S  MΛT
°I           GIΛMO  PRINI  LΛG
°II              N
°III  I+I        D  EQVI
°IIII        M D
°V               N  INIS  R
°VI              D  EQVI
°VII         M D  TIOCOBREXTIO
°VIII        M D
°VIIII       M D  SINDIV  IVOS
°X           M D
°XI              N
             M D                    °XII
                 D  EQVI            °XV
```

Neuvième mois de la quatrième année.

```
        M  E Q V O S  Λ                          N O V X
°I           D                                   SEMIV
 °II       PRINI LAG,                            SEMIV
°III         N  SEMIV                             EMIV
°IIII   .    D
°V           D  ΛMB                                 B
°VI       M D  SIM                        .         BV
 VII         D
          PRINI LAG
   I  II+  D
      I+I  D
           D
           D
         M D  SIMI
         M D  SIMI
         M D  SIMI
```

Dixième mois de la quatrième année.

Onzième mois de la quatrième année.

	MAT				V
	S IVO				ELEMBI
					ELEMBI
				D	ΛMIELEMB
		II		D	
	V	II+		D	ΛMB
	°VI	II+	M	D	
	°VII			D	ΛMB
	°VIII		M	D	
	°VIIII	+II		D	ΛMB
	°X	I+I	M	D	SINDIV IVO
	°XI	II+		D	ΛMB
	°XII		M	D	
	°XIII			D	MB
	°XIIII		M	D	
	°XV			N	

Atenoux III. ΛMI est pour ΛMB.

Douzième mois de la quatrième année.

M CΛNTLOS ΛNM

I		M D ΛEDRINI
°II		D
°III		D
°IIII		PRINNI LΛG
°V	I+I	D ΛMB
°VI·		N
°VII		D
°VIII		D
°VIIII		D
°X	+II	
°XI	I+I	
°XII		
°X		

Premier mois de la cinquième année.

```
                      Λ                 X
°I              D   DVMANI
°II          M  D   PRINO SAMON
°III            D   ΛMB
°IIII +II  M  D
°V    I+I    D   ΛMB
°VI   II+  M  D
°VI
°VI
 V
```

Deuxième mois de la cinquième année.

```
M



                 VI
                 VII
                 VIII
                              N
                              D
                              D   ΛMB
          I                   N   INI  R
         XIII                     ΛMB
         XIIII                 NS  DS
                       D I V I R T O M V
```

Troisième mois de la cinquième année.

```
    M  RIVROS  MAT

I       D  ANAGANTIO
II      PRINNI  LOVD
    M  D
            TIO  RIVRO


                                    B
                              IVRI  ANAG
                                    B
                                 VRI
```

Quatrième mois de la cinquième année.

```
                                              V X
                                 °
    D  GO    RIVRI         °              D
    D           IVO      °III   +II    D   Λ
IIII  M D  OCIOMV  RIVRI  °IIII  I+I   D
    N  INI  R            °V     II+    D   Λ
  PRIN  LAG  ·            °V
    D                     °VI           N   INI   R
    D                     °VII          N   INI   R
    D                     °VIII         D
                          °VIIII        N   INI   R
        ΛMB               °X     +II    D
                          XI     II+    D   Λ
                          II             D
                          II             D
```

Atenoux v. Le graveur a inscrit v deux fois.

Cinquième mois de la cinquième année.

	MAT				ΛTENOV				
				°I	+II		M D	QVTIO	
	LOVD			°II	I+I		M D	QVTIO	
				°III	II+		D	ΛMB QVTIO	
				°IIII			M D		
	R			°V			D	ΛMB	
				°VI			M D		
				°VII			D	ΛMB	
				°VIII			M D	QVTIO	
				°VIIII			D	ΛMB	
				°X			M D		
				°XI			D	ΛMB	
II	M D			°XII			N	INIS	
XIII	M D			°XIII	I+I		D	ΛMB	
XIIII	D			°XIIII	II+		M D		
XV	D			°XV			D	ΛMB	

Sixième mois de la cinquième année.

M CVTIOS	MAT				ΛTENOVX			
°I	M D			°I ·	M D	OGRONI		
°II	M D			°II	M D	OGRO		
°III	M D			°III	D	ΛMB OGR		
°IIII		PRINNO LOVD			N	INI	R	
V°	N	INI	R.		D	ΛMB		
°VI	M D				N	INI	R	
°VII	M D				D	ΛMB		
°VIII	M D				D	OGRONI		
°VIIII	N	INI	R		D	ΛMB		
°X	M D				D			
°XI	D	ΛMB			D	ΛMB		
°XII	N				D			
°XIII	M D				D	ΛMB	IVO	
°XIIII	M D				M D		IVO	
°XV	D					ΛMB	IVO	

Septième mois de la cinquième année.

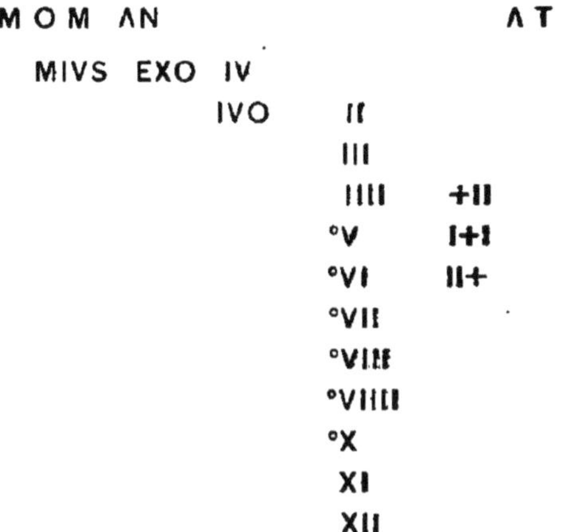

Titre : MOM est une erreur de graveur pour MONI.

Atenoux VII et VIII. M. Lechat trouve des traces de I ou de V entre les deux lignes.

Huitième mois de la cinquième année.

ΛT

°III
•IIII
°V
°VI
•VII
•V

Neuvième mois de la cinquième année.

M EQVOS ΛNM

°I		D
°II		PRIN LΛ
°III		N SIMIVI
°IIII	II+	D
°V		D ΛMB
°VI	M	D SEM
°VII		D
°VIII		PRINO LΛ
°VIIII	I+I	D
	II+	
		M

°III		D	SIMIVIS
°IIII		D	
°V	+II	D	ΛMB
°VI	II+	D	
°VII	II+	D	ΛMB
°VIII		D	
		D	ΛMB

II — M

	MB	IVO
		IVO
	ΛMB	IVO
		IVO
	MB	IVO

Dixième mois de la cinquième année.

B I V ΛNM — ΛTENOVX

		IVO
		IVO
		IV

°I		N	EDRIN
°II		D	EDRI
°III		D	ΛMB ED
°IIII		D	
°V		D	ΛMB
°VI	+II	D	
°VII	I+I	D	ΛMB
°VIII		D	
°VIIII		D	ΛMB
°X		D	
°XI		D	ΛMB
°XII	+II	D	
°XIII	I+I	D	ΛMB
°XIII	III+	D	

	N	
I+	ID	
XII	D	
°XIII	D	
°XIIII	D	
°XV	N	

DIVERTOMV

/ 14.

Onzième mois de la cinquième année.

M EDRINI MAT				A T E N O V X			
°I		D		°I		D	ELEMB
°II	M			°II		N	
III				°III		D	ΛMB ELEMB
				°IIII	M	D	
				°V		D	ΛMB
				°VI II+	M	D	
				°VII		D	ΛMB
				°VIII	M	D	
				°VIIII		D	ΛMB
				°X	M	D	SINDIV IVO
				°XI		D	ΛMB
°XII	M	D		°XII	M	D	
°XIII	M	D		°XIII		D	ΛMB
°XIIII	M	D		°XIIII	M	D	
°XV	M	D		°XV		N	

Douzième mois de la cinquième année.

M CΛNTLOS ΛNM							
°I	M	D	EDRINI				
°II		D					
°III		D					
°IIII		PRINN·N·LΛG					
°V II+		D	ΛMB				
°VI		N					
°VII		D					
°VIII		D					
VIIII		D					ΛMB
		D				D	
		ΛMB		°XI			ΛMB
				°XII		D	
				°XIII +II		D	ΛMB IVO
				°XIIII		D	IVO
				DIVERTOMV			

Fragments dont la place n'a pas été déterminée

Fragment 1.

```
           X
VI
VI
   I  AMB
```

Fragment 2.

```
°VI      D
°VII     PRINNI  LA
°VIII    D
°VIIII   N  IMI      R
°X       D
 XI      D  AMB
  II     D
```

Fragment 3.

```
        SIMIVISO
  D  SIMIVISO
  D  SIMI
         N O V X
            MIV
            V
```

Fragment 4.

```
 VI
°VII
°VIII
```

Fragment 5.

```
M D    T
M D    TI
M D
   D
   D
   D
```

54. Inscription du lac d'Antre, près Moirans (Jura) ; sur un fragment de table de bronze ; trouvée en 1802 ; disparue [1].

```
M B
   D      X
M B      XI
   D     XV
M V      N
  RO
   D      I
          I
```

La série de jours qui se trouve à gauche du fragment correspond à la fin de la seconde quinzaine du quatrième mois du calendrier de Coligny, comme le montre le tableau suivant :

Inscription du lac d'Antre.   Inscription de Coligny.

Inscription du lac d'Antre		Inscription de Coligny	
MB		XI	D ΛMB
D		XII	D
MB		XIII	D ΛMB
D		XIIII	D
MV			DIVIRTOMV
RO			MOGRON MΛT

55. Inscription de Thiaucourt (Meurthe-et-Moselle) ; sur une bague octogonale en or ; trouvée en 1885 (?) dans un champ sur le bord de la route qui conduisait de Metz à Naix ; conservée au musée de Bar-le-Duc [2].

```
ΛDIΛ
NTVN
NENI
EXVE
RTIN
INΛP
PISET
  V
```

Adiantunneni Exuertini Nappisetu.

1. Bruand, *Annuaire de la préfecture du Jura pour l'année 1814*, p. 209. Héron de Villefosse, *Comptes rendus de l'Académie des inscriptions et belles-lettres*, XXVI (1898), p. 264-272. *Corpus inscriptionum latinarum*, XIII, 5345.

2. Ch. Robert, *Comptes rendus de l'Académie des inscriptions et belles-lettres*, XIII (1885), p. 33. Stokes, n° 27. Rhys, *Inscriptions*, p. 57.

56. Inscription de Bavai (Nord) ; gravée sur une assiette en terre ; trouvée vers 1860 (?) ; conservée au château de Gussignies [1].

VRITVES
CIИGOS

Vritu Escingos ou *Vritues Cingos*.

Cf. sur une inscription du musée de Boulogne et une inscription du musée de Bonn [2] :

VRITVES

57. Inscription du Rhin ; gravée au pointillé sur un chaudron de bronze ; trouvée dans le fleuve en 1892 ; conservée au musée de Mayence [3].

NIITTΛS
DVCVRVE

Nettas Mucuru.

Le dernier signe est incertain ; on a lu Є, F ou š.

Rhys a comparé le NE TΛ d'une inscription gravée sur un fragment de poterie rouge et conservée au musée de Saint-Germain [4].

58. Inscription de Caudebec-lez-Elbeuf (Seine-Inférieure) ; sur le revers d'une figurine en terre cuite [5] ;

1. Schuermans, *Sigles figulins*, Bruxelles, 1867, n° 5930. Mowat, *Comptes rendus de l'Académie des inscriptions et belles-lettres*, VIII (1880), p. 251. Stokes, *Revue celtique*, V (1881), p. 119-120. *Corpus inscriptionum latinarum*, XIII, 3, 10010, 2097 b, p. 399. Stokes, n° 22. Rhys, *Inscriptions*, p. 57.

2. *Corpus inscriptionum latinarum*, XIII, 3, 10010, 2097 a c, p. 399.

3. *Corpus inscriptionum latinarum*, XIII, 3, 10027, 90, p. 698. Rhys, *Additions*, p. 78.

4. *Corpus inscriptionum latinarum*, XIII, 3, 10017, 79, p. 489. Rhys, *Additions*, p. 71.

5. Héron de Villefosse, *Comptes rendus de l'Académie des inscriptions et belles-lettres*, XV (1887), p. 178, 251-254. *Corpus inscriptionum latinarum*, XIII, 3, 10015, 85 c, p. 474. Cf. une inscription de Fégréac, Loire-Inférieure, identique, sauf la forme de l'E et du LL : REXTVGEИOS SVLLIAS AVVOT (*ibid.*, 85 b). Léon Maître, *Annales de Bretagne*, III (1888), p. 458-461.

trouvée en 1886 ; conservée chez M. Drouet, à Caudebec.

R^{II}X^{TVGIIHoS} SVLIAS AVVoT

Rextugenos Sullias avvot.

Cette inscription appartient au groupe fort nombreux des inscriptions contenant les diverses abréviations du mot *avotis*, et qu'il n'est pas de notre sujet d'énumérer ici [1].

59. Inscription de Saint-Révérien (Nièvre) ; gravée sur un disque de pierre noire à double biseau et percé de part en part ; trouvée en 1845 ; conservée au musée de Nevers [2].

MONIGNATHAGABI
BVÐÐVTTON MON

Moni gnatha, gabi buddutton mon.
Bulliot lit : *buddutton imon.*

60. Inscription de Poitiers [3] ; gravée en caractères latins

---

1. On les trouve chez A. Holder, *Altceltischer Sprachschatz*, III, c. 780 et dans le *Corpus inscriptionum latinarum*, XIII, iii ; il y a chez Rhys, *Additions*, trois facsimilés (13, 14, 15) de marques du potier Sacrillos.

2. Héron de Villefosse, *Bulletin archéologique*, 1914, p. 489, 490. *Corpus inscriptionum latinarum*, XIII, 2827. J. Loth, *Comptes rendus de l'Académie des inscriptions et belles-lettres*, 1916, p. 182, traduit : « viens, ma fille, donne un petit baiser, viens ». Huit inscriptions analogues ont été trouvées à Autun ; cinq d'entre elles semblent contenir des mots gaulois. Voir ci-dessus, p. 70.

3. De Longuemar, *Bulletin de la Société des Antiquaires de l'Ouest*, IX (1859), p. 7. Pictet, *ibid.*, p. 29-41 ; Monin, *ibid.*, p. 539. Monin, *Monuments des anciens idiomes gaulois*, 1861, p. 91, 157. Becker, *Beiträge zur vergleichenden Sprachforschung*, III (1863), p. 170. Th. Siegfried et C. F. Lottner, *On the Gaulish inscription of Poitiers*, Dublin, 1863. Pictet, *Revue archéologique*, XVI (1867), p. 17-20. H. d'Arbois de Jubainville, *Revue celtique*, I (1872), p. 499. Stokes, *Transactions of the philological Society*, 1885-1887, p. 164. *Beiträge zur Kunde der indogermanischen Sprachen*, XI (1886), p. 140. Espérandieu, *Épigraphie romaine du Poitou et de la Saintonge*, 1889, p. 335-340, pl. xxxv. Ricochon, *La tablette de Poitiers*, 1901.

du ve siècle sur une plaque d'argent[1] ; trouvée en 1858 dans un terrain parsemé d'ossements humains ; conservée au musée de Saint-Germain en-Laye.

```
BISGONTAVRIONANALABISBISGONTAVRIOSV
CEANALABISBISGONTAVRIOSCATALAGES
VIMCANIMAVIMSPATERNAMASTA
MADARSSETVTATEIVSTINAQVEM
PEPERITSARRA
```

Cette inscription mélangée de latin, de grec, et peut-être de gaulois, a fort intrigué les savants, qui en ont donné les traductions les plus diverses. En voici quelques exemples :

Traduction de Monin, d'après Pictet (1861) : « Ainsi soit ! Chasse par souffles le trépas. Ainsi soit ! Chasse par souffles la maladie du trépas. Ainsi soit ! Le trépas disparaît. Loin de moi, enchantement ! Loin de moi, souffrances ! Teutatès et fées, allez-vous en ! » Monin n'y voyait que des mots celtiques.

Traduction de Stokes, d'après Siegfried et Pictet : « *bis* souffle sur Dontaurios, *bis bis* souffle au loin Dontaurios ! *bis bis* que tu condamnes les Dontaurii ! *vim* fortifie *spaternam asta ; magi ars secuta te Justina quem peperit Sarra.* » Stokes, comme on le voit, avait reconnu dans l'inscription un grand nombre de mots latins.

La méthode d'explication fut trouvée par H. d'Arbois de Jubainville qui reconnut les mots grecs ἀναλάβης et καταλλάγης et traduisit : « Deux fois tu prendras de la centaurée, et deux fois tu prendras de la centaurée. Que la centaurée te donne la force, c'est-à-dire la vie, la force, c'est-à-dire (la force) paternelle. Viens-moi en aide, art magique, en suivant Justine qu'a enfantée Sarra. »

____

1. Cf. chez Marcellus de Bordeaux une formule destinée à enlever les maux d'estomac : *in lamina argentea scribes et dices : Arithmato aufer dolorem stomachi illi quem peperit illa.*

En 1901, Ricochon donnait une traduction fondée sur les mêmes principes : « Prends deux fois de la centaurée ; prends chaque fois le suc de la centaurée ; dégage chaque fois le principe actif de la centaurée ; incante ce principe actif ; extrais-en trois masses pilulaires ; avale et garde-toi ; Justine, fille de Sarra. »

La formule finale *Justina quem peperit Sarra* est identique à une formule fréquente chez Marcellus de Bordeaux : *illius quem peperit illa*.

61. Inscription d'Eyguières (Bouches-du-Rhône) ; gravée en caractères grecs cursifs, assez semblables à ceux du premier siècle de notre ère, sur les deux faces d'une plaque de plomb ; trouvée en 1899 ; conservée chez M. Perret, à Eyguières [1].

<table>
<tr><td>A</td><td>B</td></tr>
<tr><td>1. εμσολσιπλαο</td><td>1. σμερτιιοτο</td></tr>
<tr><td>2. υυχαιεσορεειδιζιτ</td><td>s′</td></tr>
<tr><td>λ</td><td>2. ονγλιιλ...τ..</td></tr>
<tr><td>3. χοιεσθατατ</td><td>3. λοπσιγ...ε.σ</td></tr>
<tr><td>4. .ι.σορελα</td><td>4. νοισ....οριξ</td></tr>
<tr><td>5. στοτ</td><td>5. αs′s′βοτιζιε</td></tr>
<tr><td>6. σ κ</td><td>ε α</td></tr>
<tr><td></td><td>6. ολιποχχικιι...ι</td></tr>
<tr><td></td><td>7. ριφοιχικιι..κ</td></tr>
<tr><td></td><td>8. αγτοργιιιρ</td></tr>
</table>

62. Glossaire de Vienne, conservé en tout ou en partie dans plusieurs manuscrits [2] dont les principaux sont :

<hr>

1. Jullian, *Revue des études anciennes*, II (1900), p. 47-55.

2. Endlicher, *Catalogus codicum manuscriptorum bibliothecae palatinae Vindobonensis*, Vienne, 1836, I, p. 199, ms. 89. Wesseling, *Itinerarium Antonini*, p. 617. Diefenbach, *Celtica*, 1839, I, p. 48, 59, 65, 80 ; *Origines Europaeae*, 1861, p. 231, 235, 325, 407, 408. Stokes, *Revue archéologique*, XVII (1868), p. 340-344. H. d'Arbois de Jubainville, *ibid.*, XVIII (1868), p. 300-307. Stokes, *Transactions of the Philological Society*, 1868-1869, p. 251-257 ; *Beiträge zur vergleichenden Sprachforschung*, VI (1870), p. 227-231. *Transactions of*

1° un manuscrit de Vienne, du VIIIe siècle, découvert par Endlicher (V.) ;

2° un manuscrit d'Albi, du VIIIe siècle (A.) ;

3°-5° trois manuscrits de Paris, du Xe siècle, n°s 4808, 1451, 3838 (P. 1, P. 2, P. 3) ;

6° un manuscrit de Fribourg, du Xe siècle (Fr.) ;

7° un manuscrit de la bibliothèque laurentienne de Florence, du XIVe siècle (Fl.).

Le texte du manuscrit de la bibliothèque de Vienne est plus étendu, d'environ un tiers, que celui des autres manuscrits.

. La présence du mot *bigardio* (cf. got. *bigairda* « je ceins ») indiquerait, d'après Zimmer, comme date de la rédaction du glossaire, le Ve siècle, temps où les Gots dominaient sur la plus grande partie du midi de la Gaule.

1.   De nominibus gallicis.

2. *Lugduno* desiderato monte : *dunum* enim montem.

3. *Aremorici* antemarini, quia *arc* ante, *more* mare, *morici* marini.

4. *Arevernus* ante obsta.

5. *roth* violentum, *dan* et in Gallico et in Hebraeo iudicem ; ideo *Hrodanus* iudex violentus.

6. *brio* ponte.

7. *ambe* rivo, *inter ambes* inter rivos.

8. *lautro* balneo.

9. *nanto* valle, *trinanto* tres valles.

10. *anam* paludem.

11. *caio* breialo sive bigardio.

12. *onno* flumen.

13. *nate* fili.

the Philological Society, 1885-1886, p. 70 ; *Beiträge zur Kunde der indogermanischen Sprachen*, XI (1886), p. 142, 143. *Monumenta Germaniae historica, Auctores antiquissimi*, IX, p. 613-614. H. Zimmer, *Zeitschrift für vergleichende Sprachforschung*, XXXII (1893), p. 230-240. Cf. *Revue celtique*, XIII (1892), p. 296-297.

14. *cambiare* rem pro re dare.

15. *avallo* poma.

16. *doro* osteo.

17. *prenne* arborem grandem.

18. *treide* pede.

Variantes. 1. *uerbis* A. P. 1. P. 2. — 2. *lugdonum* A, *luddunum* P. 3, *lugdunum* P. 1. P. 2. Fr. Fl. — 3. *araemurici* P. 2. *aremoci* corrigé en *aremorici* P. 3. *mure* P. 2. — 4. *areuerni* A. P. 2, 3. Fr. Fl. *aruerni* P. 1. — 5. *rhodanum* uiolentum nam *hro* nimium *dan* iudicem hoc et gallice hoc et hebraice dicit. A. P. 1, 2, 3. Fr. Fl. *rodhanum* P. 2. Fl. *hro* P. 2, 3. *rho* P. 1. *ro* A. *hiro* Fl. *minium* P. 3. Fr. Fl. *dun* A. — 17. *renne* Endlicher. — 18. *treicle* Endlicher.

63. Formules de Marcellus de Bordeaux [1].

1. *excicum acrisos* (pour la chassie des yeux).

2. *resonco bregan gresso* (pour chasser une poussière de l'œil).

3. *in mon dercomarcos axatison* (pour l'enflure de l'œil).

4. *rica rica soro* (pour un orgelet).

5. κυρια κυρια κασσαρια σουρωρβι (pour un orgelet).

6. *vigaria gasaria* (pour un orgelet).

7. *argidam margidam sturgidam* (pour le mal de dents).

8. *crisi crasi cancrasi* (pour une douleur à la luette [2]).

9. *heilen prosaggeri vome si polla nabuliet onodieni iden eliton* (pour une obstruction du gosier).

10. *xi exucricone xu criglionalsus scrisu miovelor exugri conexu grilau* (pour une obstruction du gosier).

1. Marcellus, *De medicamentis liber*, éd. G. Helmreich, Leipzig, 1889, VIII, 64, 170, 171, 190, 192, 193 ; XII, 24 ; XIV, 24 ; XV, 105, 106. Voir l'édition donnée par Max Niedermann dans le *Corpus medicorum latinorum*, V, Leipzig, 1916.

Rhys, *Celtae and Galli*, 1905, p. 50-55.

2. Sur cette formule voir une lettre de Zeuss à Glück, *Zeitschrift für celtische Philologie*, III (1901), p. 372-373.

TROISIÈME PARTIE

GLOSSAIRE GAULOIS

Le glossaire publié ci-après contient trois catégories de mots [1] :

1° Les mots donnés comme gaulois par les Anciens, et les mots contenus dans les inscriptions gauloises ;

2° les éléments des noms de Gaulois dont la nationalité est nettement attestée [2] ;

3° les mots celtiques qui expliquent les noms propres supposés gaulois de personnes ou de lieux, et les mots d'origine gauloise conservés par le gallo-roman [3].

Si les deux premières catégories ont des limites très nettes, qui ne peuvent être étendues que par de nouvelles découvertes, la comparaison linguistique permet seule de déterminer la troisième. Les seuls mots de cette catégorie qui ont droit à figurer dans notre recueil sont ceux que l'analyse linguistique révèle identiques ou apparentés [4] à des mots des langues celtiques des Iles Britanniques. Il peut se faire qu'ainsi des mots gaulois nous échappent,

1. M. Antoine Meillet a bien voulu me donner d'utiles conseils à ce sujet.

2. On trouvera ces mots surtout chez les historiens : César, Tite Live, Florus, Velleius Paterculus, Tacite, Polybe. J'ai ajouté aux noms de Gaulois transalpins les noms de Cisalpins. Il est vraisemblable que la plupart des noms gaulois que l'on trouve chez les poètes, par exemple chez Silius Italicus, sont des noms de fantaisie mais ils semblent, en tout cas, fort bien imités des noms réels

3. Le thème ou radical est toujours suivi d'un - ; le second terme des mots composés est précédé d'un -. Les mots celtiques qui expliquent des mots ou noms gaulois constatés hors de Gaule, mais qui peuvent avoir appartenu à la langue de la Gaule, sont entre [ ].

4. Les mots phonétiquement identiques ne sont séparés que par des signes de ponctuation : les mots qui semblent apparentés sont séparés par cf.

mais nous risquons moins de recueillir comme gaulois des mots d'autres langues [1].

Les rapprochements établis par la citation de mots gaéliques et brittoniques [2] ne comprennent pas tous ceux de ces mots qui auraient pu être comparés au gaulois (car nous ne prétendons pas donner ici un dictionnaire comparé des langues celtiques) [3], mais — pour ne pas égarer le lecteur en des comparaisons qui ne deviennent évidentes que lorsque l'on possède une science approfondie de la phonétique comparée des langues celtiques — ils comprennent seulement ceux dont, à première vue, apparaît le rapport avec les noms gaulois [4]. Il est remarquable que, dans la plupart des cas, la forme que l'accord des langues celtiques des Iles Britanniques permet de reconstituer est rigoureusement identique au nom gaulois.

Les mots de la première catégorie sont donnés sous la forme que leur ont attribuée les textes. Les mots de la seconde et de la troisième catégories sont cités sous la forme de thèmes ou de radicaux [5]. Les mots dont la forme

---

1. A moins toutefois que ces mots d'autres langues indo-européennes établies en Gaule ne coïncident avec des mots gaulois.

2. Les mots irlandais sont cités sous la forme du moyen irlandais ; les mots bretons et gallois, sauf indication contraire, sous la forme moderne. En gallois, le *dd* est une spirante dentale sonore (*th* doux anglais) et le *th* la sourde correspondante (*th* dur anglais) ; le *rh* et le *ll* sont *r*, *l* sourds ; l'*y* se prononce *i* en syllabe finale, *e* partout ailleurs ; le *w* est *ou* consonne et *ou* voyelle.

3. Ce dictionnaire, que nous devons à M. J. Loth, est en préparation. Je n'ai donné qu'exceptionnellement, et quand cela était nécessaire pour déterminer la forme ancienne ou le sens du mot gaulois, des comparaisons avec d'autres langues indo-européennes, par exemple quand il y a eu chute d'un *p* (voir ci-dessus, p. 98).

4. Par exemple, je n'ai qu'exceptionnellement cité des mots corniques, car l'orthographe du cornique est très irrégulière et peut tromper sur la valeur exacte des sons. Pour la même raison, je n'ai cité qu'avec précaution le vieux-gallois et le vieux-breton.

5. Les dérivés de thèmes qui se trouvent dans les langues celtiques ne figurent dans ce glossaire que quand ils ont un correspondant exact dans ces langues ; car, outre que leur dérivation peut

est en partie conjecturale sont précédés d'un astérisque. La référence indiquée à la suite du mot est celle du plus ancien texte où il figure ; elle est parfois accompagnée d'une seconde référence qui désigne le texte où l'origine gauloise du mot est affirmée, quand ce texte ne se confond pas avec le premier.

La comparaison des mots dont les Anciens ne nous ont pas donné le sens a été établie d'après les étymologies les plus vraisemblables, du point de vue sémantique, et les plus sûres, du point de vue phonétique [1]. Pour ces dernières, il n'a pas toujours été tenu compte de la voyelle thématique. La rigueur et la minutie étymologiques, nécessaires si l'on ne veut pas errer au hasard, ne doivent peut-être pas être poussées à l'extrême, quand il s'agit de noms propres, et d'une langue dont on ignore et l'histoire et les variations dialectales [2]. Avec plus de hardiesse et

être latine plutôt que celtique, elle est caractéristique de noms propres et rien ne prouve qu'elle s'appliquerait aussi à des noms communs identiques à ces noms propres.

1. Les dictionnaires où l'on trouvera résumées ces étymologies sont, pour les langues celtiques, outre le *Sprachschatz* de A. Holder, et les index dressés par M. Ernault, de la *Revue celtique* : Wh. Stokes et A. Bezzenberger, *Wortschatz der keltischen Einheit, Urkeltischer Sprachschatz*, Goettingue, 1894 (voir le compte rendu de J. Loth, *Revue celtique*, XVII, XVIII, XX); V. Henry, *Lexique étymologique des termes les plus usuels du breton moderne*, Rennes, 1900 ; — pour les langues romanes, Körting, *Lateinisch-romanisches Wörterbuch*, 3ᵉ éd., Paderborn, 1907 ; W. Meyer-Lübke, *Romanisches etymologisches Wörterbuch*, Heidelberg, 1911-1916. Toutes les étymologies, pour lesquelles je n'ai pas donné, en note, de référence spéciale, sont indiquées dans ces dictionnaires ou dans la *Vergleichende Grammatik der keltischen Sprachen* de Pedersen. L'ouvrage fondamental pour l'étude des étymologies celtiques dans les langues romanes a été Diez, *Etymologisches Wörterbuch der romanischen Sprachen*, 4ᵉ éd., avec des additions de A. Scheler, Bonn, 1878, dont Thurneysen a revu de près toutes les étymologies dans *Keltoromanisches*, Halle, 1884.

2. Si l'on s'en tenait à une phonétique rigoureuse, on ne devrait pas, par exemple, admettre l'explication du nom de lieu *Brocomagus* par l'irlandais *brocc*, bret. *broc'h* « blaireau », puisque ce dernier

quelque divination, on arriverait sans doute à expliquer un plus grand nombre de mots, en recherchant les éléments de noms propres fréquents en gaélique et en brittonique et que l'on n'a pas encore trouvés en gaulois. D'autre part, il n'est pas sûr que la comparaison avec les langues italiques et les langues germaniques ne nous fournisse pas, dans quelques cas, des explications plus satisfaisantes que l'étymologie par le gaélique ou le brittonique. Mais, si l'on se laissait aller trop volontiers soit à enfreindre la loi qui exige l'identité phonétique comme la condition nécessaire de tout rapprochement, soit à méconnaître le principe fondamental de la parenté historique, c'en serait fait de la méthode qui seule peut donner des résultats scientifiques, et, plutôt que d'abandonner l'étymologie aux hardiesses de l'imagination, il faudra souvent nous résoudre à ne pas savoir.

Il importe de ne pas demander à la méthode comparative plus qu'elle ne peut donner. Si la présence d'un mot dans les deux groupes de langues celtiques prouve ou qu'il est emprunté par elles à une source commune, ou qu'il remonte au temps où ces deux familles de langues n'étaient pas encore séparées, la présence d'un mot dans une seule des familles de langues ou dans une seule des langues celtiques ne suffit pas à démontrer qu'il est dans cette langue ou dans cette famille d'origine récente, et qu'il ne peut, par suite, être comparé à un mot gaulois. De même, la présence d'un mot dans telle ou telle langue romane ne peut conduire à aucune déduction précise sur la celticité de ce mot ; de même aussi, on ne saurait conclure, du fait qu'un mot roman d'origine présumée celtique n'a été jusqu'ici trouvé qu'au voisinage de la Bretagne, à l'origine bretonne plutôt que gauloise de ce

---

suppose une forme ancienne *brocco-* et non *broco-* ; ni celle de *Brannovices* par l'irlandais *bran* « corbeau », v. bret. *Bran*, puisque ce dernier suppose une forme ancienne *brano-* et non *branno-*.

mot, car il est possible que ce mot, jadis usité sur une grande partie du territoire français, ait disparu, par hasard, ailleurs qu'en Bretagne et qu'il remonte à un mot gaulois [1] ; enfin, la distinction des mots gaulois conservés en français d'avec les mots bretons empruntés anciennement par le français n'est pas toujours facile à établir.

Toutes ces difficultés seraient moindres si nous connaissions mieux le gaulois, et la méthode, au lieu de nous donner seulement une direction générale, s'appliquerait plus exactement à la solution des cas particuliers. Mais, dans l'état actuel de la science, alors que nous ignorons autant le développement historique que le développement préhistorique du gaulois, nous n'avons point de moyen de décider de la validité de telle ou telle hypothèse.

Je ne me suis pas hasardé à donner le sens en gaulois des thèmes gaulois de noms propres qu'aucun auteur ancien ne nous a traduits et je me suis contenté d'expliquer les mots des langues celtiques qui s'y rapportent [2]. Je n'ai pas cherché, non plus, à noter toutes les nuances de sens des mots brittoniques ou gaéliques qui peuvent être comparés à ces thèmes gaulois. La sémantique gauloise nous est inconnue. Si les sens anciens des mots du celtique insulaire peuvent être déduits de leur comparaison, rien ne nous permet de croire que ces sens anciens fussent aussi ceux du gaulois, et rien ne peut nous renseigner sur le degré d'évolution que, dans l'un ou l'autre groupe de langues, ils avaient subi. Ainsi, par exemple, l'irlandais *find* signifie « blanc, vrai, bon » ; l'écossais *fionn* « blanc, vrai, petit, beau » ; le gallois *gwyn* signifie « blanc, beau, béni » ; le breton *gwenn* signifie « blanc, en pure perte » ; nous ne pouvons savoir si le gaulois *vindo-* signifiait « blanc » ou « beau » et il est possible que le sens de

1. Tel semble être le cas du français dialectal *nâche*.
2. Le sens des mots contenus dans les glossaires irlandais du Moyen-Age est loin d'être toujours sûr.

vindo- ait subi encore d'autres variations pendant le cours des siècles où l'on a parlé gaulois.

Il ne faut pas cacher que des mots gaulois très importants pour l'histoire de la civilisation, mais inusités dans les noms propres, ne nous sont pas parvenus : les noms du sel, de la meule, et, d'une manière générale, les noms d'outils [1], d'ustensiles, de parures (par exemple l'ambre) dont les tombes et les restes d'habitations celtiques nous ont conservé de si nombreux spécimens ; les noms de la maison et de ses parties ; les mots relatifs au culte ; la plupart des mots relatifs au droit et aux coutumes ; à l'organisation de la société. Même les noms de métaux [2] nous sont mal connus ; nous n'avons pas trouvé dans les noms propres le nom de l'or, du plomb, du cuivre, du bronze ; le nom du fer est très rare ; seul le nom de l'argent, *arganto-*, *argento-*, n'est pas rare. Les noms relatifs à l'eau, si importants en toponomastique, n'ont guère été découverts. Parmi les noms de couleurs [3], nous ne rencontrons que *roudo-* « rouge », *dubi-* « noir ». Les noms de parties du corps, pourtant fréquents dans les noms propres indo-européens [4], et très caractéristiques des individus, n'ont guère été relevés dans les noms gaulois. Une partie seulement de ces lacunes est comblée par les noms communs gaulois que les Anciens nous ont conservés [5].

1. Le nom de la faucille semble se trouver deux fois dans le nom d'homme *Serranco*, qui peut être composé de *serro-*, irl. *serr* « faucille », et *anco-*, irl. *éc-* dans *écath* « hameçon ».

2. En grec, Χρυσο- « or », Χαλκο- « airain » se trouvent fréquemment comme premiers termes ou seconds termes de nom propre.

3. En grec, outre Μελαν- « noir », on trouve Ξανθο- « blond », Γλαυκο- « verdâtre », Λευκο- « blanc ».

4. En grec, Χειρι- « main », -ωψ, -οψ « œil », ποδ-, -πους « pied », -κνημος « jambe ». Mais on a en gaulois *talo-* « front ».

5. Voir ci-dessus, p. 29-30. Une liste de ces mots rangés par ordre d'idées se trouve chez G. Dottin, *Manuel pour servir à l'étude de l'Antiquité celtique*, 2e éd., p. 89.

GLOSSAIRE GAULOIS

A

*aballinca-, « nèfle des Alpes » ; prov. abelanco, dér.
fr. amélangier [1]. Voir aballo-.

aballon-, thème de nom de lieu ; irl. aball, v. gall. aball
« pomme », bret. aval « pomme ». Voir avallo.

abalo-, thème de nom propre. Voir aballon-, avallo.

abona-, abono-, thème de nom de rivière ; gall. afon,
bret. avon, aven, irl. abann « rivière ».

ἀβράνας, corr. ἀβάνας, acc. pl. « singes » (Hésychios) ;
f. a. s. apa, acc. apan.

acatus (Ausone, Epist., XXII, 2, 31), sorte de barque.
Cf. picatos, var. peçatos, pictas, barques des Bretons
(Végèce, IV, 37).

acaunum, var. de agaunum.

acaunumarga, « marne pierreuse » (Pline, XVII, 44).
Voir acaunum, marga.

accon-, var. acicon-, thème de nom gaulois.

αχρο-, terme de nom propre ; v. irl. acher « dur », cf.
v. bret. ocer « aigu » [2].

acina, « mesure agraire » (Frontin, De limit. ; Grom.,
I, 30). Cf. acnuna en Espagne (C. I. L., II, 430).

---

1. A. Thomas, *Mélanges d'étymologie française*, 1902, p. 2. Schuchardt, *Zeitschrift für romanische Philologie*, XXVI (1902), p. 421.
2. Ernault, *Dictionnaire étymologique du breton moyen*, p. 199.
Loth, *Revue celtique*, XVII (1896), p. 434.

acona, « nuda cautes » (Pline, XXVII, 10. Servius, *ad Georg.*, II, 152). Cf. gr. ἀκόνη. Voir *acaunum*, *agaunum*.

acrisos, dans une formule magique (Marcellus, VIII, 64).

ad-, premier terme de nom propre ; irl. *ad-*, gall. *ad-*.

[*adarca*], nom d'une plante aquatique (Pline, XX, 241), ἀδάρκης en Galatie (Dioscoride, V, 136), ἀδάρκιον, ἄδαρκος, ἀδάρκη (Galien, *Des simples médicaments*, 11, p. 370); irl. *adarc* « corne ».

adianton-, thème de nom propre ; gall. *addiant* « désir ». Cf. *Iantu-marus*, irl. *ét-mar* « zélé ».

adiato-, terme de nom propre ; gall. *addiad* « désir ». Voir *adianton-*.

aedrini (*Coligny*, III, 12, 1 ; IV, 12, 1 ; 2e mois compl. At. 8 ; *aedrin* (*Coligny*, I, 12, 1), variante de *edrini*, nom de mois ; indication de jour : *m d aedrini ivos* III, 12, 1).

aeduo-, thème de nom de peuple ; irl. *aed* « feu », gall. *aidd* « zèle » [1].

agaunum, « saxum » (*Acta Sanct.*, 22 sept., VI, 345) ; *agaunus* « petra » (*ibid.*, 18 févr., III, 741).

agedo-, terme de nom propre ; irl. *aiged* « visage ».

-agro-, terme de nom propre ; irl. *ár* « carnage », gall. *aer*.

**aibo-* ; prov. *aib* « qualité », irl. *aib* « extérieur, mine ».

αἰδουο-, thème de nom de peuple. Voir *aeduo-*.

aisu-, terme de nom propre. Voir *esu-*.

al Celtarum (Virgile chez Ausone, *Technopaegnion*, XIII, 5 ; Quintilien, VIII, 3, 28), nom de lettre ou chiffre? mais le texte est suspect [2].

alauda, « alouette » (Suétone, *César*, 24) ; v. fr. *aloue*.

---

1. Glück, *Die bei Caius Julius Caesar vorkommenden keltischen Namen*, p. 9. C'est de cet excellent livre que viennent la plupart des étymologies gauloises.

2. Bücheler, *Rheinisches Museum für Philologie*, XXXVIII (1883), p. 509.

alausa, nom de poisson (Ausone, *Moselle*, 127) ; prov. *alausa*, it. esp. *alosa*, fr. *alose*.

albio-, terme de nom propre ; gall. *elfydd* « monde »[1].

ἄλβολον, « Galeopsis » (Dioscoride, III, 33).

**albuca-*, pierre marneuse blanche ; prov. *aubugo*.

alce, élan de la forêt Hercynienne (César, VI, 27) ; cf. irl. *ad-arc* « corne », ou mot germanique ?

alco-, terme de nom propre. Voir le précédent.

ἀλιουάσκα, var. de σαλιούγκα.

ἀλιουγγία, var. de σαλιούγκα.

**alisa-*, **aliso-* ; v. fr. *alis* ; « alise ». Cf. les noms gaulois *Alisiia*, *Alisanos*, *Alisincum*, Ἀλισονεας.

alla, « aliud » (Schol. de Juvénal, VIII, 234). Voir *allo-*.

allo-, terme de nom propre ; irl. *all-*, gall. bret. *all* « autre ».

allobrogae, « dicti quia ex alio loco fuerant translati » (Scholiaste de Juvénal, VIII, 234) ; gall. *allfro* « exilé ». Voir *allo-*, *-broga*.

alodarium (Scholiaste de Berne, *ad Georg.*, I, 140). Voir *alauda*.

alpes, « alti montes » ?[2] (Servius, *ad Aen.*, IV, 442).

alto-, terme de nom de lieu ; irl. *alt* « hauteur », gall. *allt* « falaise »[3].

amb, am (*Coligny*), nom du 1er mois complémentaire ? indication de jour : *d cutio amb, d amb qutio*.

ambactus, « servus » (Ennius, chez Festus, p. 4), sorte de client (César, IV, 15, 2), δοῦλος μισθωτός, ὡς Ἔννιος (*C. Gl. Lat.*, II, 16, 3) ; gall. *amaeth* « laboureur », v. fr. *abait*, *ampas* ; cf. *ambassade*[4]. Voir *ambi-*.

1. Rhys, *Lectures on the origin and growth of religion, as illustrated by Celtic heathendom*, Londres, 1888, p. 42.

2. Plus vraisemblable est la comparaison avec *Albion* (cf. Ὄλβια, Ἄλπια chez Athénée, VI, 23, d'après Poseidônios) ; mais le mot répondant au latin *albus* (nomen Alpium a candore nivium) n'existe pas dans les langues celtiques.

3. J. Loth, *Les mots latins dans les langues brittoniques*, p. 131.

4. A. Thomas, *Nouveaux essais de philologie française*, 1904, p. 40. H. d'Arbois de Jubainville, *Revue celtique*, XXVI (1903), p. 186.

ambe, « rivo », inter *ambes* « inter rivos » (*Glossaire de Vienne*). Cf. le nom de ville de Grande-Bretagne *Amboglanna*.

ambi-, thème et terme de nom propre ; terme de nom de peuple gaulois ; irl. *imb*, gall. *amm-* « autour de ».

ambicus, nom de poisson (Polemius Silvius, *Laterc.*). Voir *ambi-*.

ambio-, terme de nom gaulois ; irl. *imbe* « clôture ».

amella, « Aster » (Servius, *ad Georg.*, IV, 271-278) [1].

amman (*Co'igny*, 2e mois compl., titre).

an-, terme de nom propre ; irl. *an-*, *in-*, gall. bret. *an-*, particule négative.

anagantio, *anagant*, *anagan*, *anag*, *an* (*Coligny*), nom de mois ; indication de jour : *d anagantio* (I, 3, 8), *peti riuri anag* (III, 3, At. 8).

anaglios (*Coligny*, IV, 3, 7), pour *anagantios*, indication de mois et de jour.

anam, accusatif ? « paludem » (*Glossaire de Vienne*) ; cf. got. *fani* « boue » ? [2].

anavo-, thème de nom propre ; gall. *anau* « harmonie ».

anax, sorte de vase (Grégoire de Tours, *De virt. Iul.*, II, 8) ; irl. *án* « vase à boire ».

anco-, terme de composé ; irl. *éc-ath* « hameçon ».

ancoragus (Cassiodore, *Var.*, XII, 4, 1), *ancoravus* (Polemius Silvius, *Laterculus*) saumon mâle du Rhin ; pic. *ancreu* [3]. Voir *anco-*, *raco-*.

ancus (*C. Gl. Lat.*, II, 17, 27), « recourbé ». Voir *anco-*.

---

1. C'est sans doute une étymologie populaire que rapporte Servius en dérivant le nom de cette plante a-*mella* de celui d'un fleuve de Cisalpine *Mella*, à la façon de Festus qui explique le latin *aqua* par *a qua juvamur*.

2. Ce rapprochement, dû à Whitley Stokes, supposerait que *anam* a perdu un *p* initial. Voir ci-dessus, p. 98.

3. Schuchardt, *Zeitschrift für romanische Philologie*, XXX (1906), p. 712-732 ; mais le mot peut être dérivé du latin *ancora*. A. Thomas, *Romania*, XXXV (1906), p. 169.

and-, *ando-*, thème de nom de peuple. Voir *ande-*?

andabata (Cicéron, *Epist.*, VII, 10, 2), gladiateur dont le casque couvrait les yeux ; cf. skr. *andhas* « aveugle », irl. *uinne* « aveugle ».

ande-, terme de nom propre ; irl. *ind*, bret. *an-* particule intensive.

**andera-*, v. fr. *andier* « chenet » ; irl. *ainder* « jeune femme », gall. *anner* « génisse » [1], cf. m. bret. *annoer*.

ando-, var. de *ande*.

ἀνεψά, « hellébore blanc » (Dioscoride, IV, 145).

ανηροεστc-, thème de nom gaulois, var. *ariovisto*. Cf. *Anareviseos*.

anextlo-, terme et thème de nom propre ; irl. *anacul* « sauver » [2].

anm (*Coligny*), à la suite du nom de mois ; abréviation de *anmat* « mauvais » ? Voir *an-*, *mato-*. Cette abréviation est jointe aux noms de mois suivants : *Dumann*, *Anagantios*, *Giamon*, *Equos*, *Elembiv*, *Cantlos*.

antaran (*Coligny*, 2e mois compl., titre).

antia (*Coligny*, 1er mois compl., fin).

ape (*Rom*, A 1, B 10) ; cf. ombr. *ape* « lorsque, après que » ? .

apon..ti (*Rom*, A 10).

ar-, var. de *are-*.

aratro-, terme de nom propre ? irl. *arathar* « charrue », gall. *aradr*, bret. *arar*.

arcantodan, « juge (ou curateur) de l'argent ? », titre d'un magistrat monétaire sur les monnaies des *Meldi*,

---

1. M. Olsen, *Beiträge zur Kunde der indogermanischen Sprachen*, XXX, p. 325-327. Meringer, *Indogermanische Forschungen*, XVI (1904), p. 138. Horning, *Zeitschrift für romanische Philologie*, XXIX (1905), p. 527. Meringer, *ibid.*, XXX (1906), p. 416. J. Loth, *Revue celtique*, XVII (1896), remarque que le gallois suppose **andera* et le breton **andeira*.

2. Thurneysen, *Zeitschrift für celtische Philologie*, XI (1917), p. 311.

des *Mediomatrici* et des *Lixovii*[1]. Voir *arganto-*, *dan.*

ἀρκύνια, nom de montagne[2]. Voir *ar-*, *cuno-*.

ardu-, thème de nom propre ; irl. *ard* « haut », gall. *ardd-*.

are-, « ante » (*Glossaire de Vienne*) ; irl. *air*, gall. bret. *ar-* « sur ».

aremorici, « antemarini », var. *aremurici* (*Glossaire de Vienne*) ; gall. *arfordir* « pays maritime »[3]. Voir *are*, *mori-*.

arepennis, var. *aripennis*, *arapennis*, mesure de surface valant environ 12 ares (Columelle, *De re rust.*, V, 1, 6) ; irl. *airchenn*, mesure de longueur[4], fr. *arpent*. Voir le suivant.

arepo (manuscrit de Paris gr. 2511, f° 60 v°), « ἄροτρον »[5].

arevernus, « ante obsta » (*Glossaire de Vienne*). Voir *are-*, *-verno-*.

arganto-, *argento-*, terme de nom propre ; irl. *argat*, *airget*, bret. *arc'hant* « argent ».

argidam (Marcellus, XII, 24), dans une formule magique.

argio-, terme de nom propre ; cf. irl. *arg* « goutte », bret. *erc'h*, gall. *eiry* « neige ».

argo-, thème de nom propre ? irl. *arg* « champion ». Voir le précédent.

arinca, « orge de Gaule » (Pline, XVIII, 61 ; 81).

arto-, terme de nom propre ; irl. *art* « pierre ». Cf. *artuass*, acc. pl., dans l'inscription de Todi.

---

1. Ch. Robert et E. Ernault, *Mélanges de l'École de Rome*, VI (1886), p. 14-24.

2. Ce mot aurait perdu un *p* initial, et serait apparenté au gotique *fairguni* « montagne ». Voir H. d'Arbois de Jubainville, *Revue celtique*, XI (1890), p. 216-219.

3. En limousin, *armorijo* désigne le vent du nord-ouest. A. Thomas, *Nouveaux essais de philologie française*, 1904, p. 164-169.

4. H. d'Arbois de Jubainville, *Revue celtique*, XII (1891), p. 160-162.

5. Wescher, *Bulletin de la Société des Antiquaires de France*, XXXV (1874), p. 152. Cf. *C. I. L.*, XII, 202*.

-arto-, terme de nom propre ; gall. *arth* « ours », irl. *art, Art* [1].

arverni, var. *arcverni* (*Glossaire de Vienne*), nom de peuple. Voir *arevernus*.

[*asiam*], nom du seigle chez les *Taurini* (Pline, XVIII, 141), corrigé en *sasiam* ; gall. *haidd*, bret. *heiz* « orge » [2].

atanta (*Rom*, B 3, 7).

atanto (*Rom*, B 2).

ate-, terme de nom propre ; irl. *aith-*, gall. *at-*, bret. *ad-* « re- » (intensif).

atehotisse (*Rom*, B. 5-6).

atenoux (*Coligny*), nom de la seconde quinzaine de chaque mois ; cf. irl. *athnugud* « renouvellement » [3]. Voir *ate-*.

-ater, terme de composé ; *ateron-*, thème de dérivé ; irl. *athir* « père », bret. *-atr*? (en composition dans des noms propres [4]). Voir *gutuater*.

ati-, thème de nom gaulois.

atrebat-, thème de nom de peuple ; irl. *atrebad* « habiter, posséder ». Cf. v. bret. *treb* « village ». Voir *ad-,--trebo-*.

attegia, « hutte » (*C. I. L.*, XIII, 6054 ; Juvénal, XIV, 196). Cf. *Attegia, Ategiolae*, noms de lieux en Gaule. Voir *ad-, -tegia*.

ausia-, ausio-, terme de nom propre ? irl. *au* « oreille ».

αυταριτο-, thème de nom gaulois.

avallo, « poma » (*Glossaire de Vienne*) ; bret. *avall*, gall. *afall*, irl. *aball.*

avento-, thème de nom propre ; v. gall. *eunt* « juste », bret. *eeun*.

<hr>

1. H. d'Arbois de Jubainville, *Les druides et les dieux celtiques à forme d'animaux*, 1906, p. 157-160.

2. Stokes, *Revue celtique*, II (1873-1875), p. 407.

3. Thurneysen, *Zeitschrift für celtische Philologie*, II (1899), p. 526.

4. J. Loth, *Revue celtique*, XV (1894), p. 224-227 ; XXVIII (1907), p. 119-121.

avi-, terme de nom propre ; v. bret. *Eu-*, de sens incertain [1].

avotis, avoti, avot, avvot, mot joint d'ordinaire à des noms de potiers, mais qui se trouve aussi sur un bouclier gaulois de l'arc d'Orange, « fabricant » ? Voir ci-dessus, p. 41-42.

B

**baccalari-*, « bachelier » ; cf. irl. *bachlach* « serviteur » ? [2]

baccar, « asaret » (Virgile, *Buc.* IV, 18), βάκαρ, mot gaulois (Dioscoride, I, 9).

bacco-, thème de nom propre ; irl. *bacc* « crochet », gall. *bach* « hameçon », bret. *bac'h* « croc, hameçon ».

**bacco-* ; fr. *bac, bache, bachot*. Voir le précédent.

baditis, « nénuphar » (Marcellus, XXXIII, 63) ; irl. *bádud* « plonger », gall. *boddi*, bret. *beuzi* « noyer ».

baga-, thème de nom propre ; irl. *bág* « combat », v. h. a. *baga*.

bagaudae, révoltés gaulois (Aurelius Victor, *De Caes.*, XXXIX, 17). Voir *baga-*.

balano-, thème de nom gaulois ; irl. *balan* « combat ? ».

balco-, thème de nom propre ; irl. *balc* « fort », gall. *balch*, bret. *balc'h* « fier », v. prov. *terra bauca* « terre forte ».

balio-, thème de nom propre » ; fr. *baille*, d'où bret. *bal* ; gall. *bal* « cheval marqué à la face d'une tache blanche » [3].

balma, « grotte » (*Acta Sanct.*, 28 febr., III, p. 746 a) ; v. fr. *balme, baume*.

---

1. J. Loth, *Chrestomathie bretonne*, 1890, p. 129.
2. Thurneysen, *Keltoromanisches*, p. 89. Mais *bachlach* pourrait être simplement dérivé de *bachal* « bâton », emprunté au latin *baculus*, cf. le breton moyen *baelec* « prêtre ». Voir toutefois Loth, *Les mots latins dans les langues brittoniques*, p. 126.
3. J. Loth, *Archiv für celtische Lexikographie*, I (1900), p. 396.

band-, terme de nom de lieu ; irl. *for-band* « ordre », cf. v. h. a. *ban.*

**banno-* ; gall. *ban*, bret. *Ban-*, irl. *benn* « pic » ; prov. *bana* « corne » [1].

banvo-, thème de nom propre ; irl. *banb* « goret », bret. *banv* « truie », gall. *banw* « porc ».

βαρκάκαι, var. de *bracae.*

bardala (*C. Gl. Lat.*, II, p. 28, 25), « mauvis » ; dérivé de *bardo-* ?

barditus, « chant de guerre » (Tacite, *Germanie*, 3) ; mot emprunté aux Gaulois par les Germains ? [2].

bardo-, terme de nom de lieu. Voir βάρδος.

bardocucullus (Martial, I, 53, 5), « capuchon de barde ». Voir *bardus, cucullus.*

βάρδος (Poseidônios, chez Athénée, VI, 49, p. 246 c d) ; irl. *bard*, gall. *bardd* « poète » ; *bardus* « cantor qui virorum fortium laudes canit » (Paul Diacre, p. 34).

**barga-* ; irl. *barc* « barque », fr. *barge* [3].

**barica-* ; fr. *berge*, gall. *bargod* « bord » [4].

-bario-, terme de nom de peuple gaulois.

barro-, thème de nom de lieu ; irl. *barr* « sommet », bret. *bar*, cf. it. parm. ferr. *ber*, bol. *bär* « touffe » [5].

βάρρων. Voir *varro.*

bascauda, « conca aerea » (*C. Gl. Lat.*, IV, p. 24, 23), vase breton (Martial, XIV, 99) ; v. fr. *baschoe*, cf. fr. *bâche* « bassin » [6] ; irl. *basc* « rond ».

---

1. Meyer-Lübke, *Zeitschrift für romanische Philologie*, XIX (1895), p. 274.

2. H. d'Arbois de Jubainville, *Cours de littérature celtique*, VI, 1899, p. 78.

3. Thurneysen, *Keltoromanisches*, p. 43.

4. Thurneysen, *Keltoromanisches*, p. 43-44.

5. Schuchardt, *Zeitschrift für romanische Philologie*, IV (1880), p. 126 ; Thurneysen, *Keltoromanisches*, p. 43.

6. Paris, *Romania*, XXI (1892), p. 400-406 ; *Mélanges linguistiques*, 1909, p. 467-473.

basci-, thème de nom propre ; irl. *basc* « collier », gall. *baich* « fardeau », bret. *bech*.

**basi-* ; prov. *basi* « défaillir, mourir », it. *basire* « périr » irl. *bás* « mort » [1].

**battu-* ; fr. *battre*, gall. *bathu* « frapper », bret. *baz* « bâton ».

batu-, thème de nom gaulois (Silius Italicus, IV, 239) ; irl. *bath* « mort », gall. *bad*.

**bava-* ; gall. *baw* « saleté », fr. *boe, boue*.

beber, « castor » (Priscien, V, 4), acc. *bebrum* (Scholiaste de Juvénal, XII, 34) ; corn. *befer*, gaél. *beabhar*, fr. *bièvre*.

bebro-, terme de nom de lieu. Voir *beber*. Cf. *Bebriacum* « locus castorum » (Tacite, *Hist.*, II, 24) [2].

becco-, thème de nom propre ; irl. *becc* « petit ».

becco, « gallinacei rostrum » (Suétone, *Vitell.*, 18) ; fr. *bec* ; cf. irl. *bacc*, gall. *bach*, bret. *bac'h* « croc ».

**beco-* ; lim. *bec* « guêpe », irl. *bech* « abeille », cf. gall. *begegyr* « bourdon » [3].

bedo-, thème de nom propre ; gall. *bedd*, m. bret. *bez* « tombe » ; fr. *bief*.

belatu-, thème de nom propre ; irl. *e-peltu* pour **es-beltu* « mort » [4].

βελένιον, plante (Pseudo-Aristote, *Des plantes*, 7, p. 821, 32) ; esp. *beleño* « jusquiame » [5]. Voir *bilinuntia*.

belinuntia, bellinuntia « Apollinaris » (Pseudo-Apulée, 4), cf. *Belenus*, nom d'un dieu assimilé à Apollon. Voir βιλινουντία.

---

1. Thurneysen, *Keltoromanisches*, p. 83.
2. H. d'Arbois de Jubainville, *Revue celtique*, XVII (1896), p. 297 ; XXVII (1906), p. 341.
3. A. Thomas, *Romania*, XXXV (1906), p. 139, montre que la forme romane primitive serait *besca*, plutôt que *beca*, que suppose M. Meyer-Lübke.
4. Rhys, *Lectures on the origin and growth of religion*, p. 37-38.
5. A. Thomas, *Bulletin hispanique* (1904), p. 18-28.

βελιοκάνδος, « achillée » (Dioscoride, IV, 113). Voir *bello-candium*.

belion, arbre (Pseudo-Apulée, *De herb.*, 58) ; éc. *bile* « arbre ». Voir *bilio-*.

bello-, terme de nom gaulois.

bellocandium, « achillée » (Pseudo-Apulée, 89). Voir *bello-*, *cando-*.

belsa, « campus » (Virgile le Grammairien, 4).

-bena-, terme de nom propre ; v. irl. *ben* « femme ».

benna, genus vehiculi (Paul Diacre, p. 32) ; gall. *benn* « chariot », fr. *banne*.

-benno-, terme de nom propre ; irl. *benn* « corne », gall. *ban* « pic », prov. *bana* [1]. Voir *banno-*.

berg-, thème de nom de lieu ; gall. *bera* « pyramide », cf. *Bergusia*, *briga*.

beria-, thème de nom de lieu ; gallo-rom. *beria* « plaine », prov. *berro*, cf. fr. *berrie*.

berula, « cresson » (Marcellus, XXXVI, 51); irl. *birur* ; *bilar*, gall. *berwr*, bret. *beler*, fr. *berle*.

**besēna-*, « ruche » v. fr. *besaine* ; ce mot serait celtique à cause du suffixe ? [2]

bessu, « habitude » ? (Virgile le Grammairien, 14) ; irl. *bés*, bret. *boas* « coutume » [3].

betilolen, « bardane » (Pseudo-Apulée, 36).

beto, dans « *nate*, memento *beto to divo* id est memorare Dei tui » (*Acta Sanct.*, 22 Aug., IV, p. 497 c) ; irl. *betho* « vie » ou *bith* « toujours » [4].

---

1. *Zeitschrift für romanische Philologie*, XIX (1895), p. 273.

2. Meyer-Lübke, *Miscellanea linguistica in onore di Graziadio Ascoli*, Turin, 1901, p. 415-418.

3. Schuchardt, *Zeitschrift für romanische Philologie*, XXXVII (1913), p. 177-185, croit que *bessu* est simplement une altération du latin *vitium*.

4. W. Meyer, *Fragmenta Burana*, Berlin, 1901, p. 161-163. Un manuscrit porte *obeto dotivo*. On peut comparer la formule de salutation irlandaise *Dia do betho* « Dieu [soit] ta vie ! », ou traduire « ta

*bettia-, *bettio- ; prov. *bes* « bouleau » ; *Besse*, nom de lieu. Voir *betu-*.

bettonica, var. de *vettonica*.

betu-, terme de nom propre ; gall. *bedw*, bret. *bézo* « bouleau », cf. lat. *bitumen* (Pline, XVI, 75).

betulla, « bouleau » (Pline, XVI, 74) ; v. fr. *boule*. Voir *betu-*.

bi (*Rom* A 5), particule ? dans *bi-cartaont*.

bidubium, var. de *vidubium*.

bili-, terme de nom propre ; irl. *bil* « bon » ; gall. *byl* « bord ». Voir *bilio-*.

βιλινουντία (var. βελενουντία), « jusquiame » (Dioscoride, IV, 69). Voir *bellinuntia*.

-*bilio-*, *billio-*, thème de nom propre ; irl. *bile* « arbre sacré », « tronc d'arbre », fr. *bille*. Au nom de lieu gaulois *Bil(l)io-magus*, on a comparé l'irlandais *Mag m-Bili*.

binno-, thème de nom propre ; irl. *binn*, *bind* « mélodieux », v. bret. *bann*.

-*bio-*, terme de composé ; irl. -*be* « couper »[1].

birrica, « vestis ex lana caprarum valde delicata » (*C. Gl. Lat.*, V, p. 347, 41 ; 402, 68). Cf. *birro gallico* (Schol. de Juvénal, VIII, 145).

bison, pl. *bisontes* (Martial, I, 104, 8) « bison » ; cf. *Bisontii*, nom de Besançon chez Ammien Marcellin, XV, 11, 11.

bissi- ; irl. *biss* « cheville », gall. *bys*, bret. *biz* « doigt », dér. fr. *bijou*.

bistlo- ; prov. *bescle* « rate ».

-*bitu-*, terme de nom gaulois ; irl. *bith*, v. gall. *bit* « monde ».

vie à Dieu », en prenant le premier *to* « ta » à *memento* qui représente sans doute un ou deux mots celtiques altérés, et en expliquant le second par l'irlandais *do*, en composition *to-*, *do-*. Voir ci-dessus, p. 71.

1. K. Meyer, *Sitzungsberichte der königlich preussischen Akademie der Wissenschaften*, XXXVII (1912), p. 800.

biviton-, thème de nom propre ; irl. *bethu*, gén. *bethad* « vie », gall. *bywyd*.

blati-, thème de nom propre ; irl. *blaith* « doux ».

blato-, terme de nom propre ; irl. *bláth* « fleur », gall. *blawd* « farine », fr. *blé* ?

bledino-, terme de nom propre ; gall. *bleddyn*, diminutif de *blaidd*, bret. *bleiz* « loup », irl. *bled*, monstre marin.

blutthagio (Marcellus, IX, 132), plante de marais.

bodi-, *boudi-*, terme de nom propre ; irl. *buaid* « victoire », gall. *budd* « profit » [1].

**bodina-* ; fr. *borne*, irl. *buden*, gall. *byddin* « troupe ».

-bodio-, terme de nom propre ; irl. *buide* « jaune ».

bodua-, *-boduo-*, terme de nom gaulois ; irl. *bodb* « corneille », *Bodb*, fée guerrière [2].

bogio-, terme de nom propre ; irl. *bág* « bataille ».

boio-, terme de nom gaulois. Cf. le nom de peuple *Boii*.

bolusseron, « lierre noir » (Pseudo-Apulée, 99). Cf. fr. *beloce*, bret. *bolos* « prunelle ».

-bona-, second terme de nom de lieu ; irl. *bun* « fondation ». Voir le suivant.

bonna-, thème de nom de lieu ; cf. irl. *bonn*, gall. *bon* « base ».

borvon-, thème de nom propre ; irl. *berbaim* « je bous », gall. *berw* « ébullition », cf. fr. *bourbe* [3].

boudi-, var. de *bodi-*.

bovi? (inscr. 49) ; irl. *bó* « vache », v. bret. *bou-*.

---

1. J. Loth, *Mémoires de la Société de linguistique de Paris*, VII (1892), p. 158-160. H. d'Arbois de Jubainville, *Revue celtique*, XXVIII (1907), p. 130-131.

2. Rhys, *Lectures on the origin and growth of religion*, p. 43-44.

3. Scheler (*Dictionnaire d'étymologie française*, 1888) tire ce mot du grec βόρβορος. Mais la différence de sens entre *berbaim* et *bourbe* n'est pas un obstacle au rapprochement de ces deux mots ; on dit par exemple, dans le Bas-Maine, *bouillon* pour *bourbe*. Sur *Borvo*, *Bormo*, voir Rhys, *Lectures on the origin and growth of religion*, 1888, p. 25-26.

braca (Lucilius, fr. 303), βράχαι (Diodore, V, 30) βράχες (Hésychios), βράχχαι (Hésychios) ; gallo-rom. *braga*, fr. *braie*, bret. *bragou* « culotte » [1]. Voir *vraca-*.

bracem acc., farine de choix (Pline, XVIII, 62), dont on fait la cervoise (glose chez Ducange) ; irl. *braich*, gall. *brag* « malt », bret. *bragez* « germe de blé », v. fr. *brais*.

bracere ; bret. *breugi*, fr. *braire*.

bracio-, var. de *bratio-*. Voir *bracem*.

bragula- ; fr. *brailler*. prov. *braillar* ; cf. irl. *bráge* gén. *bragat* « cou », v. bret. *Brehant*.

branco-, thème de nom gaulois.

branno- ; gall. *bran* « son », fr. *bran* [2].

branno-, terme de nom de peuple. Voir *brano-*.

brano-, variante de *branno-* ; irl. *bran* « corbeau », v. bret. *Bran*.

-bratio-, terme de nom gaulois. Voir *brato-*, *bratu-*.

bratron-, thème de nom propre ; irl. *bráthir*, gall. *brawd*, m. bret. *breuzr* « frère ».

bratu-, terme de nom de lieu ; irl. *bráth*, gall. *brawd* « jugement », bret. *breud* « plaidoyer ». Voir le suivant.

βρατουδε (inscr. 1, 2, 3, 19, 20, 23, 24, 27, 28, 29, 32), ablatif en δε ? Voir le précédent et ci-dessus, p. 36-39.

bregan, dans une formule magique (Marcellus, VIII, 170).

brenno-, var. de *branno-* ; bret. *brenn* « son ».

brenno-, thème de nom gaulois [3].

-bretus, second terme de composé ; cf. irl. *breth* « jugement », gall. *bryd* « pensée ». Voir *vergobretus*.

---

1. J. Loth, *Les mots latins dans les langues brittoniques*, p. 140. Gröber, *Archiv für lateinische Lexikographie und Grammatik*, I (1884), p. 252. Thurneysen, *Keltoromanisches*, p. 47. H. d'Arbois de Jubainville, *Les Celtes depuis les temps les plus anciens jusqu'en l'an 100 avant notre ère*, 1904, p. 69-77.

2. Thurneysen, *Keltoromanisches*, p. 48.

3. Ce nom était rapproché jadis du gallois moderne *brenin* « roi ». Mais la forme ancienne de *brenin* est *brientin*, pour *brigantinos*. J. Loth, *Annales de Bretagne*, I (1886), p. 84.

breuco-, thème de nom gaulois (Silius Italicus, IV, 233).

-brica, var. de *briga* ; gall. *brig* « sommet, extrémité »,
bret. *brig* [1].

bricco-, thème de nom propre ; cf. irl. *brecc* « tacheté »,
gall. *brych*.

brictio-, *bricton-*, thème de nom propre ; cf. irl. *brècht*,
v. gall. *brith* « tacheté », bret. *briz* pour *bricto-*.

bricumum, « armoise » (Marcellus, XXVI, 41).

brig (*Coligny*, III, 3, 4) indication de jour : *brig riuri*.

-briga-, terme de nom de lieu ; irl. *bri*, gall. bret. *bre*
« mont » [2].

-briges, var. de *-broges*, ou de *brigo-*.

brigo- (ī), terme de nom propre ; irl. *brig* « force »,
gall. *bri* « dignité ».

brio, « ponte » (*Glossaire de Vienne*) ; cf. *briva*.

**bris-* ; irl. *brissim* « je brise », bret. *brésa*, fr. *briser*.
Voir **brusi-*.

britto-, *brito-*, terme de nom gaulois.

briva « pont » ; *Briva Isarae*, Pontoise ; *Briva Sugnutiae*.
Voir *brio*.

brivatiom, acc. sg. ou gén. pl. ? (insc. 51), dérivé de
briva, ou ethnique [3].

brivo-, terme de nom de lieu. Voir *briva*.

brivo-, forme dialectale de *brigo-* ; v. fr. *brif*, irl. *brig*
« force », gall. *bri* [4].

brocco-, *broco-*, terme de nom propre ; irl. *broc*, gall.
broch, bret. *broc'h* « blaireau ». Le français *broche* et ses

1. J. Loth, *Revue celtique*, XIX (1898), p. 211.
2. H. d'Arbois de Jubainville, *Les premiers habitants de l'Europe*,
II, 1894, p. 263-266 ; *Revue celtique*, XXVII (1906), p. 192-196 ;
C. Jullian, *Revue des études anciennes*, VIII (1906), p. 47-51 ; G. Dottin, *Revue des études anciennes*, IX (1907), p. 170-180 ; J. Loth,
Revue celtique, XXVIII (1907), p. 337-339.
3. Rhys, *The Celtic inscriptions of France and Italy*, p. 45.
4. Thurneysen, *Keltoromanisches*, p. 50.

dérivés semblent venir de la même racine dont le sens primitif aurait été « pointe » ?

broga, ms. *brogae*, « agrum » (Scholiaste de Juvénal, VIII, 234) ; gall. bret. *bro* « pays », v. prov. *broa*[1].

-brogi-, terme de nom propre ; irl. *bruig*, bret. gall. *bro* « pays ».

brogilus, « bois » (*Capitulare de villis*, 46) ; fr. *breuil*. Voir *brogi-*, *breialo*.

*bronia- ; irl. *bruinne* « poitrine », gall. *bron*, bret. *bronn*, fr. *broigne*[2]. Mot d'origine germanique ?

*brosdo- ; irl. *brot* « pointe », bret. *broz* « jupe », fr. *broder* ?

*bruca-, *bruco- ; forme gallo-romaine, d'où bret. *brug* « bruyère », prov. *bruc*, fr. dér. *bruyère*[3]. Voir *vroica-.

*brusi- ; irl. *brúim* « je brise », v. fr. *bruiser*. Voir *bris-.

buc(c)ato-, thème de nom propre ; gall. *bugad* « vociférer ».

bucco-, thème de nom propre ; irl. *bocc*, gall. *bwch*, bret. *bouc'h*, fr. *bouc*.

buddutton (inscr. 59), diminutif de *buddu-*, *bussu-* ; irl. *bus* « bouche »[4].

bulgas, « sacculos scorteos » (Lucilius, II, fr. 65 ; Paul Diacre, p. 35) ; irl. *bolg* « sac », gall. *boly* « panse », bret. *balc'h* « cosse de lin », v. fr. *bouge*[5].

burrae, « plaisanteries » (Ausone, *Drepano filio*, 4-6).

bussu-, var. *buddu-*, terme de nom propre ; irl. *bus* « bouche ». Voir *buddutton*.

1. A. Thomas, *Revue celtique*, XV (1894), p. 216-219.

2. Dans les parlers du Bas-Maine, on a *bronne* « pis », *bronner* « téter », que l'on peut rapprocher de l'irlandais *brú*, gén. *bronn* « ventre », bret. *bronn* « mamelle », gall. *bron* « sein ».

3. A. Thomas, *Essais de philologie française*, p. 103 ; *Revue celtique*, XV (1894), p. 219. J. Loth, *Les mots latins dans les langues brittoniques*, p. 140.

4. J. Loth, *Comptes rendus de l'Académie des inscriptions et belles-lettres*, 1916, p. 182.

5. Thurneysen, *Keltoromanisches*, p. 46.

C

caballo-, thème de nom propre. Voir *caballus*.

caballus, « cheval » (Lucilius, *Sat.*, III, 78) ; irl. *capall*, v. gall. bret. *cavall*.

cabo, *cabonus*, « caballus magnus » (*C. Gl. Lat.*, V, p. 616, 47).

caḅuro-, thème de nom gaulois.

ᵗcaclavo- ; fr. *caillou* ; gall. *cagl* « crotte de mouton » [1].

-cadro-, terme de nom propre ; v. bret. *cadr* « beau ».

cadurcum, nom d'un matelas, tiré du nom de peuple gaulois *Cadurci*.

caeracat-, thème de nom de peuple ; cf. irl. *cáirchuide* « ovin », *cáera* « brebis », lat. *caper* « bouc ».

caesa, var. de *gaesa* (Varron, chez Nonius, XIX, p. 555, 12).

caesar, « dimitte » (Servius, *ad Aen.*, XI, 743), var. *cecos ac*.

caetra, var. de *cetra*.

caio, « breialo sive bigardio » (*Glossaire de Vienne*) ; irl. *cái* « maison », v. bret. *cai* « haie », gall. *cae* = *ᵗcagio-* ; fr. *chai*, *quai*.

calet-, *caleto-*, thème de nom gaulois ; gall. bret. *calet* « dur » ; irl. *calath*.

-calit-, second terme de nom de peuple ; var. de *calet-* ?

callio-, terme de composé ; irl. *caill* « sentier », ou gall. *caill* « testicule », bret. *kell*, *call*, *calc'h*.

calḷiomarcus, « equi ungula (corr. *inguina*) » (Marcellus, XVI, 101) « pas d'âne, tussilage [2] ». Voir *callio-*, *marco-*.

---

1. A. Thomas, *Nouveaux essais de philologie française*, p. 192-199. Cf. Meyer-Lübke, *Zeitschrift für romanische Philologie*, XIX (1895), p. 96. Schuchardt, *ibid.*, XXV (1901), p. 244-253.

2. H. d'Arbois de Jubainville (*Revue celtique*, XI (1890), p. 253) compare le nom de lieu gaulois *Callemarcio*.

calocatanos (Marcellus, XX, 68), « coquelicot ». Cf. *calox* (Pseudo-Apulée, 25), nom de plante.

**camba-*, var. de *gamba*. Voir *cambo-*.

cambiare, « rem pro re dare » (*Glossaire de Vienne*) ; fr. *changer* ; le bret. *kemma* est emprunté au français [1].

**cambica-* ; lim. *chambijo* « timon d'araire », « haie de charrue »[2]. Voir *cambo-*.

**cambita-* ; m. bret. *camhet* « jante de roue », fr. *jante*. Voir *cambo-*.

cambo-, terme de nom propre ; irl. bret. *camm* « courbe », gall. *cam*.

cambutta, « bâton pastoral »[3] (*M. G. H.*, *Script. merov.* IV, p. 251, 39). Voir *cambo-*.

camisia (St Jérôme, *Ép.*, 64) ; v. fr. *chainse* ; irl. *caimse*, bret. *camps* « aube » sont empruntés au bas latin.

**cammino-* ; fr. *chemin* ; cf. irl. *céimm* « marcher », gall. *cam*, bret. *camm* « pas ».

camox, « chamois » (Polemius Silvius, *Laterc.*) ; cf. fr. *camus*[4]. Voir *cambo-*.

camulo-, thème et terme de nom gaulois ; cf. irl. *camus* « territoire gouverné par un roi » ; irl. *Cumal*[5].

canavo-, thème de nom propre ; v. gall. *cenou* « petit animal », gall. *Canau*, *Ceneu*.

candetum (Columelle, V, 1, 6), mesure de surface valant cent pieds (Isidore, *Origines*, XV, 15, 6) ; corrigé en **cantedum* et rapproché du gall. *cant* « cent », irl. *cét* et de irl. *ed* « espace »[6].

---

1. J. Loth, *Les mots latins dans les langues brittoniques*, p. 148.
2. A. Thomas, *Bulletin de la Société des parlers de France*, I, p. 133.
3. A. Thomas, *Romania*, XXXV (1906), p. 118-119.
4. A. Thomas, *Romania*, XXXV (1906), p. 171.
5. Kuno Meyer, *Revue celtique*, XXXII (1911), p. 391, pense que la forme ancienne de *Cumaill* est *Umaill*.
6. Pedersen, *Vergleichende Grammatik der keltischen Sprachen*, I, p. 91. H. d'Arbois de Jubainville, *Revue celtique*, XXIV (1903), p. 317-318.

-cando-, terme de composé ; gall. bret. *cann* « blanc ».
Voir βελιουκάνδας.

candosoccus, « marcotte de vigne » (Columelle, V, 5,
16). Voir *cando-*, *socco-*.

caneco-, terme de composé ; apparenté à l'irl. *cáin*
« loi » ? Voir le suivant.

canecosedlon (inscr. 39), « siège de tribunal ? » [1]. Voir ci-
dessus, p. 162-163. Voir *-sedlon*.

cano (*Coligny*, I, 9, 15) ; second terme de *semi-cano* ?

cantalon (inscr. 38) ; gall. *cantal* « bord d'un cercle » ;
ou irl. *cétal* « chant » ; ou grec κάνθαρος, latin *cantharus*.

καντεμ (inscr. 1), καντενα (inscr. 2, 20), καντεν (inscr. 28,
32), κα (inscr. 27) ; lat. *cantus* « cercle d'une roue ».

canterius, *cantherius*, « bête de somme » ; gallicis can-
theriis (Plaute, *Aul.* 494).

cantio-, thème de nom propre ; irl. *caint* « langage »,
gall. *ceintach* « querelle ». Voir aussi *canto-*.

cantli (*Coligny*), génitif de *cantlos* ; indication de jour :
d cantli (I, 12, 7-9).

cantlos, *cantl*, *cant* (*Coligny*), nom de mois ; irl. *cétal*
« chant », gall. *cathl* [2].

canto-, terme de nom propre ; bret. gall. *cant*, irl. *cét*
« cent ».

canto-, terme de nom propre ; v. gall. *cant* « brillant ».
Voir le suivant.

cantus (Quintilien, I, 5, 8), « cercle de fer de la roue » ;
d'où bret. gall. *cant* « bord d'un cercle ». Ce mot peut
être en latin d'origine grecque : κανθός ; on a pensé à
l'expliquer par le celtique *cambitos* [3].

capanna (Isidore, *Origines*, XV, 12, 2) ; gall. *caban*
« cabane ». Ce mot est peu vraisemblablement d'origine cel-

1. Rhys, *The Celtic inscriptions of France and Italy*, p. 13.
2. J. Loth, *Comptes rendus de l'Académie des inscriptions et belles-
lettres*, XXVI (1898), p. 175-176.
3. J. Loth, *Les mots latins dans les langues brittoniques*, p. 144.

tique ; le suffixe -*anna* est rare dans les langues celtiques.

-*capto*-, second terme de nom propre ; irl. *cacht*, gall. *caeth* « esclave », m. bret. *caez* « captif, malheureux ».

caracalla, manteau tombant jusqu'aux pieds (Aurelius Victor, *Epit.*, XXI, 2), cf. prov. *cara* « cilice ».

caranto-, terme et thème de nom propre ; irl. *cara*, gén. *carant* « parent », bret. *car*, pl. *kerent*, gall. *car*, pl. *ceraint* « ami ».

carataco-, thème de nom propre ; irl. *carthach*, bret. *caradec* « aimable ».

carbanto-, var. *carpento*-, thème de nom de lieu ; irl. *carbat*, *carpat* « voiture » [1]. Voir *carpentum*.

cariedit (*Coligny*, 1er mois compl., fin) verbe ? Voir ci-dessus, p. 122.

-*cario*-, terme de nom propre. Voir *caro*-, ou cf. irl. *caire* F. blâme », gall. *cerydd*, m. bret. *carez*.

καρνιτου (inscr. 16) ; cf. *karnitu* (inscr. de Todi), *karnitus* (inscr. de Briona) ; verbe ? ; irl. *carn* « amas de pierre » gall. *carn* [2]. Voir ci-dessus, p. 122, 154.

κάρνον, « trompette gauloise » (Hésychios) ; gall. bret. *carn* « corne ».

κάρνυξ, « trompette » des Celtes (Eustathe, *ad Il.*, XVIII, 219). Voir κάρνον. Cf. le dieu cornu *Cernunnos*, sur un des autels de Paris (inscr. 50).

-*caro*- thème de nom propre ; cf. irl. *caraim* « j'aime ». Voir *caranto*-

carpentum, « char », mot latin emprunté aux Celtes (cf. Arrien, *Tact.*, 33) ; irl. *carbat* ; fr. *charpente*, gall. *carfan* « poutre », bret. *carvan* « ensouple » [3]. Voir *Carbanto*-.

1. Sur ces mots et les mots de la même famille, voir Vendryès, *Mélanges de linguistique offerts à M. F. de Saussure*, 1908. p. 320.

2. Stokes, *Beiträge zur Kunde der indogermanischen Sprachen*, XI (1886), p. 115, 117.

3. H. Pedersen (*Vergleichende Grammatik der keltischen Sprachen*, I, p. 118) compare lat. *corbis* « corbeille » ; cf. pour le sens, *cissium*.

carro-, terme de nom propre. Voir *carrus*.

carruca, « voiture à deux roues » (Pline, XXXIII, 140), fr. *charrue* ; dérivé de *carrus*.

carrus (Varron, *Sat.* p. 111, 9 ; César, I, 24 ; Tite Live, X, 28, 9) ; irl. bret. *carr*, fr. *char* ; dérivés gallo-romains : *carricare* « charger », *carrago* « enceinte de chariots ».

χαρτάλαμον, forme vulgaire de χαρταμέρα.

χαρταμέρα, ensemble du ceinturon (Laurentius Lydus, *Des may.*, II. 13.

cartaont (*Rom*, A 5), verbe ? gall. *carthu* « nettoyer » bret. *carza*.

carti (*Rom*, A 1). Voir le précédent.

carvo-, thème de nom propre ; gall. *carw*, m. bret. *carv* « cerf ».

casamo, « affeclator » ou « assectator » (Quintilien, I, 5, 8), var. *casnar*, mot osque qui désigne le vieillard des Atellanes.

cassano-, *cassino-*, thème de nom propre ; v. fr. *chasne*, fr. *chêne*[1].

-cassi-, terme de nom propre ; irl. *cais* « amour, haine » ; ou irl. *cass* « boucle », « rapide » ; *cas* « agréable ».

castico-, thème de nom gaulois.

cata-, premier terme de nom gaulois ; irl. *cét-*, v. gall. *cant* « contre, avec ».

catamantalo-, thème de nom gaulois ; cf. gall. *cydfantawl* « équilibre ». Voir *cata-*, *mantalo-*.

catarno-, thème de nom propre ; gall. *cadarn* « fort », bret. *cadarn* « courageux ».

cateia, « tela gallica » (Servius, *ad Aen.*, VII, 741) ; peut-être d'origine germanique (*cateiae* lingua theotisca hastae dicuntur) ; le gall. *catai*, sorte de bâton, est emprunté au latin.

---

1. A. Thomas, *Essais de philologie française*, p. 215. W. Meyer-Lübke, *Zeitschrift für romanische Philologie*, VIII (1884), p. 236.

caterva, formation stratégique des Gaulois (Végèce, II, 2), mot gaulois (Isidore, *Origines*, IX, 3, 46).

caticato (*Rom* A 2).

catto-, thème de nom propre. Voir le suivant.

cattus, « chat » ; irl. *cat*, gall. *cath* f., bret. *caz*.

-catu-, terme de nom gaulois ; irl. *cath*, gall. *cad* « combat ».

catuslugi, nom de peuple ; irl. *cathsluag* « armée de combat (*R. C.*, V, p. 198). Voir *-catu-*, *-slugo-*.

cauno-, thème de nom gaulois (Silius Italicus, IV, 233).

cavannus, « chat-huant », mot gaulois (Scholiaste de Berne, *ad* Virg. *Buc.*, VIII, 55) ; cf. gall. *cuan* « hibou », v. bret. *couann*.

cavarillo-, thème de nom gaulois ; dér. de *cavaro-*.

cavarino-, thème de nom gaulois : dér. de *cavaro-*.

cavaro-, thème de nom propre ; irl. *caur* « géant » [1].

-cavi, terme de nom de peuple ; cf. *Burso-cavi*, gén., en Grande-Bretagne.

cebenna-, thème de nom de montagne. Voir *cemeno-*.

cecos ac cesar, « dimitte » (Servius, *ad Aen.*, XI, 743).

celicnon (inscr. 33) ; got. *kelikn* « tour », emprunté au gaulois [2].

celta-, *celto-*, thème de nom de peuple et de nom d'homme ; cf. germ. *hildja-* « combat », ou lat. *celsus*.

celtillo-, thème de nom gaulois ; dér. de *celto-*.

celtis (*C. Gl. Lat.*, II, 99, 14), sorte de poisson [3].

cemeno-, κεμμενο-, thème de nom de montagne ; v. gall. *cemn* « dos ». Voir *cimenice*, *cebenna-*.

cengo-, terme de nom propre ; irl. *cingim* « je marche », gall. *rhy-gyngu* « aller l'amble ». Voir *cingo-*.

---

1. H. d'Arbois de Jubainville, *Mémoires de la Société de linguistique de Paris*, V (1884), p. 121-123.

2. H. Gaidoz, *Revue celtique*, VI (1883-1885), p. 493-495.

3. Skutsch, *Beiträge zur Kunde der indogermanischen Sprachen*, XXII (1896), p. 126.

-cenna, second terme de nom propre ; var. de genna- ? ou de cena?

ceno-, premier terme de nom de peuple ; irl. cian « éloigné » = *cēno-..

-ceno-, second terme de nom propre ; variante de geno- ?

centron-, thème de nom de montagne ; bret. centr « aiguillon » [1].

κέρκερ (Dioscóride, II, 209), « mouron » ; mot dacè ?

cernunno- [2], thème de nom de dieu cornu ; irl. cern « victoire », cern « coin », ou cf. irl. gall. bret. corn « corne », bret. carn « sabot ».

cerso-, thème de nom propre ; irl. cerr « gaucher ».

cervesia, « bière » (Pline, XXII, 164) ; dérivé de *cerv-, cf. κόρμα ?

cesa, var. de gesa (Varron, chez Nonius, XIX, p. 555, 12). Voir gaesum.

-ceto-, terme et thème de nom propre ; bret. coet « bois », v. gall. coit [3].

[ceva], var. geva (Columelle, VI, 24, 5), espèce de vaches en Gaule Cisalpine.

cialli (Rom, A 1). Voir ciallos.

ciallos b. is (Coligny), nom du 2ᵉ mois complémentaire ?

cimbri, « latrones » (Paul Diacre, p. 43). Plutarque (Marius, 11) regarde ce mot comme germanique.

cimenice (corr. cemenice, « mons dorsa celsus » (Aviénus, Ora marit., 622-625). Voir cemenon.

cinget-, thème de nom propre ; irl. cing, gén. cinged « guerrier ».

-cingeto-, terme de nom gaulois. Voir cinget-.

-cingo-, terme de nom propre ; irl. cingim « je marche », gall. rhy-gyngu « aller l'amble ». Voir cengo.

1. J. Loth, Les mots latins dans les langues brittoniques, p. 149.
2. M. C. Jullian, Revue des études anciennes, IX (1907), p. 186, compare à ce nom de dieu le nom de rivière Cernuni ou Cernune et en rapproche les dieux fluviaux des Anciens.
3. Ernault, Revue celtique, VI (1883-1885), p. 485.

cingos (*Coligny*, 2ᵉ mois complémentaire, en tête). Voir *sonnocingos*.

cinto-, thème de nom propre ; v. bret. *cint* « avant », gall. *cynt* « premier », irl. *cét-* « premier ».

cintu-, terme de nom propre. Voir *cinto-*.

cintugnato-, thème de nom propre, « premier né ». Voir *cinto-*, *-gnatus*.

circius, vent du nord-ouest (Favorinus, chez Aulu-Gelle, II, 22, 20) prov. *cers*, fr. *cierce*.

cissium, *cissum*, *cisium* (Scholies de Gronovius, *ad* Cic. *Pro Rosc. Am.*, VII, 19) « voiture à deux roues » (Nonius, p. 86) ; irl. *ciss* « panier »[1].

**cladibo-*, **cladimo-* ; gall. *cleddyf*, irl. *claideb*, m. bret. *clezeff* « épée » ; le celtique semble avoir influencé le français *glaive*[2].

**clēta-* ; irl. *cliath* « claie », gall. *clwyd*, fr. *claie*.

clocca (Sᵗ Boniface, *Ep.* 62), irl. *clocc*, gall. *cloch*, bret. *cloc'h*, fr. *cloche*.

-cloetio-, second terme de nom gàulois ; cf. gr. *-κλειτος*.

κλοπίας, var. κλωπίας, nom de poisson de la Saône (Laurentius Lydus, *Des mois*, 11).

clotu (*Rom*, A 3).

cluto-, terme de nom de déesse ; irl. *cloth* « illustre ».

-cnos, second terme de nom propre ou suffixe patronymique. Voir *-ceno-*, *-geno-*.

co-, terme de nom propre ; particule adverbiale ; irl. *co-*, gall. *cy-*, bret. *ke-* « avec ».

cob (*Coligny*, 1ᵉʳ mois compl., fin).

cob-, terme de nom propre ; irl. *cob* « victoire », ou variante de *com-*.

1. Vendryès, *Mémoires de la Société de linguistique de Paris*, XIX (1916), p. 60-62.
2. Ascoli, *Archivio glottologico italiano*, X (1887), p. 271-272. Schuchardt, *Zeitschrift für romanische Philologie*, XXV (1901), p. 345. Vendryès, *Mélanges de linguistique offerts à M. F. de Saussure*, 1908, p. 307-321. M. Loth remarque que *cladiio-* aurait donné en breton *clazez*.

cobro-, thème de nom propre ; irl. *cobair* « secours ».

cocco-, var. *coco-*, thème de nom propre ; cf. *coccum* « rubens granum », en Galatie (Pline, IX, 141) ; gall. *coch* « rouge », si ce mot n'est pas emprunté au grec par l'intermédiaire du latin.

colinno-, thème de nom de lieu ; irl. *cuilenn*, gall. *celyn* « houx », bret. *kélen*.

colisatum, sorte de voiture gauloise (Pline, XXXIV, 163). Cf. irl. *cul* « char ».

com-, premier terme de composé ; irl. *com-*, gall. *cyf-*, bret. *kem-* « avec ». Voir *con-, co-*.

combennones, « in eadem benna sedentes » (Paul Diacre, p. 32). Voir *com-, benna*.

**comboro-* ; v. fr. *combre* « barrage », irl. *commor* « rencontre, confluent »[1]. Voir *com-*.

comnerto-, thème de nom propre ; gall. *cyfnerth* « aide ». Voir *com-, nerto-*.

compriato (*Rom*, B 3-4), verbe ? Voir *priavimo*.

con-, premier terme de nom propre, particule adverbiale ; irl. *co n-*, v. gall. *con-*, gall. *cyn-*, bret. *ken-* « avec ». Voir *com-, co-*.

concenno-, thème de nom propre. Voir *con-, cenno-*.

κογχο-, terme de nom gaulois. Voir κογγεννο-[2].

conconneto-, terme de nom gaulois ; irl. *conconnid*. Voir *con-, conneto-*.

-condari-, terme de nom propre ; cf. gall. *cynddaredd* « rage », v. bret. *cunnaret-*.

condate, nom de lieu ; « confluent » ?[3].

-condo-, terme de nom propre ; irl. *cond* « citoyen »,

1. Meyer-Lübke, *Zeitschrift für romanische Philologie*, XIX (1895), p. 276. Cf. G. Paris, *Romania*, XXIII (1894), p. 243-245 ; *Mélanges linguistiques*, p. 483-485.

2. Cf. Κογχολίτανος (Polybe, II, 22, 2) et Κογγεννολίτανος (inscr. 6).

3. Cette étymologie est fondée sur la topographie des lieux ainsi nommés, plutôt que sur la linguistique, le mot celtique pour « confluent » étant irl. *comar*, gall. *cymmer*, bret. *kember*.

κογγεννο-, terme de nom propre. Voir *con-*, *genno-*.

congonnetiaco-, thème de nom gaulois. Voir *con-*, *-goneto-*.

conneto-, terme de nom gaulois, var. de *conconneto-*.

conno-, thème de nom propre ; irl. *conn* « raison ».

convicto-, terme de nom gaulois. Voir *con-*, *victo-*.

corallium, var. *curalium* « corail ». Cf. les *Coralli*, peuple celto-scythe [1].

-corio-, terme de nom propre ; irl. *cuire* « armée ».

κόρμα, boisson faite de froment fermenté et de miel (Poseidònios chez Athénée, IV, 36, p. 152 c) ; v. gall. *cwrf*, irl. *coirm*. Voir κοῦρμι.

κόρνα (Dioscoride, II, 208), « aigremoine ».

correo-, thème de nom gaulois ; cf. irl. *corr* « héron ».

corobilio-, thème de nom de lieu ; irl. *Corrbile* [2]. Voir *-bilio-*.

cosla-, *coslo-*, terme de nom propre ; irl. *coll*, gall. *coll* « coudrier », v. bret. *coll*.

coto-, *cotu-*, thème de nom gaulois.

cottio-, thème de nom gaulois. Voir *cotto-*.

cotto-, thème de nom propre ; gall. *Coth*, bret. *coz* « vieux ».

κουι (inscr. 14), ogham. *koi* « ici », irl. *cé*.

-covero-. Variante de *coviro-*. Voir *co-*, *vero-*.

covinnus (Lucain, I, 426), char de guerre des Belges [3] ; gall. *cy-wein* « voiturer ».

coviro-, thème de nom propre ; gall. *cywir* « juste, vrai », irl. *cóir* « juste ». Voir *co-*, *-viro-*.

crappao-, thème de nom propre ; irl. *crapaim* « je serre », gall. *craff* « ferme ».

**crauca-* ; gall. *crug* « tas », irl. *cruach* « monceau », prov. *crauc* « pierreux ». Voir *crouca*.

---

1. S. Reinach, *Revue celtique*, XX (1899), p. 126-128.

2. K. Meyer, *Sitzungsberichte der königlich preussischen Akademie der Wissenschaften*, XLIX (1913), p. 951.

3. Th. Reinach, *Revue celtique*, X (1889), p. 128-131.

crcmio-, thème de nom propre ; irl. *crem* « ail », gall. *craf*.

crito-, terme de nom gaulois ; irl. *crith* « tremblement ».

crixo-, thème de nom gaulois ; v. gall. *crich* « crépu », bret. *crech* [1].

crŏdi- ; irl. *cruaid* « dur », prov. *croi* « mauvais, rude, dur ».

[*crotta, chrotta*], « harpe » des Bretons (Fortunat, VII, 8, 64) ; irl. *crot*, gall. *croth, crwth* ; v. fr. *rote* (du germanique *hrotta*).

crouca- ; fr. dial. guy. *cruc*, irl. *cruach* « tas », gall. *crug*.

cruppellarii, « gladiateurs gaulois cuirassés de fer » (Tacite, *Ann.*, III, 43) ; gall. *crwb* « bosse » ?

cucullus, var. *cuculla* (Columelle, I, 8, 9) ; fr. *coule*, irl. *cocull*, bret. *cougoul*.

cud- ; v. fr. *cuter* (*cuditare) ; cf. bret. *cuz* « cachette », gall. *cuddio* « cacher ».

cularon-, thème de nom de lieu ; irl. *cularán* « concombre », gall. *cylor*, bret. *kéler* « noix de terre ».

cumba, « fond d'un navire » (Isidore, *Origines*, XIX, **2**, 1) ; gall. *cwm* « vallée », bret. *comm* « auge », fr. *combe* [2] ; d'où bret. *comb* « vallon ».

cumborio-, terme de nom gaulois. Voir *comboro-*, *cumba-*.

–*cuno-*, thème de nom propre ; gall. *cynu* « élever », ou mieux irl. *cú*, gén. *con* « chien » [3].

χούρμι, boisson faite d'orge fermentée (Dioscoride, II, 110) ; irl. *coirm*, v. gall. *cwrf* « bière ». Voir χόρμα.

χυρτίας, acc. pl., « boucliers celtiques » (Hésychios).

1. L. Duvau, *Mémoires de la Société de linguistique*, VIII (1894), p. 258.
2. Thurneysen, *Keltoromanisches*, p. 55.
3. Rhys, *Archaeologia Cambrensis*, 1907, p. 87.

cutios, cutio (Coligny), nom de mois ; indication de jour.
d *cutio amb* (III, 5, At. 3). Voir *qutio* [1].

D

d (Coligny), abréviation qui se place après la date du jour ; elle est souvent précédée de *M* ou suivie de *S* ; irl. *dia* « jour », gall. *dydd*, bret. *deiz* ?

daco-, terme de nom propre. Voir *dago-*.

-dago-, terme de nom propre ; irl. *dag-*, gall. *da* « bon », bret. *da*.

damo-, thème de nom propre ; irl. *dam* « bœuf » ; bret. *dem* « chevreuil », sans doute emprunté au français.

dan, « judicem » *(Glossaire de Vienne)*.

-dan, terme de composé. Voir *arcanto-dan*.

danio-, thème de nom propre ; irl. *dáne* « audacieux ».

-danno-, terme de nom propre et de mot composé. Voir *dano-, -dan*. On trouve, dans une inscription du pays des Trévires, *per dannum Giamillum* (*C. I. L.*, XIII, 4228), où *dannum* semble un titre correspondant, d'après M. Jullian, à *curator* ou à *magister*. Cf. *platio-danni*.

dano-, danu-, terme de nom propre ; irl. *dán* « don », gall. *dawn*.

dano-, terme de nom propre. Voir *dan*.

-dari-, terme de nom gaulois ; gall. *dar* « tumulte ».

**darno-* ; bret. *darn* « fragment », fr. *darne*, cf. irl. *derna* « paume de la main ».

darsus (Smaragdus, *Expositio*), nom de poisson ; bret. *dars* [2], fr. *dar*.

---

1. Seymour de Ricci (*Revue celtique*, XIX (1898), p. 218) compare le nom d'un mois du calendrier de la ville locrienne de Chaleion : Κοούτιος (Haussoullier, *Bulletin de correspondance hellénique*, V (1881), p. 430 ; Wescher et Foucart, *Inscriptions recueillies à Delphes*, 1863, p. 67).

2. Sans doute emprunté au vieux français. A. Thomas, *Romania*, XXXVI (1907), p. 91-96.

davio-, thème de nom propre ; irl. *dóim* « je brûle »,
bret. *devi* « brûler ».

δεδε (inscr. 1, 19, 20, 28), prétérit ; cf. lat. *dedit*. Voir
ci-dessus, p. 36.

deei ou *devi* (*Rôm*, A 7).

demti (*Rom*, A 10), verbe ?

demtissie (*Rom*, A 3, B 11), verbe ?

demtitiont (*Rom*, A 4), verbe à la 3ᵉ personne du pluriel ? Cf. *demti, demtissie.*

-derco-, terme de nom propre ; irl. *derc* « œil » ; cf. gr.
δέρχομαι.

dercomarcos, dans une formule magique (Marcellus,
VIII, 171). Voir *derco-, marco-.*

derti (*Rom*, B.4), verbe ?

dertiimo (*Rom*, B 10-11), verbe à la première personne
du pluriel ? Cf. *derti.*

dervēta- ; fr. *dertre, dartre*, bret. *dervoed* « dartres ».

dervo-, thème de nom propre ; gall. *derw*, bret. *derv*
« chêne », irl. *derb* « cuve de bois » [1].

devo-, terme de nom propre ; irl. *dia*, gén. *dé* « dieu »,
bret. *doué*, gall. *duw*.

devo- (*Coligny*, I, 3, 13), terme de mot composé. Voir
le suivant.

devorivo (*Coligny*, I, 3, 13), indication de jour. Voir
devo-.

dexivo-, dexvo-, thème de nom propre ; cf. irl. *dess*
(= *dexo-) « qui est à droite », bret. *dehou* (= *dexovo-).

di-, terme de nom propre ; particule adverbiale ; irl.
bret. gall. *di* « de ».

diá-, premier terme de nom propre.

dib (*Coligny*, I, 12, At. 14), indication de jour : *d ivo
dib cant* ; irl. *-dibe* « coupure » ?

dibona (*Rom*, A 5-6). Voir *divona.*

---

1. Marstrander, *Zeitschrift für celtische Philologie*, VII (1910),
p. 405-406.

. *dino-*, terme de nom propre ; irl. *din* « protection ».

-*diu* ou -*div* (*Coligny*), terme de composé ? Voir *sindiu*.

divertomu, *divirtomu*, *divortomu* (*Coligny*), à la fin de la seconde quinzaine de chaque mois ; cf. lat. *vertere* ?

divic-, thème et terme de nom gaulois.

divo-, terme de nom propre ; irl. -*diu*, gall. *dyw* « jour ».

divo, dans *betoto divo* (*Acta Sanct.*, 22 Aug. IV, p. 497 C).

divo-, terme de nom propre. Voir *devo-*.

divona, « fons addite divis » (Ausone, *Urb. nobil.*, 162). Voir *divo-*, *onno-*.

**dluto-*; irl. *dlúth* « épais », fr. *dru*.

d-m (*Coligny*), abréviation qui suit la date du jour. Voir *m d*.

-*donno-*, terme de nom gaulois ; cf. irl. *donn*, gall. *dwn* « brun » ; ou irl. *donn* « noble, roi » ; cf. le taureau *Donn* d'Irlande, qui fut cause de l'expédition du *Táin bó Cualnge* [1].

doro, « osteo » (*Glossaire de Vienne*) ; bret. *dor* « porte » [2].

-*doro*, second terme de nom de lieu ; var. de -*durum* ou le précédent.

drappet-, thème de nom gaulois ; cf. *drappo-*, thème de nom propre ; fr. *drap* ?

drasidae, variante du nom des druides chez Ammien Marcellin (XV, 9, 4).

drausus, *drusus*, « patiens aut rigidus aut contumax » (Ms. Par. lat. 7642 ; *C. Gl. Lat.*, V, p. 614, 23) ; nom gaulois (Suétone, *Tibère*, 3).

**drillo-* ; v. fr. *drille* « lambeau d'étoffe », gall. *dryll* « morceau », bret. *draill*.

dru-, terme de composé ; particule intensive ; irl. *dru-* [3]. Voir δρυ-νέμετον.

1. H. d'Arbois de Jubainville, *Revue celtique*, XII (1891), p. 162 ; *Cours de littérature celtique*, VI, 1899, p. 28-29.

2. Philipon, *Revue celtique*, XXX (1909), p. 73-77. Vendryès, *Revue celtique*, XXXIII (1912), p. 463.

3. Thurneysen, *Zeitschrift für vergleichende Sprachforschung*, XXXII (1893), p. 563-564.

druco-, thème de nom propre ; bret. *drouc* « mauvais ».

druidae (Cicéron, *De div.*, I, 41, 40), δρυίδαι (Pseudo-Aristote chez Diogène Laerce, I, préf. 1), δρουίδαι (Diodore, V, 31, 2), *druides* (César, VI, 14, 1) ; irl. *drui*, pl. *druid*, « druide, sorcier » ; expliqué chez Pline (XVI, 249) par *dru-*, gr. δρῦς « chêne » [1].

[δρυνέμετον] (Strabon, XII, 5, 1) « lieu consacré », chez les Galates. Voir *dru-*, νεμητον, -νέμετον.

drungos, acc. pl. « globos » (Végèce, III, 16) ; irl. *drong* « troupe », v. bret. *drogn*.

[δρούγγος] (Épiphane, *Adv. haer.*, II, 1, 14) « nez », en Galatie. Voir *trugno-*.

druta-, *druto-*, thème de nom propre ; irl. *drúth* « fou », cf. v. gall. *drut* « hardi », gall. *drud* « fou », fr. *druge*.

dryaridae, variante du nom des druides chez Ammien Marcellin (XV, 9, 8).

d s (*Coligny*), abréviations qui sont placées après la date, « demi-jour » [2] ? Voir *n s*.

du-, terme de nom propre ; préfixe péjoratif : irl. *du-*.

dubi-, thème de nom propre ; cf. irl. *dub* (= *dubo-*), gall. bret. *du* « noir ».

dubio-, thème de nom propre ; irl. *duibe*, gall. *duedd* « noirceur ».

-dubno-, terme de nom gaulois ; var. de *dumno-*. Voir ci-dessus, p. 62.

dubra-, *-dubro-*, thème et terme de nom propre ; irl. *dobor*, gall. *dwfr*, bret. *dour* « eau ».

ducario-, thème de nom gaulois (Tite Live, XXII, 6, 3 ; Silius Italicus, V, 645). Voir *du-*, *cario-*.

---

1. H. d'Arbois de Jubainville, *Mémoires de la Société de linguistique de Paris*, V (1884), p. 123-126. Thurneysen, *Zeitschrift für vergleichende Sprachforschung*, XXXII (1893), p. 564, note. Cf. *Revue celtique*, XIII (1892), p. 414. Le gallois *dryw* « roitelet » peut représenter un nominatif *druis. J. Loth, *Revue celtique*, XX (1899), p. 342-343.

2. Thurneysen, *Zeitschrift für celtische Philologie*, II (1899), p. 528.   17

δουκωνέ (Dioscoride, IV, 172), *ducone* (Pseudo-Apulée, 92) « hièble », var. *ebucone* [1]. Voir *odocos*.

dugiiontiio (inscr. 33), verbe à la 3e p. pl. relative [2] ? Voir ci-dessus, p. 122.

-δουλα, second terme de mot composé ; cf. irl. *duille* « feuille », bret. *del* « feuilles », gall. *dail*. Voir πεμπέδουλα.

dumanni, dumani, duman, dumn, dum (Coligny), nom de mois ; indication de jour : *dumanni ivos* (I, 1, 1), *dumann inis* (I, 1, 7), *dumanni amb* (I, 1, At. 7).

dumia-, thème de nom propre ; irl. *duma* « rempart » [3].

dumnaco-, thème de nom gaulois ; dérivé de *dumno-*.

-*dumno-*, terme de nom gaulois ; var. de *dubno-* ; irl. *domun* « monde », *domain* « profond », gall. *dwfn* « profond », bret. *doun*.

dunnavouseia ou *duntnavouscia* (*Rom.*, A 11).

-*duno-*, terme de nom propre. Voir le suivant.

dunum, « montem » (*Glossaire de Vienne*), δοῦνον τόπον ἐξέχοντα (Clitophon chez le Pseudo-Plutarque, *Des fleuves*, VI, 4) ; irl. *dún* « enceinte fortifiée », gall. *din* [4] ; fr. *dune*.

-*dunum*, second terme de nom de lieu. Voir *dunum*.

duratio-, thème de nom gaulois.

durnaco-, thème de nom gaulois ; irl. *dornach* « boxeur » [5]. Voir *durno-*.

durno-, terme de nom propre ; irl. *dorn*, gall. *dwrn* « poing », bret. *dourn* « main », v. fr. *dor*, mesure de longueur constituée par le poing fermé, prov. *dorn*.

---

1. A. Thomas, *Nouveaux essais de philologie française*, p. 309. Cuny, *Mémoires de la Société de linguistique de Paris*, XVI (1911), p. 327.

2. Thurneysen, *Zeitschrift für celtische Philologie*, VI (1908), p. 558.

3. Vendryès, *Revue celtique*, XXXIII (1912), p. 463-466.

4. Vendryès, *Revue celtique*, XXXIII (1912), p. 465. H. d'Arbois de Jubainville, *Les premiers habitants de l'Europe*, II, p. 257-263.

5. H. d'Arbois de Jubainville, *Revue celtique*, II (1873-1875), p. 107-110.

duro-, *-durum*, terme de nom de lieu ; irl. *dúr* « dur »,
bret. *dir* « acier », gall. *dir* « force »[1].

. *dusii*, « démons incubes » (saint Augustin, *De civ. Dei*,
XV, 23) ; irl. *duis* « noble », corn. *Dus*, *Diz* « diable » [2].

dvorico (inscr. 41) ; cf. lat. *porticum* ? Voir *doro*.

E

ebulcalium « ungula caballina » (*C. Gl. Lat.*, III, 582,
35) ; formé de *ebul-*, gall. *ebawl*, v. bret. *ebol*, bret. *ebeul*
« poulain », et de *-calium*, voir *callio-* [3].

eburo-, terme de nom propre ; irl. *ibar* « if », bret. *evor*
« bourdaine », gall. *efwr* « berce ».

edrini, *edrin*, *edri* (*Coligny*), nom de mois ; indication
de jour : *m d edrini* (III, 10, 9), *d amb edrini* (I, 10, 11,
9) *n edrini* (V, 10, At. 1). Voir *aedrini*.

εδουο-, thème de nom de peuple, var. de αιδουο-.

-edum, terme de mot composé ; irl. *ed* « étendue » ; cf.
gr. πέδον « surface du sol ». Voir *candetum*.

edutio (*Coligny*, 1er mois compl. 8).

ehza (*Rom*, B 2).

ειωρου (inscr. 7), forme verbale ? Voir *ieuru*.

elembiv, *elembi*, *elemb*, *elem* (*Coligny*), nom de mois ;
indication du jour : *d elembi* (I, 9, 7-9) *d elem amb* (I, 9,
At. 7), *d amb elem* (I, 9, At. 9) [4].

elvo-, terme de nom propre ; gall. *elw* « gain ».

emarcus, var. de *marcus*.

ἐμπονή, « héroïne ? » (Plutarque, *Erot.*, 25 ; *Eponina*, var.
Epponina, Tacite, *Hist.*, IV, 67).

1. H. d'Arbois de Jubainville, *Les premiers habitants de l'Europe*,
II, p. 266-270.
2. J. Loth, *Revue celtique*, XXXVI (1913), p. 63-64.
3. J. Loth, *Revue celtique*, XXXVII (1919), p. 24-25.
4. Thurneysen (*Zeitschrift für celtische Philologie*, II (1899),
p. 536) compare le mot grec ἔλαφος « cerf » et le nom de mois
attique Ἐλαφηβολιών.

enigeno-, thème de nom propre ; cf. irl. *ingen* « fille », ogham. *inigena*.

epaḍ, « cavalier » (inscr. 48) ; nom propre sur des légendes monétaires, cf. irl. *eachaidh*, *Eochaid*, lat. *eques*, *equitis*. Dérivé de *epo-*.

epasnacto-, var. *epasneto-*, thème de nom gaulois.

epaticco-, thème de nom propre ; cf. irl. *Eochaid*, v. bret. *Ebetic*. Voir *epo-*.

-epo-, terme de nom propre ; irl. *ech*, bret. *-ep* « cheval ».

epocalium, « ungula caballina » (*C. Gl. Lat.*, III, 589, 63). Voir *epo-*, *callio-* ; cf. *callio-marcus* [1].

eporedias, acc. pl., « bonos equorum domitores » (Pline, 123) ; gall. *ebrwydd* « rapide ». Voir *epo-*, *redo-*.

eporedo-, terme de nom gaulois. Voir *epo-*, *redo-*.

equi, equos, equ (*Coligny*), nom de mois ; indication de jour : *equi prinni la* (III, 8, 8), *d amb equi* (II, 8, At. 3) [2]. Voir *-epo-*.

er-, terme de nom propre ; irl. gall. *er-*, préfixe intensif ; cf. lat. *per*.

eri-, terme de nom propre ; particule intensive, cf. gr. περι-.

es-, variante de *ex-*.

esca-, var. *isca-*, thème de nom de rivière ; irl. *esc*, v. bret. *uisc* « eau ».

esox, « saumon » (Pline, IX, 44) ; m. bret. *ehoc*, gall. *eog*, bret. irl. *eo* [3] « saumon ».

essedum, char de guerre des Belges (Servius, *ad Georg.*, III, 204). Voir *es-*, *sedo-*.

esu-, terme de nom propre ; cf. gr. εὐ- « bien », ou nom de dieu gaulois.

etic (inscr. 33), « et » ? cf. lat. *atque*.

---

1. J. Loth, *Revue celtique*, XXXVII (1919), p. 24-25.

2. Thurneysen (*l. c.*) compare le nom de mois béotien-thessalien Ἱπποδρόμιος, à Erétrie Ἱππιών, à Rhegium Ἵππιος ; mais le nom du cheval en gaulois est *epo-* et il faudrait admettre une variante *equo-*.

3. J. Loth, *Revue celtique*, XV (1894), p. 99.

etiheiont (*Rom*, A 2), préposition (ou particule) et verbe à la troisième personne du pluriel?

etnoso-, thème de nom de dieu ; cf. v. gall. *etn* « oiseau », m. bret. *ezn*, irl. *én*.

eubages, *euhages*, sorte de prêtres ; mauvaise lecture de οὐάτεις, ou grec εὐαγεῖς « très purs » ?

eugubim (Pseudo-Apulée, 28), nom de plante. Voir οὐσουβέμ.

eurises (inscr. 50), nom. pl. « fabri », « orfèvres » ? [1] ou forme verbale ? Voir ci-dessus, p. 123. Cf. *ieuru*.

ex-, terme de nom propre ; irl. *ess-*, gall. bret. *es* « ex- ».

exacum, « centaurée » (Pline, XXV, 68) ; m. bret. *eaug* « roui » [2] ?

exingidum (*Coligny*, I, 1, 3), indication de jour : *d exingidum ivos*.

exo (*Coligny*, III, 4, 1 ; V, 7, 1) indication de jour : *riuri exo ivo*.

exobno-, thème de nom propre ; m. gall. *ehovyn*, irl. *esomuin* « sans crainte ». Voir *obno-*.

ezo (*Rom*, B 8).

G

gabalus, « gibet » (Varron, *Sat. Men.*, p. 165, 24) ; irl. *gabul*, gall. *gafl*, bret. *gavl* « fourche ».

**gabella-* ; fr. *javelle*. Voir *gabalus*.

gabi (inscription 59) ; impératif ? irl. *gaib* « prends » [3]. Voir ci-dessus, p. 210.

1. Stokes, *Beiträge zur Kunde der indogermanischen Sprachen*, XI (1886), p. 138. Rhys, *The Celtic inscriptions of France and Italy*, 1906, p. 47. Vercoutre, *Revue archéologique*, IX (1907), p. 31-37. Voir ci-dessus, p. 168, n. 1.

2. E. Ernault, *Mémoires de la Société de linguistique de Paris*, VII (1892), p. 197.

3. J. Loth, *Comptes rendus de l'Académie des inscriptions et belles-lettres*, 1916, p. 182.

gabro-, thème de nom propre ; irl. *gabor*, v. gall. *gabr*, bret. *gavr* « chèvre ». Cf. *Gabro-sentum* « chemin des chèvres », en Grande-Bretagne.

gaesati, γαισάται, nom de peuple ou de bande ; dérivé de *gaesa*.

gaesum, employé surtout au pluriel, *gaesa* « javelots » (César, III, 4, 1), mot gaulois d'après Servius (*Ad Aen.*, VIII, 660) ; irl. *gái*, *gáe* « javelot », gall. *gwaew*.

γαῖσα, var. de *gaesa*.

γαισάται, « mercenaires », d'après Polybe (II, 22) peut-être égaré par une étymologie populaire ; cf. Γαιζότορις, corr. Γαιζάτοριξ, Γεζάτοριξ, nom de Galate.

gala- ; irl. *gal* « bravoure », dér. fr. *gaillard*, prov. *galhart*.

γαλατο-, *galata-*, thème de nom gaulois. Cf. le nom de peuple Γαλάται. Voir *gala-*.

galba, « praepinguis » (Suétone, *Galba*, 3), nom gaulois ; cf. got. *kalbô* « veau ».

gallo- ; v. fr. *gal*, *galet* ; irl. *gall* « pierre, rocher » [1].

gallo-, thème de nom de peuple ; irl. *gall* « étranger », gall. *gal* « ennemi ».

gamba (Végèce, *Mulomed.*, II, 28, 38) « jambe ». Voir *cambo-*.

-*garanus*, second terme de composé ; bret. gall. *garan* « grue ». Voir *trigaranus*.

gargeno-, thème de nom gaulois (Silius Italicus, V, 137), irl. *garg* « féroce ».

garmen- ; irl. *gairm*, bret. gall. *garm* « cri », v. fr. *guerm-enter*.

garri- ; irl. *gairri* « mollets », bret. *garr* « jambe », gall. *garr* « jarret », fr. *jarret*, prov. *garra*.

garta-, thème de nom propre ; irl. *gàrt* « tête », gall. *garth* « promontoire ».

---

1. Thurneysen, *Kelloromanisches*, p. 100.

*gatali-; bret. *gadal* « débauché », fr. *jaal*, *gadali-*, prov. *gazal*, mot d'origine germanique?

gei-, terme de nom de peuple ; gall. *gei* « écume » ?

γελασονέν (Dioscoride, II, 122) « cotonnière ».

gemelo-, thème de nom propre ; irl. *gemel* « lien ».

genava-, thème de nom de lieu ; gall. *genau* « bouche ».

geneta (inscr. de fusaïole) ; gall. *geneth*, de *genetta « fille »[1].

-genno-, terme de nom propre ; var. de *geno-* ?

-geno-, terme de nom gaulois ; gall. *-gen*, v. bret. *-gen* ; cf. gall. *geni*, irl. *gein* « maître ».

geusiae (Marcellus, XI, 17), partie du gosier ; v. fr. *geuse*, gall. *gewai*[2] « glouton ».

geva, var. de *ceva*.

giamoni, *giamon*, *giamo*, *giam*, *gia* (*Coligny*), nom de mois ; indication de jour : *giam pri lag* (I, 6, 7) *md simivison gia* (III, 7, 1) ; v. gall. *gaem*, gall. *gaeaf*, bret. *goanv* « hiver »[3].

giamo-, terme de nom propre. Voir *giamoni*.

gigarus, « serpentaire » (Marcellus », X, 58) ; it. *gicaro* « pied de veau ».

gilarus (Marcellus, XI, 5) « serpolet ». Voir *laurio*.

glanna-, thème de nom propre ; bret. gall. *glann* « rive ».

glano-, thème de nom propre ; irl. gall. bret. *glan* « pur ».

glastum, « pastel » (Pline, XXII, 2) ; irl. *glas* « vert, gris », bret. *glas* « vert, bleu », gall. *glas* « bleu, gris, vert », ital. de Brescia *glasû*[4].

glen- ; fr. *glaner*, irl. *glenaim*, gall. *glynu* « s'attacher » ?

[*glesum*], « ambre », chez les *Aestii*, dont la langue se

1. J. Loth, *Comptes rendus de l'Académie des inscriptions et belles-lettres*, 1916, p. 171.

2. Meyer-Lübke, *Zeitschrift für romanische Philologie*, XV (1891), p. 242 ; cf. Schuchardt, *ibid.*, XXI (1897), p. 199.

3. J. Loth, *Comptes rendus de l'Académie des inscriptions et belles-lettres*, XXVI (1898), p. 175-176.

4. Schuchardt, *Archiv für slavische Philologie*, XIII (1890), p. 159.

rapprochait de celle des Bretons ; irl. *glés* « éclat », gall. *glwys* « pur ».

glisso-, terme de composé ; cf. fr. *glaise*. Voir *glisso-marga*.

glissomarga (Pline, XVII, 46), « marne blanche ».

gnata, fém. de *gnatus*.

gnatha (inscr. 59) ; pour *gnata* [1] ?

-gnato-, terme de nom gaulois ; irl. *gnáth* « habitué », gall. *gnawd* « habituel ». Voir aussi *gnatus* [2].

gnatus, « fils » (*C. Gl. lat.*, V, p. 635, 3). Cf. *nate*.

go (*Coligny*, V, 4, 2) indication de jour : *d go riv.*

gobannition-, terme de nom gaulois ; cf. irl. *goba*, gén. *gobann* « forgeron », gall. *gofaint* « forgerons ».

gobedbi (inscr. 33), dat. plur. ? ; cf. gall. *gob*, *gof*, bret. *gof* « forgeron » [3].

**gobo-* ; irl. *gob* « bec », fr. *gober*, *gobet* [4].

-goneto-, var. *-gonneto-*, terme de nom propre ; cf. irl. *gonim* « je tue »?

gorgo-, terme de nom propre ; irl. *gorg* « cruel ».

**gorto-* ; irl. *-gort* « enclos », cf. gall. v. bret. *garth* « haie », v. fr. *gource*, lim. *gorso* (de **gortia*) [5].

gortonicus, ms. *gorthonicus*, *gurdonicus* (Sulpice Sévère, *Dial.*, I, 27, 2) « rustique » ? Voir *gorto-* [6].

---

1. J. Loth, *Comptes rendus de l'Académie des inscriptions et belles-lettres*, 1916, p. 182.

2. Maury (*Mémoires de la Société des Antiquaires de France*, XIX (1849), p. 23, compare *Cintugnata* à *Cintugena*, *Camulognata* à *Camulogena*.

3. Poisson, *Bulletin de là Société de géographie de Rochefort*, XXX (1908), p. 259 ; *Revue celtique*, XXXIII (1912), p. 101-103. Thurneysen, *Zeitschrift für celtische Philologie*, VI (1908), p. 558. *Gobedbi* serait un verbe d'après Stokes, *Beiträge zur Kunde der indogermanischen Sprachen*, XI (1886), p. 157.

4. Thurneysen, *Keltoromanisches*, p. 60.

5. A. Thomas, *Nouveaux essais de philologie française*, p. 53.

6. Babut, *Revue historique*, CIV (1910), p. 287-298. Bradley, *The English historical review*, XIX (1904), p. 281-282. Thurneysen. *Zeitschrift für celtische Philologie*, II (1899), p. 83.

govisa (*Rom*, A 8) ; cf. *gavim*, sur un peson de fuseau ?

granno-, thème de nom propre : v. gall. *grann* « cil, sourcil », bret. *grann*, cf. irl. *grenn* « barbe ».

ġrauco- ; v. fr. *groie*, prov. *grauca*. Voir *grava*.

grava-, *gravo-* ; gall. bret. *gro* « sable », fr. *grève*.

gravena- ; prov. *gravena* « gravier ». Voir *grava*.

grenna- ; irl. *grenn* « barbe », prov. *gren* « moustache », v. fr. *grenon*. Voir *granno-*.

gulbia, « bec » (Végèce, *Mulomed.*, I, 26, 2 ; Isidore, *Orig.* XIX, 19, 15) ; cf. irl. *gulba* « bec », gall. *gylfin* « bec », bret. *golvan* « passereau » ; fr. *gouge*.

gunna (*Anthol. lat.*, 209, 4) « pelisse » ; v. fr. *gonne* d'où gall. *gwn* « robe », par l'intermédiaire de l'anglais.

gurdonicus, var. *gorthonicus* (Sulpice Sévère, *Dial.*, I, 27, 2) ; dér. de *gurdus* ?

[*gurdus*], « stolidus », mot d'origine espagnole, (d'après Quintilien, I, 5, 57) ; fr. *gourd*, gall. *gwrdd* « fort ».

gutu-, terme de composé ; irl. *guth* « voix » ; cf. irl. *guide* « prière ». Voir *gutuater*.

gutuater, sorte de prêtre (*Guerre de Gaule*, VIII, 38 ; inscr.). Voir *gutu-*, *-ater* [1].

H

haeduo-, var. de *aeduo-*.

halus, « consoude » (Pline, XXVI, 42), mot gaulois (Marcellus, XXXI, 29).

hegzo (*Rom*, B 2-3).

hoclamsanus (Marcellus, XX, 115), nom de plante ; cf. gall. *hocys*, irl. *ucas* « mauve » ?

hrodanus. Voir *rodanus*, *rhodano-*.

[ὕς], « chêne à kermès », en Galatie (Pausanias, X, 36, 1) [2].

1. J. Loth, *Revue celtique*, XXVIII (1907), p. 119-121.
2. Perrot, *Mémoires d'archéologie*, 1875, p. 256-263. *Revue celtique*, I (1870-1872), p. 179-192.

I voyelle.

iccio-, thème et terme de nom gaulois.

ilio-, thème de nom propre ; gall. *ilio* « fermenter ».

imbeto-, thème de nom propre ; irl. *imbed* « multitude »,
v. gall. *immet* [1].

in (inscr. 33, 47), prép. « dans ».

in : *inquimon, in quimon* (*Coligny*, 1er mois compl., fin) ;
inogro, in ogro (2e mois compl. At. 2).

indutio-, terme de nom gaulois ; *Indutiomarus*, irl.
Indetmar.

innis, inn, inis, ini, in (*Coligny*), indication de jour :
dumann inis (I, 1, 7) *n inis r* (II, III, 2, At. 8, 12).

isarno-, thème de nom propre ; irl. *iarn* « fer », v. bret.
hoiarn, gall. *haiarn*.

isarnodori, ms. *Ysarnodori*, gén. (*Acta Sanct.*, I Jan. I,
p. 50) « ferrei ostii ». Voir *isarno-, -doro*.

*ivo- ; irl. *eo* « if », gall. *yw* ; bret. *ivin*, sans doute
emprunté au français *if* [2].

ivos, ivo (*Coligny*), indication de jour : *d amb ivos* (II,
3, At. 13, 15) *prini lag ivos* (I, 9, 2) ; irl. *eo* « bon » [3].

I consonne.

-ialo-, terme de nom de lieu ; gall. *ial* « espace découvert »[4].

1. Thurneysen, *Revue celtique*, XI (1890), p. 206,

2. Thurneysen, *Kelloromanisches*, p. 65. On rattache de même le
fr. *ive*, prov. *iva* « bugle » à un nom de plante gaulois **iva*.

3. Stokes, *Archiv für celtische Lexikographie*, I (1900), p. 297.
Rhys (*Notes on the Coligny Calendar*, p. 50-52) suppose que la
forme ancienne de ce mot est *evos* et le compare au skr. véd. *ávas*
« plaisir ». Thurneysen (*Zeitschrift für romanische Philologie*, II
(1899), p. 530) croit que *ivos* désigne des jours d'assemblées.

4. Thurneysen, *Zeitschrift für romanische Philologie*, XV (1891),
p. 268. A. Longnon, *Revue celtique*, XIII (1892), p. 361-367.

-ianton-, terme de nom propre. Voir *adianton-* et cf.
Iantu-, terme de nom propre de l'Europe centrale ; irl. *ét*
« zèle, émulation ».

iaro-, thème de nom propre ; gall. bret. *iar* « poule »,
irl. *eirin*.

ieuru (inscr. 33, 37, 38, 39, 40, 41, 42, 45, 51), datif
singulier ou forme verbale, pour *ˀepi-vero*? composé de
ˀvero, irl. *feraim* « je donne.» [1]. Voir ci-dessus, p. 37.

ἴορχος, « chèvre sauvage » (Oppien, *Cyn.*, II, 296) ; gall.
iwrch, bret. *iourc'h* « chevreuil ».

iorebe (inscr. 48) verbe ou datif pluriel. Voir ci-dessus,
p. 38. Cf. *ieuru*, *suiorebe*.

-iouro-, terme de nom propre. Cf. *ieuru*.

iovincillo-, *iovincilla-*, thème de nom propre; cf. fr. *jou-
vencel*, *jouvencelle*. Voir le suivant.

iovinço-, thème de nom propre; cf. gall. *ieuanc*, bret.
iaouanc, irl. *óac* « jeune ».

iug (*Coligny*, II, 3, 13), *iu.g.* (IV, 3, 13); indication
de jour : *miugriu.*, *iu.g.riuri*.

-iugo-, terme de nom propre ; gall. *iau*, bret. *ieo* « joug ».

ἰουπικέλλους (Dioscoride, I, 103), « genévrier ».

iura, *iuri-*, thème de nom de montagne ; léman. *jour*
« forêt de sapins », m. gall. *ior* « chef », peut-être anciennement « sommet » [2].

ἰουρβαρούμ (Dioscoride, IV, 16), « hellébore noir ».

1. H. d'Arbois de Jubainville, *Éléments de la grammaire celtiqne*,
1903, p. 122. La première étude sur ce mot est celle de Auber, *Bulletin de la Société des Antiquaires de l'Ouest*, 1855, p. 321-335 ; çf.
Becker, *Rheinisches Museum*, XIII (1858), p. 290-296 ; XIV (1859),
p. 154-158 ; *iúrad* du Livre d'Armagh, 189 *b*. 1, que l'on avait comparé à *ieuru*, ειωρου (R. Thurneysen, *Revue celtique*, VI, 1883, p. 96)
est une mauvaise lecture de *diúrad* (Stokes and Strachan, *Thesaurus
palaeo-hibernicus*, I, 1901, p. 498, l. 36).

2. F. de Saussure et J. Loth, *Revue celtique*, XXVIII (1907),
p. 339-341.

L

labaro-, thème de nom gaulois (Silius Italic , IV, 232); gall. *llafar* « sonore », « éloquent », bret. *lavar* « parole », irl. *labar* « éloquent ».

laena (Cicéron, *Brut.*, XIV, 56), sorte de manteau gaulois (Isidore, *Orig.* XIX, 23, 1); mot toscan ou grec d'après Festus (p. 117, 10). Voir λαῖνα.

λάγινον, var. λάγονον (Dioscoride, IV, 145), *laginen* (Pline, XXIV, 139) « hellébore blanc »; irl. *laigen* « lance », gall. *llain* « lame ».

lagit (*Coligny*, II, 2, 5), *lage* (III, 2, 5), *lag* (III, 4, 6) *la* (I, 8, 8), indication de jour : *prinni lagit*; cf. irl. *laigiu* « moindre », gall. *llai*? Voir *loudin*.

**laidi-* ; irl. *láid* « chanson », prov. *lais*, fr. *-lais*, *lai* [1].

λαῖνα, vêtement de dessus fabriqué en Gaule (Strabon, IV, 4, 3). Voir *laena*.

**landa-*, irl. *land* « enclos », gall. *llan* « parvis », bret. *lann* « monastère, endroit plan », fr. *lande*.

-lanio -, terme de nom propre. Voir *lano-*.

-lan(n)o-, terme de nom propre ; « plaine »? lat. *planus* ; ou *lann* « endroit consacré » [2]?

λάριξ, *larix*, « chêne », dans la Gaule subalpine (Dioscoride, I, 92) et cisalpine (Vitruve, II, 9, 14); irl. *dair*, gén. *darach* « chêne » [3].

laro-, thème de nom gaulois (Silius Italicus, IV, 234); irl. *lár*, gall. *llawr* « sol », bret. *leur* « aire ».

lat (*Coligny*, 2ᵉ mois compl., en tête); irl. *laithe* « jour ».

---

1. G. Paris, *Romania*, XIV (1885), p. 606.
2. Fick, *Beiträge zur Kunde der indogermanischen Sprachen*, XII, p. 161. J. Loth, *Revue celtique*, XXX (1909), p. 123.
3. Si ce mot n'était pas attesté comme d'origine celtique, il serait raisonnable, à cause du changement de *d* en *l* (cf. gr. δάκρυ, lat. *lacrima*) de le regarder comme latin.

-late, terme de nom de lieu ; gall. *llaid* « boue », fr. *dé-layer*.

-lati-, terme de nom propre ; irl. *laith* « héros ».

-lato-, terme de nom gaulois. Voir *lati-*.

laurio (Pline Valérien, I, 33), « serpolet ». Voir *gilarus*.

lauro-, thème de nom propre ; irl. *lour* « suffisant »[1].

lautro, « balneo » (*Glossaire de Vienne*) ; *-lautro-*, terme de nom de lieu ; irl. *loathar* « bassin », *lóthur* « canal », m. bret. *louazr* « auge ».

laveno-, *-launo-*, thème et terme de nom propre ; gall. *llawen*, bret. *laouen* « joyeux ».

ledo, pl. *ledones*, « reflux » (Bède, *De temp. rat.*, 29) ; « majores aestus » (*C. Gl. Lat.*, V, p. 571, 37) ; « inflatio maris » (*Gloss.* cod. Bruxelles 10859, 16 v. 2).

legasit (inscr. 47), verbe, 3e p. sg. prét. ; cf. lat. *legavit*. Voir ci-dessus, p. 37, 122.

**lego-* ; gall. *lle* « lieu » ; le français *lieu* aurait été influencé par le celtique[2]. Mais le breton *lec'h* représente **legso-*.

[λεγούσματα], var. λειούσματα, sorte de cuirasse chez les Galates (Hésychios) :

lemo-, var. *limo-*, terme de nom de lieu et de peuple ; irl. *lem*, gall. *llwyf* « orme ».

lemo-, terme de nom propre ; gall. *llef* « voix », m. bret. *leff* « gémissement ».

leto-, thème de nom propre ; irl. *liath* « gris », gall. *llwyd*, bret. *loued* « moisi ».

leuca (saint Jérôme, *in Ioel*, III, 18) ; fr. *lieue*, bret. *leo*.

leucetio-, thème de nom propre ; irl. *lóche*, gén. *lóchet* « éclair », gall. *lluched* « éclairs », m. bret. *luhet*[3].

---

1. H. d'Arbois de Jubainville, *Revue celtique*, XVI (1895), p. 128-134.

2. Suchier, *Altfranzösische Grammatik*, p. 57.

3. Peut-être faut-il aussi à cette racine rattacher *lucoti-* que l'on peut comparer au got. *liuhath* « lumière », qui est un ancien **leukoto-*.

leuga, leuva, var. de *leuca*.

lexovio-, thème de nom de peuple gaulois ; gall. *llechwedd* « pente », *llech* « abri ».

licno-, thème de nom propre ; irl. *leco* « mâchoire »[1].

**liga-* ; irl. *lige* « lit », fr. *lie*[2].

ligauno-, thème de nom gaulois (Silius Italicus, IV, 206). Cf. *Ligauni*, nom de peuple gaulois.

**ligita-* ; lomb. *lita* ; cf. bret. *lec'hid* « limon », gall. *llaith* « humidité »[3].

lila (*Rom*, A 4).

limeum, « ellébore » (Pline, XXVII, 101). Voir *limo-*.

limo-, terme de nom propre. Voir *lemo-*.

lindo-, terme de nom propre ; irl. *lind* « eau », « étang », gall. *llyn*, bret. *lenn*.

lingon-, thème de nom de peuple ; cf. irl. *lingim* « je saute », bret. *lamm*, gall. *llam* « saut ».

linna, sorte de manteau (Isidore, *Orig.*, XIX, 23, 3) ; irl. *lenn* « couverture », gall. *llen*, bret. *lenn*.

lisco-, thème de nom gaulois ; irl. *lesc* « paresseux, lent ».

lisso-, thème de nom de lieu ; irl. *less*, v. bret. *lis*, gall. *llys* « cour, palais ».

litana, « (silva) vasta » (Tite Live, XXIII, 24, 7) ; v. gall. *litan*, irl. *lethan*, bret. *ledan* « large ».

-litano-, terme de nom propre. Voir *litana*.

-litavi-, terme de nom gaulois ; cf. v. gall. *Litau*, irl. *Letha*, nom de la Gaule chez les Celtes insulaires ; le skr. *prthivī*, un des noms de la terre, semble identique au nom de dieu gaulois *Litavis*[4].

litavicco-, *litavico-*, thème de nom gaulois, dérivé de

1. Strachan, *Transactions of the philological Society*, 1891-1894 p. 229.
2. Thurneysen, *Keltoromanisches*, p. 66 ; *Zeitschrift für romanische Philologie*, XXIII, p. 196. Mais l'irlandais *lige* « lit », « être couché », semble plutôt apparenté au gallois *lle* « lieu ».
3. Meyer-Lübke, *Romanisches etymologisches Wörterbuch*, p. 363.
4. Thurneysen, *Indogermanische Forschungen*, IV (1894), p. 84-85.

Litavia, nom de la Gaule chez les Celtes insulaires; v. gall. *letewic* « armoricain ».

litu-, terme de nom propre; irl. *lith* « fête », bret. *lid*.

livo-, terme de nom propre; irl. *li* « gloire », *lii* « couleur », v. gall. *liu* « grâce », gall. *lliw*, bret. *liou* « couleur ».

[*lokan*], acc. sg. (inscr. de Todi); gall. bret. *go-lo* « couverture », irl. *fo-lach*.

logitoe (inscr. 48).

longo-, terme de nom propre; irl. *long* « long », si ce mot n'est pas emprunté au latin.

lota (schol. de Juvénal, V, 81), « lotte » (poisson).

loucetio-, thème de nom propre. Voir *leucetio-*.

louco-, thème de nom propre; irl. *lúach-* « brillant », gall. *llug* « lumière ».

loudin (*Coligny*, II, 1, 7), *loud* (III, 1, 7), *lod* (III, 2, 1); indication de jour : *prinn lod*, *prini loudin*; irl. *luad-* « remuer vite »[1]; ou gall. *lludd* « obstacle »[2], m. bret. *luz* « embarras ».

lovo-, terme de nom propre ; gall. *-leu*, bret. *-lou* « lumière »; ou irl. *lo* « eau ».

lucio-, thème de nom propre; gall. *-lwg* (am-lwg, cyf lwg) « remarquable ».

luco-, terme de nom propre ; irl. *loch* « lac ».

lucoti-, terme de nom propre ; irl. *luch*, gén. *lochad* « souris », gall. pl. *llygod*, bret. *logod*.

lucterio-, thème de nom gaulois ; irl. *lucht* « part, partie », gall. *llwyth* « fardeau, tribu ».

λουερνιο-, thème de nom propre ; v. bret. *louuern* « renard », irl. *loarn*, cf. v. fr. *luberne*[3], gr. ἀ-λώπηξ.

1. J. Loth, *Revue celtique*, XXXII (1911), p. 208.
2. Thurneysen, *Zeitschrift für celtische Philologie*, II (1899), p. 529.
3. Schuchardt, *Zeitschrift für romanische Philologie*, XXVI (1902), p. 422. A. Thomas (*Mélanges d'étymologie française*, p. 102) explique *luberne* par le latin *luperna*. Rhys, *Lectures on Welsh philology*, 2ᵉ éd., p. 389.

λοῦγος, « corbeau » (Clitophon, chez le Pseudo-Plutarque, *Des fleuves*, VI, 4)[1].

lug-, *lugu-*, terme de nom propre ; irl. *Lug*, héros du cycle mythologique ; irl. *lug* « lynx »[2].

lugduno, var. *lugdonum*, *luddunum*, *lugdunum*, « desiderato monte » (*Glossaire de Vienne*), « lucidus mons » (Heirici *Vita S. Germani*, IV, 2, 2)[3].

lutevo-, thème de nom propre ; dér. de **luta*, irl. *loth* « marais ».

luxterio-, var. de *lucterio-*. Voir ci-dessus, p. 98.

M

m (*Coligny*), abréviation placée à la suite du nom de mois ou de la date du jour ; pour *ma*, *mat* ?

m (*Coligny*), abréviation placée avant le nom de mois ; pour *mid* ?

ma (*Coligny*, 1er mois compl., 3, 8, 9), abréviation de *mat*.

μάδαρις (Strabon, IV, 4, 3), « javelot ». Voir *matara*.

magalo-, thème de nom gaulois ; v. bret. *mael*, irl. ogham. *maglus*, irl. *mál* « prince ».

mageto-, terme de nom propre ; cf. gall. *maith* « ample ».

magilo-, variante de *magalo-* (Polybe, III, 44, 5 ; Tite Live, XXI, 29, 6).

1. A. Holder, *Revue celtique*, XXVI (1905), p. 129, croit que c'est une mauvaise leçon de *ululugus*. H. d'Arbois de Jubainville (*Revue celtique*, VIII (1887), p. 169-172) met aussi en doute l'étymologie de Clitophon.

2. H. d'Arbois de Jubainville, *Revue celtique*, X (1889), p. 238-243 ; *Cours de littérature celtique*, VII, 1895, p. 305-317. Les *Lugoves* (pluriel de Lugus) seraient des *matres*, d'après J. Loth (*Revue archéologique*, XXIV (1914), p. 209).

3. M. S. Reinach pense que la source commune de ces deux étymologies est un glossaire grec qui expliquait le nom de Lyon par φωτεινόν ὄρος « lucidus mons » qu'un copiste changea en ποθεινόν ὄρος « desideratus mons » (*Revue des études anciennes*, XVIII (1916), p. 277-279).

-magio-, terme de nom propre; v. irl. *mag-* « grand ». Voir le précédent.

maglo-, terme de nom propre ; irl. *mál*, v. bret. *mael* « prince ».

-μαγος, -magus, second terme de nom de lieu ; irl. *mag*, bret. *-ma* « champ », gall. *ma* « endroit ».

magu-, terme de nom propre ; irl. *mug* « serviteur », gall. *maw*.

mamma-, thème de nom propre; gall. *mam*, bret. *mamm* « mère ».

mandu-, terme de nom gaulois. Voir *mannus*.

μανιάκης, « collier » (Polybe, II, 29, 8 ; 31, 5) ; irl. *muince*, v. gall. *minci*.

mannus, « petit cheval de trait » (Lucrèce, III, 1063), des Gaulois (Consentius, *G. L.*, V, p. 364, 9). Voir *mandu-*.

mano-, terme de nom propre ; v. bret. *-man* « homme », *Cat-man* « homme de combat », *Mor-man*, *Mor-van* « homme de mer ».

-mantalo-, terme de nom propre ; gall. *mantawl* « balance » [1].

manti- ; fr. *maint*, irl. *meit*, gall. *maint* « grandeur », bret. *ment* « taille » [2].

mapillo-, thème de nom propre ; dérivé de *mapo-*, irl. *mac*, gall. bret. *map*, *mab* « fils ».

mapono-, thème de nom propre ; gall. *mapon*, *mabon* « jeune homme » [3].

---

1. Peut-être « péage », dans *Petro-mantalum* (*Itinéraire d'Antonin*). Mais la *Table de Peutinger* présente la variante *Petrum.viaco*, qui, d'après M. C. Jullian, signifierait peut-être « carrefour » (*Revue des études anciennes*, XIX (1917), p. 33-34.

2. Thurneysen, *Keltoromanisches*, p. 105-106.

3. Rhys, *Lectures on the origin and growth of religion*, p. 21. H. d'Arbois de Jubainville (*Revue celtique*, XIV (1893), p. 152) a signalé ce nom de personne employé comme nom de lieu aux environs de Lyon. *Maponus* est, en Grande-Bretagne, un dieu assimilé à Apollon.

μάρκαν, acc., « cheval » (Pausanias, X, 19, 11), irl. *marc*, gall. *march*, bret. *marc'h*.

marcasius, var. de *mercasius*.

-μαρκισία, terme de composé « ensemble de cavaliers », dérivé de μάρκα. Voir τριμαρκισία.

marco-, premier terme de nom de lieu. Voir μάρκαν.

marcosior (inscr. de fusaïole), verbe? « que je monte à cheval »[1]. Voir *marco-*.

marcus, espèce de vigne médiocre (Columelle, III, 2, 55).

marga, « marne » (Pline, XVII, 42) ; bret. *marg*.

margila ; v. fr. *marle*, fr. *marne*, bret. *mercl* ; dérivé de *marga*.

-*maro-*, terme de nom gaulois ; irl. *már* « grand », gall. *mawr*, v. bret. *mor*, bret. *meur*.

-*marto-*, thème de nom gaulois ; irl. *mart* « bœuf » [2].

-*marusam*, acc., terme de composé ; irl. *marb*, gall. *marw*, bret. *marv* « mort », ou irl. *maraim* « je demeure », gall. *merydd* « lent » [3]. Voir *morimarusam*. Cf. *Latumarvos* en Cisalpine.

mascauda, var. de *bascauda*.

massa-, thème de nom propre ; irl. *mass* « beau ».

mastruga, lingua gallica vestis ex pellibus ferarum facta (Cod. Bern. 386, f° 18 a) ; mot germanique d'après un autre manuscrit (Cod. Paris. lat. 7643, f° 71 r° 2) [4].

mat, ma (*Coligny*), à la suite du nom de mois ; indication de jour (IV, 3, 14) ; abréviation de *matu* « complet » [5]?

---

1. J. Loth, *Comptes rendus de l'Académie des inscriptions et belles-lettres*, 1916, p. 175. Ci-dessus, p. 123.

2. On a proposé pour ce mot l'étymologie latine *mortuus*, parce que, comme l'anglais *beef*, il ne s'applique qu'à l'animal abattu pour la boucherie.

3. Streitberg, *Indogermanische Forschungen*, XIV (1903), p. 493. J. Loth, *Revue celtique*, XX (1899), p. 347.

4. *Grammatici latini*, éd. Keil, suppl., p. cxv, l. 3 ; 174, l. 18.

5. Thurneysen (*Zeitschrift für celtische Philologie*, II (1899), p. 525), lui attribue ce sens, plus voisin du latin *maturus* que du brittonique *mat* « bon ».

Voir *mati-*, *mato-*. Cette abréviation est jointe aux noms de mois suivants : *Samon*, *Riuros*, *Ogron*, *Cutios*, *Simivisonn*, *Edrinios*.

matara (César, I, 26, 3), *materis* (Sisenna chez Nonius, p. 556) sorte de javelot ; gall. *medru* « viser », v. fr. *matras*.

mati-, terme de nom propre ; irl. *maith* « bon ». Voir *mato-*.

ματικαν (inscr. 16).

mato-, terme de nom gaulois ; gall. bret. *mat*, *mad* « bon ». Voir *mati-*.

matrae, *matres*, *matronae*, sorte de fées ; irl. *máthir* « mère », gall. *modr-*, m. bret. *mozr-*.

ματρεβο (inscr. 19), dat. pl., cf. lat. *matribus*. Voir ci-dessus.

matrico-, terme de nom gaulois ; cf. gén. pl. *maithrech*, de *máthir* « mère ».

matu, *mat*, *ma*, *m* (*Coligny*), après le nom du mois ou après la date du jour. Voir *mat*, *ma*. Cf. *anmat*.

-matu-, terme de nom gaulois ; irl. *math* « ours », gall. *madawg* « renard ». *Mathu* est en irlandais la survivance d'un nom de divinité ; cf. germ. *Mathu-* [1].

m d (*Coligny*), abréviations placées après la date. Voir *matu*, *mat* et *d*.

medio-, terme de nom gaulois ; irl. *mide* « milieu ».

mediolanum, « lanigero de sue nomen » (Sidoine Apollinaire, *Epist.*, VII, 17, 2, 20) « sus medio lanea » (Isidore, *Origines*, XV, 1, 57) [2].

medu-, terme de nom propre ; irl. *mid* « hydromel », gall. *medd*, bret. *mez*.

---

1. Marstrander, *Revue celtique*, XXXVI (1916), p. 353-356. H. d'Arbois de Jubainville, *Les druides et les dieux celtiques à forme d'animaux*, 1906, p. 160-162.

2. Sur ce nom de lieu, voir A. Longnon, *Revue celtique*, VIII (1887), p. 375-378. L'explication du second terme *-lanum* par *lana* « laine » semble être une étymologie populaire. Voir ci-dessus, p. 264.

mele (*Coligny*, III, 1, 3), indication de jour : *mele ivo* ; pour *m elembiu ivos* ?

-*melisso*-, thème de nom propre ; irl. *milis* « doux », gall. *melys*.

melo-, thème de nom propre ; irl. *mîl* « bête sauvage », gall. *mil*, bret. *mil*.

mello-, terme de nom propre ; irl. *mell* « colline », bret. *mell* « soule ».

**melvi*- ; bret. *milvid*, fr. *mauvis* ?

mendo-, terme de nom propre ; irl. *mend* « clair », « bègue » ? Voir *minno*-.

**mēna* (pour **meina*) ; fr. *mine* ; gall. *mwyn* « métal », irl. *méin*.

mercasius, « mare » (*Acta Sanct.*, 30 Aug. VI, p. 582 d) ; v. fr. *marchois* « marais ».

μεριϲειμόριον, ms. μεριϲιτοιμόριον (Dioscoride, III, 108), « mélisse » ; irl. *semar* « trèfle » ?

**mesga*- ; irl. *medg* « petit lait », gall. *maidd*, fr. *mègue* [1].

mid (*Coligny*), précède le nom du 1ᵉʳ mois complémentaire et du mois *Samon* ; le plus souvent abrégé en M ; sans doute à rapprocher de l'irlandais *mid* « milieu », plutôt que de l'irlandais *mí*, gall. *mis*, bret. *miz* « mois ». Voir *midx*.

mid-samon (*Coligny*), « milieu de l'été » : nom de mois ; irl. *mithemain* « juin », gall. *mehefyn*, bret. *mezeven* « juin » [2]. Voir *mid, samon*.

midx, variante de *mid*, d'après MM. Dissard et Lechat (*Coligny*, 1ᵉʳ mois compl., titre).

**mina*- ; fr. *mine*, bret. *min* « museau », gall. *min* « lèvre » ; l'irlandais *mén* « bouche » remonte à **megno*-. Voir aussi *mēna*.

---

1. Thurneysen, *Zeitschrift für vergleichende Sprachforschung*, XXVIII (1885), p. 152 ; XXXIV (1895), p. 502. *Keltoromanisches*, p. 108.

2. J. Loth, *Revue celtique*, XXV (1904), p. 130, 383.

minio-, thème de nom propre ; irl. *mín* « doux », gall. *mwyn*, bret. *moan* (pour *meino-*), fr. dér. *mignon*.

minno-, terme et thème de nom propre ; irl. *menn* « chevreau », gall. *myn*, bret. *menn*.

mman (*Coligny*, 2e mois compl., titre), mauvaise lecture pour *amman*.

mo (*Coligny*, I, 1, &), après la date : *m d .mo*.

mocco-, thème de nom propre ; gall. *moch*, bret. *moc'h* « pourceau », irl. *muc*.

-mogeti-, terme de nom propre ; v. irl. *mog* « grand ». Cf. *mageto-*.

mogu-. Voir *magu-*.

molto-, thème de nom propre ; irl. *molt* « bélier », gall. *mollt* « mouton », bret. *maout*.

moni, *mon* (inscr. 59), 2e p. sg. impératif ? cf. gall. *myned*, bret. *monet* « aller » [1].

moniccia-, thème de nom propre ; irl. *muince* « collier », v. gall. *minci*. Voir μανιάκης.

more « mare » (*Glossaire de Vienne*). Voir le suivant.

mori-, terme de nom gaulois ; irl. *muir* « mer », gall. bret. *mor*.

morici, « marini » (*Glossaire de Vienne*).

[*morimarusam*], « mortuum mare », mot de la langue des Cimbres (Philémon chez Pline, IV, 94).

morino-, thème de nom gaulois (Silius Italicus, XV, 723). Cf. *Morini*, nom de peuple gaulois. Voir *mori-*.

moritex « navigateur », ou nom propre ; cf. gall. *mordwyo*, m. bret. *mordeiff* « naviguer » [2].

mosa-, thème de nom gaulois (Silius Italicus, XV, 727). Cf. *Mosa*, nom de rivière et son diminutif *Mosella*.

mu (*Coligny*, 1er mois compl., 9).

mucia- ; v. fr. *mucier*, irl. *múchad* « cacher ».

---

1. J. Loth, *Comptes rendus de l'Académie des inscriptions et belles-lettres*, 1916, p. 182.

2. H. Osthoff, *Zeitschrift für celtische Philologie*, VI, p. 430-432. M. Jullian compare le nom de dieu Apollon *Moritasgus*.

*multon- ; fr. *mouton*. Voir *molto-*.

mure, var. de *more*.

N

n (*Coligny*), abréviation placée après la date, comme D, M D : *n ini r* (V, 2, At. 12) ; irl. *nocht* « nuit », gall. *nos* ?

na (*Rom*, A 3, B 11).

nagarba, « sorte de terre dure » (Pseudo-Augustin, *De mirab. S. Script.*, 24) ; irl. *garb* « rude ».

namantio-, thème de nom propre ; irl. *nama*, gén. *namat* « ennemi ».

nameio-, *nammeio-*, thème de nom gaulois.

nanto, « valle » (*Glossaire de Vienne*), gall. *nant* « vallon », fr. savoyard *nant*.

nanto-, *-nantu-*, thème et terme de nom propre. Voir *nanto* ; cf. aussi irl. *Nét*, nom d'un dieu guerrier.

*nasca- ; fr. manceau *nâche* « attache pour les vaches », irl. *nasc* « bague », bret. *nasc* « lien ».

nate « fili » (*Glossaire de Vienne*). Voir *gnatus*. On a corrigé en *snato* « filo », irl. *snáth* « fil », gall. *ysnoden*, bret. *neud* [1].

naupreda, « lamproie » (Polemius Silvius, *Laterc.*) ; irl. *nói*, gall. *naw*, bret. *nao* « neuf » ; cf. le nom populaire de la lamproie « sept-yeux », « bête à sept trous » [2].

nausum, sorte de navire (Ausone, *Epist.*, XXII, 1) ; irl. *nau* « navire ».

ne (*Coligny*, 1er mois compl. 7).

nemeto-, terme de nom propre ; irl. *nemed* « sanctuaire ».

---

1. H. d'Arbois de Jubainville, *Revue celtique*, VIII (1887), p. 183. Le mot *nate* (var. *nati*) se trouve aussi dans une phrase en gaulois conservée dans la Vie de saint Symphorien d'Autun ; ci-dessus, p. 71.

2. V. Rose, *Anecdota graeca et graecolatina*, Berlin, 1870, II, p. 53-55. E. Rolland, *Faune populaire de la France*, 1881, III, p. 97.

νεμητον (inscr. 7) ; cf. δρυ-νέμετον (Strabon, XII, 5, 1). Voir *nemeto-*.

nemo-, thème de nom propre ; irl. *nem* « ciel », gall. *nef*, bret. *nev, env.*

neptaco-, thème de nom propre ; dér. de *nepto-*, irl. *necht*, v. bret. *nith* « neveu » ; cf. lat. *nepos*.

. . *nertaco-*, thème de nom propre ; v. gall. *nerthauc* « fort, robuste ». Voir le suivant.

-nerto-, terme de nom propre ; irl. *nert*, gall. *nerth* « force », bret. *nerz.*

nertomarus, nom propre ; irl. *nertmar*, gall. *nerthfawr* « fort ». Voir *nerto-, maro-*.

nevio-, terme de nom de lieu ; gall. *newydd* « nouveau », bret. *nevez.* Voir *novio-*.

nimidas, acc. pl., « sacra silvarum » (*Ind. superst. et pagan.*) ; irl. *nemed* « sanctuaire ». Voir *nemeto-*, δρυνέμετον.

nitio-, terme de nom propre ; irl. *nith* « combat ».

no (*Coligny*, 2ᵉ mois compl. 9).

noi (*Rom* , B 5).

novio-, terme de nom de lieu ; irl. *núe* « nouveau » [1]. Voir *nevio-*.

n s (*Coligny*), abréviation mise après la date (1ᵉʳ mois compl. At. 7 ; I, 2, At. 13 etc.), « demi-nuit » [2] ? Voir *d s*.

O

-obno-, terme de nom propre ; var. de *omno-*.

ociomu (*Coligny*, IV, 4, 4), *ociom* (III, 4, 4), indication de jour : *m d ociomu riuri.*

1. H. d'Arbois de Jubainville, *Les premiers habitants de l'Europe*, II, p. 256-257.

2. Thurneysen, *Zeitschrift für celtische Philologie*, II (1899), p. 528.

octo-, thème et terme de nom propre; irl. *ochte* « angoisse », gall. *oeth* « violent ».

octo-, terme de nom propre ; irl. *ocht*, gall. *wyth*, bret. *eiz* « huit ».

odocos (Marcellus, VII, 13), « hièble », var. *odicos, odecus* (*C. Gl. Lat.*, III, 571, 46; 615, 27); v. prov. *olegue* [1]. Voir δουχωνέ.

ὄγμιος, nom de l'Héraclès gaulois (Lucien, *Héraclès*, 11) ; irl. *Ogma* n. pr. ; *ogham*, nom d'une ancienne écriture irlandaise [2]. Mais ὄγμιος pourrait être un mot grec dérivé de ὄγμος et signifiant « conducteur » [3].

ogroni, ogronu, ogron, ogro, ogr (*Coligny*), nom de mois; indication de jour : *m d ogroni* (IV, 4, 7), *d ogron amb* (I, 4, At. 9), *m d quti ogron* (IV, 4, At. 8) ; gall. *oer* « froid », irl. *uar* [4]. Voir *in*.

oino-, thème de nom propre ; irl. *óin* « un », gall. *un*, bret. *unan*.

oito-, thème de nom propre ; irl. *oeth* « serment », v. gall. *ut-*.

olca, « champ fertile » (Grégoire de Tours, *In glor. conf.*, 79) ; fr. *ouche*.

olio-, thème de nom propre ; irl. *uile* « tout ».

ollo-, terme de nom gaulois ; irl. *oll* « grand », gall. bret. *oll* « tout ».

omasum, « triperie » (Naevius chez Nonius, p. 151, 1), mot gaulois (*C. Gl. Lat.*, II, p. 138, 29).

-omno-, terme de nom propre ; irl. *oman*, gall. *ofn* « crainte », bret. *aoun*.

---

1. Thomas, *Nouveaux essais de philologie française*, p. 305-309. Cuny, *Mémoires de la Société de linguistique de Paris*, XVI (1911), p. 327.

2. Rhys, *Lectures on the origin and growth of religion*, p. 16-20.

3. Cf. Mercurium... viarum atque itinerum ducem. César, VI, 17.

4. J. Loth, *Comptes rendus de l'Académie des inscriptions et belles-lettres*, XXVI (1898), p. 175-176.

onno, « flumen » (*Glossaire de Vienne*).

ontezatim (*Rom*, B 8).

orbio-, thème de nom propre ; irl. *orbe* « héritage ».

orco-, thème de nom propre ; irl. *orc* « porc », cf. lat. *porcus*, v. h. a. *farah*.

orge, « occide » (*C. Gl. Lat.*, V, 376, 29) ; irl. *orgim* « je tue ».

orgeto-, thème de nom gaulois ; v. bret. *orgiat*, gl. caesar.

**ortu-*, irl. *orddu* « pouce », a sans doute influencé fr. *orteil* [1].

ovalidia, « camomille » (Pseudo-Apulée, 23).

ovio-, terme de nom propre ; cf. irl. *ói* « brebis ».

ox (*Coligny*, 1ᵉʳ mois compl. fin).

P

[*padi*], « sapins » (Métrodore de Scepsis, chez Pline, III, 122), en Cisalpine.

pado-, thème de nom gaulois (Silius Italicus, IV, 232). Cf. *Padus*, nom de fleuve.

paraveredus (code de Justinien, XII, 51, 2), « cheval de trait » ; fr. *palefroi*. Voir *veredus*.

**pario-* ; gall. *pair* « chaudron », prov. *pairol*.

parisio-, thème de nom de peuple ; cf. gall. *par-* « faire ».

passernices, « pierres à aiguiser » (Pline, XXXVI, 165).

πεμπε-, terme de composé ; bret. *pemp*, v. gall. *pimp*, irl. *cóic* « cinq ». Voir πεμπέδουλα.

πεμπέδουλα, var. πομπαίδουλα, πομπέδουλα (Dioscoride, IV, 42) « quintefeuille » ; bret. *pempdelien*. Voir πεμπέ-, -δουλα.

penno-, terme de nom propre ; gall. bret. *penn* « tête », irl. *cenn*.

πεπεράκιουμ (Dioscoride, I, 2), « iris des marais », semble

1. Ascoli, *Archivio glottologico italiano*, X (1887), p. 270-271.

d'origine latine ou grecque. Le Pseudo-Apulée écrit *piper apium*.

perca (Ausone, *Moselle*, 115), « perche » (poisson) ; gr. πέρχη.

petiux (*Coligny*, II, 3, At. 10), *peti* (III, 3, At. 8), indication de jour : *m d petiux riuri, d peti riuri anag.*

petor-, terme de nom commun, gall. *pedwar* « quatre », osq. *petora*, ombr. *petur*. Voir *petru-*.

petorritum (Varron chez Aulu-Gelle, XV, 30, 7), char gaulois à quatre roues (Paul Diacre, p. 207). Voir *petor-*, *-ritum*.

πέτρινος, manière de lancer le javelot dans une conversion (Arrien, *Tact.*, XXXVII, 4) ; gall. *pedrain* « croupe » [1].

petru-, terme de composé ; gall. *pedry-* « quatre » [2]. Voir *petrudecameto, petor-*.

petrudecameto, abl., (*C. I. L.*, XIII, 2494), bret. *pevarzekvet* « quatorzième » [3].

**pettitto-* ; fr. *petit* ; apparenté à l'irlandais *cuit* « part », gall. *peth* « chose », bret. *pez* « morceau », fr. *pièce*, de **pettia-* [4].

petuario-, terme de nom propre ; v. gall. *pedwerid*, bret. *pévaré* « quatrième ».

pictavi, pictones, nom de peuple gaulois, cf. les *Picti* de Grande-Bretagne ; gall. *pyth* « rusé », bret. *piz* « avare », irl. *cicht* « graveur ».

pilentum, sorte de voiture gauloise (Porphyrion, *ad Horat. Epist.*, II, 1, 192).

piperapium, var. de *piperatium*.

piperatium (Pseudo-Apulée, 6), « iris des marais ». Voir πεπεράκιουμ.

---

1. Watson, *The Celtic review*, IV (1907-1908), p. 384.
2. J. Loth, *Revue des études anciennes*, XVIII (1916), p. 280-286.
3. J. Loth, *Comptes rendus de l'Académie des inscriptions et belles-lettres*, 1909, p. 23-25.
4. Thurneysen, *Keltoromanisches*, p. 71.

platiodanni (*C. I. L.*, XIII, 6776), n. pl., « curateurs des places (?) ». Voir *dan*.

[*plaumorati*], « charrue à deux roues » en Rhétie (Pline, XVIII, 172), corrigé en *ploum Raeti*. Cf. lat. *plaustrum*.

pog-, dans *pog-dedor-ton* (*Coligny*). Voir le suivant.

pogdedorton, *pogdedortonin* (*Coligny*, 1er mois compl., fin).

pogea ou *potea* (*Rom*, B 6).

p.ogen Dei Moltini, sorte de prêtre (*C. I. L.*, XIII, 2585). Cf. dans la même inscription : *flaminis Aug.*, *gutuatri Mart.*

pommio (*Rom*, B 5).

πομπαίδουλα (Dioscoride, IV, 42), var. de πεμπέδουλα.

pompedulon (Pseudo-Apulée, 2), « quintefeuille ». Voir πεμπέδουλα.

πονέμ, « armoise » (Dioscoride, III, 117).

ponto, pl. *pontones*, espèce de bateau gaulois (César, III, 29, 3) ; fr. *ponton*.

potea ou *pogea* (*Rom*, B 6).

poura ou *pourahe* (*Rom*, A 9).

pr (*Coligny*, I, 4, 6), abréviation de *prinni*.

prenne, « arborem grandem » (*Glossaire de Vienne*) ; gall. *pren*, bret. *prenn* « bois », irl. *crann* « arbre ».

priavimo (*Rom*, B 6-7), verbe ? 1er p. pl.

prinni (*Coligny*, III, 2, 5), *prini* (IV, 1, At. 2 ; II, 1, 7), *prinno* (V, 6, 4), *prino* (V, 1, At. 2), *prin* (V, 4, 6), *pri* (I, 6, 7), *pr* (I, 4, 6) « bois » ? indication de jour : *prinni loudin*, lancement des morceaux de bois à l'aide desquels on consultait le sort ?[1] ; *m d prino samon*, *prinni lagit equi prinni la*. Cf. le nom d'homme *Comprinnus* et le nom de lieu *Compriniacus*[2]. Voir *prenne*.

---

1. J. Loth, *Revue celtique*, XXXII (1911), p. 208 ; cf. XVI (1895), p. 313 ; en moyen breton *pren-denn* « malheur » s'expliquerait par « action de tirer le bois », « tirer au sort » ; en cornique *teulel pren* « lancer le bois », « tirer au sort » ; en irlandais *crann-chur* « lancer le bois », « tirer au sort »

2. A. Thomas, *Revue celtique*, XIV (1893), p. 304.

prioudixivos (Coligny,, II, 2, 1), indication de jour : *samon prioudixivos.*

pura (Rom, A 7) ; lat. *pura* ? cf. *pia* (A 6) et *poura* (A 9).

Q

quimon (Coligny, 1er mois compl., fin), mot simple, ou second terme de *in-quimon.*

qutio, quti, qut (Coligny), var. de *cutio,* nom de mois ; indication de jour : *ogro quti* (IV, 5, At. 8), *amb qutio* (V, 5, At. 3).

R

r (Coligny), indication de jour : *inis r, in r.*

raco-, terme de composé ; gall. *rhag* « devant », bret. *rac.*

raeda, var. de *reda.*

raia « raie » (*C. Gl. Lat.,* II, p. 168, 46).

ῥαιδιχᾶνον (Dioclétien, éd. XIX, 53).

ramedon (inscr. 49) ; irl. *rámut* « route », bret. *ranvet* « sentier » ?

-randa, terme de nom de lieu ; irl. bret. *rann,* gall. *rhan* « partie ».

-racte, var. de *-rate.*

-rate, terme de nom de lieu. Voir *rati-, rato-.*

ratin, acc. sg., (inscr. 51) ; irl. *ráith* « rempart de terre », d'où v. gall. *rath.*

ratis, « fougère » (Marcellus, XXV, 37) ; irl. *raith* « fougère », bret. *raden* « fougeraie », v. gall. *redin.*

rato-, terme de nom de lieu ; irl. *rath,* v. gall. *rat* « grâce » ?

**ratto-* ; fr. *rat,* bret. *raz.*

reburrus, « chauve » (*C. Gl. Lat.,* II, p. 169, 22) ; fr. *rebours,* prov. *rebous.*

recto-, terme de nom propre ; irl. *recht* « loi », m. bret. *reiz* « juste », m. gall. *reith* « loi ».

rectu-, var. *reχtu-*, terme de nom propre ; irl. *recht* « loi ». Voir *recto-*.

reda (César, I, 51), voiture à quatre roues (Quintilien, I, 5, 57), d'origine gauloise (*C. Gl. Lat.*, V, 525, 32) ; irl. *-riad* dans *dé-riad* « char à deux roues ».

-redia, terme de nom de lieu ; dérivé de *reda*. Voir *eporedia*.

-redo- (*ē*), terme de nom propre ; irl. *riad* « course », gall. *rhwydd* « à l'aise » :

redon-, thème de nom de peuple ; bret. *Roazon* « Rennes ». Voir *reda*.

reg-, *regi-*, thème de nom propre. Voir *rig-*.

regio-, *-rego-*, thème de nom propre. Voir *rigio-*, *rigo-*.

-reix, terme de nom propre ; var. de *rex*.

remo-, thème de nom de peuple gaulois ; irl. *riam* « avant », gall. *rhwyf* « roi », v. corn. *ruif*.

renne, mauvaise lecture de *prenne*.

reno- (*e-ei*), thème et terme de nom propre ; irl. *rian* « mer » ; cf. v. fr. *rin* « source »[1].

reno (Salluste, *Hist.* III, fr. 104), « vestis de pellibus » (Varron, *De ling. lat.*, V, 35) ; irl. *róin*, gall. *rhawn* « longs poils rudes » pour *rāni-*, *rāno-*.

reto-, terme de nom propre ; irl. *rethim* « je cours », bret. *réd*, gall. *rhed* « course ».

-rex, variante de *-rix*. Voir ci-dessus, p. 59, 97.

rhedo, var. *raedo*, *thedo*, nom de poisson (Ausone, *Moselle*, 89).

rhodano-, thème de nom gaulois (Silius Italicus, XV, 722). Voir (*h*)*rodanus*.

rica- ; irl. *rech*, gall. *rhych* (de *ricso-*) « sillon », fr. *raie*, v. fr. *roie*.

---

1. D'après O. Schultz-Gora (*Zeitschrift für romanische Philologie*, XXXVIII, (1914), p. 367), *rin* viendrait tout simplement du latin *rivum*.

rictu-, thème de nom propre ; irl. *richt* « forme », gall. *rhith* « apparence ».

-rigium, second terme de nom de lieu ; irl. *rige* « royaume ».

rigo-, terme de nom propre ; irl. *ri* « roi », v. bret. *Ri-*.

**rino-* ; v. fr. *rin* « source » ; cf. *rêno-* pour **reino-*.

ritu-, *-ritum*, terme de nom de lieu ; v. gall. *rit* « gué » ; irl. *-rith* dans un nom de lieu[1] ; cf. lat. *portus* « port », v. h. a. *furt* « gué ».

-ritum, second terme de composé ; cf. *reto-*, *roto-*. Voir *petor-ritum*.

rivo (*Coligny*, I, 3, 13), second terme de *devorivo*? composé de *r* et *ivo* ?

riuros, *riuro*, *riuri*, *riur*, *riu* ou *rivros* (*Coligny*), nom de mois ; indication de jour : *m d brig riu* (III, 3, 4), *d riuri* (I, 2, 11) ; irl. *réud* « gelée », gall. *rhew*? ou dérivé de *rivo* ?

-rix, terme de nom gaulois ; irl. *ri* « roi », v. bret. *Ri-*.

rixri (*Coligny*, I, 1, 5); faute pour *rivri*?

rixtio cob (*Coligny*, 1er mois compl. fin).

ro, var. *hro*, *rho*, « nimium » (*Glossaire de Vienne*). Voir *roth*.

ro-, terme de nom propre ; irl. *ro-*, gall. *ry-*, particule intensive.

**rocca-* ; bret. *roc'h*, fr. *roche*.

(*h*)*rodanus*, « judex violentus » (*Glossaire de Vienne*). Voir *ro*, *dan*.

rodarum, « reine des prés » (Pline, XXIV, 172).

roth, « violentum » (*Glossaire de Vienne*). Voir *ro*.

roto-, terme de nom propre ; irl. *roth* « roue », gall. *rhod*, bret. *rod* ; mais aussi v. gall. *rot-*, gall. *rhod-* « gué », cf. *-ritum*[3].

1. Kuno Meyer, *Revue celtique*, XVI (1895), p. 89-90.

2. Thurneysen, *Zeitschrift für celtische Philologie*, II (1899), p. 533.

3. J. Loth, *Revue celtique*, XV (1894), p. 97-98.

*rotta-. Voir *crotta.*

rottas, nom de poisson (Polemius Silvius, *Laterc.*). Cf. *Rottio.*

roudio-, thème de nom propre. Voir *roudo-.*

roudo-, thème et·terme de nom propre ; irl. *ruad,* gall. *rhudd* « rouge ».

rucco-, terme de nom propre ; cf. irl. *rucce* « honte », éc. *ruicean* « pustule ».

rufius, sorte de lynx (Pline, VIII, 70); irl. *rob, rop* « quadrupède », lat. *lupus*; cf. *rufus,* nom de poisson (*Ruodlieb,* XIII, 39), expliqué par le samnite *hirpus* « loup ».

[*rumpus*] (Varron, *De re rust.,* I,. 8, 4), vigne qui se relie à des arbres; v. gall. *rump* « tarière » ? cf. *rumpotinus* « arbre soutien de vigne », en Cisalpine.

runa-, thème de nom propre ; irl. *rún* « mystère », gall. *rhin.*

*rusca-, *rusco-* ; irl. *rusc* « écorce », gall. *rhisg,* fr. *ruche.*

S

s (Coligny), abréviation mise après la date : *n s, d s* « demi » ?[1].

sacro-, terme de nom gaulois ; gall. *hagr* « vilain », m. bret. *hacr*[2].

σάγος (Polybe, II, 30, 1), *sagum* (Lucilius, 11, fr. 303), *sagus* (Ennius, chez Nonius, p. 223, 36), d'origine celtique (Isidore, *Orig.,* XIX, 24, 13), sorte de tunique ; gallo-rom. *saga,* fr. *saie,* d'où bret. *saé,* irl. *sái* « tunique ».

sago-, terme de nom de peuple ; irl. *saigim* « je vais trouver ».

1. Thurneysen suppose un mot analogue au latin *semi-* ou au brittonique gall. *hanner,* corn. bret. *hanter* « moitié », pour *santero-.*
2. Pedersen, *Vergleichende Grammatik der keltischen Sprachen,* I, 1908, p. 125.

salar (Ausone, *Moselle*, 88), « truite ».

salico-, thème de nom propre ; irl. *sail*, gén. *sailech* « saule », gall. *helyg* « saules », bret. *halec*.

saliunca, « nard » (Virgile, *Buc.*, V, 17), σαλιούγκα (Dioscoride, I, 7, 8), chez les peuples des Alpes ; var. ἀλισυγγία, ἀλιουάσκα [1]. Cf. le nom des Salyes celto-ligures.

samanca ou *samauca* (Polemius Silvius, *Laterc.*), nom de poisson. Voir *samo-*.

samo-, terme de nom propre ; irl. *sám* « tranquille ».

samo-, terme de nom propre ; irl. *sam* « été », v. gall. *ham*, gall. *haf*, m. bret. *haff*, m. bret. *hanv*.

samolum, « séneçon » (Pline, XXIV, 104), utilisé comme remède par les druides de Gaule.

samoni, samon, sam (*Coligny*), nom de mois ; indication de jour : *samon prini loud* (III, 12, 7), *m d samoni* (II, 2, At. 1) ; irl. *cét-samun* « commencement de l'été », *samain* « fin de l'été, 1ᵉʳ novembre ». Voir *samo-*.

σαπάνα (Dioscoride, II, 209) « mouron ».

sapo, « teinture pour rougir les cheveux » (Pline, XXVIII, 191) ; fr. *savon*.

σαράγαρον « rheda » (*C. Gl. Lat.*, III, p. 321, 65). Voir *sarraca*.

sario (Ausone, *Moselle*, 130).

sarment-, thème de nom gaulois (Silius Italicus, IV, 200).

σαρουίδαι, var. de δρουίδαι (Diodore, V, 31, 2), d'où l'on a fait Saronides.

sarracum, var. *sarrocum*, sorte de voiture (Sisenna chez Nonius, p. 195, 26), *sarraco gallico* (Glose à saint Jérôme, *Ad Isaiam*, XVIII, 66, 20).

[*sasiam*], acc. corr. de *asiam*, « seigle », chez les *Taurini* (Pline, XVIII, 141) ; gall. *haidd*, bret. *heiz* « orge » [2].

---

1. Guillaud et Cuny, *Revue des études anciennes*, XI (1909), p. 246-252, 364-365 ; XII (1910), p. 183-185.

2. Stokes, *Revue celtique*, II (1873-1875), p. 407. Voir ci-dessus, p. 24.

satia-, *satio-*, thème de nom propre ; irl. *saithe* « essaim », cf. gall. *haid*, m. bret. *het.*

σκοβιήμ (Dioscoride, IV, 171), « sureau » ; gall. *ysgau* « aulnes », bret. *scao* « sureau ».

σκούβουλουμ (Dioscoride, IV, 71), » morelle noire ».

se (*Rom*, A 4).

-sedlon, second terme de composé ; cf. lat. *sella*, pour *sedla*. Voir *caneco-sedlon.*

-sedo-, terme de nom propre ; gall. *sedd* « siège ».

sedulio-, var. *sedullo-*, thème de nom gaulois ; cf. gall. *hedd* « paix ».

segno-, thème de nom de peuple gaulois ; irl. *sén* « lacet ».

sego-, terme de nom gaulois ; irl. *seg* « force ».

segomaros, nom propre ; irl. *seaghmhar* « ingénieux » ?

segusius (*Loi salique*, VI), ἐγουσία (Arrien, *Cyn.* 3, 4), espèce de chiens d'origine celtique ; v. fr. *seus*. Cf. le nom de peuple *Segusiavi* et le nom de ville *Segusio.*

selago (Pline, XXIV, 103), « lycopode selago », remède employé par les druides.

-selva-, terme de nom propre ; irl. *selb*, gall. *helw* « possession [1] ».

selvano-, thème de nom propre ; irl. *selbán* « troupeau [2] ».

semi-, terme de composé. Voir *semi-cano, semi-vis.*

semïcano (*Coligny*, I, 9, 15), indication de jour : *m d semicano.*

semissos (monnaies des *Lexovii*), nom de monnaie ? *publicos semissos Lixovios* ; emprunté au latin *semis* « moitié d'as » ?

semivis (*Coligny*, I, 9, 13 ; 14), *semiv* (IV, 9, 3 ; At. 1, 2, 3), *sem* (V, 9, 6), var. de *simivis*, indication de jour.

---

1. H. d'Arbois de Jubainville, *Revue celtique*, IX (1888), p. 267-268.
2. Cagnat, *Bulletin archéologique du comité des travaux historiques*, 1904, p. cv. Cf. H. d'Arbois de Jubainville, *Revue celtique*, XXVI (1905), p. 282-283.

sena (Méla, III, 6, 48), prêtresse de Sein. Le texte porte *Galli senas vocant* ou *Gallizenas* (var. *Gallicenas, Galligenas*) *vocant*.

senani (inscr. 50); dér. de *seno-* ?

-seno-, terme de nom propre; irl. *sen*, v. bret. *hen-* « vieux », gall. *hen*.

senoca (*C. Gl. Lat.*, V, p. 586, 3), sorte de fièvre; dér. de *seno-* ?

senon-, thème de nom de peuple. Voir *seno-*.

sentis, objet précieux (*Acta Sanct.*, 1 Febr., I, p. 139 c); irl. *sét* « trésor ».

sento-, terme de nom propre; irl. *sét* « chemin », bret. *hent*, gall. *hynt*.

serracum, var. de *sarracum*.

serro-, terme de nom propre; irl. *serr* « faucille », gall. *ser* « hache »; cf. lat. *sarpo* « je taille ».

**sesca-*, irl. *seisc*, gall. *hesg* « laîches », bret. *hésc* « glaïeul », v. fr. *sesche*.

seselium gallicum, nom de plante (Pline Valérien, I, 58). Voir *sil*.

setu-, terme de nom propre; cf. irl. *sith-* « long », préfixe intensif; bret. *hed*, gall. *hyd* « longueur ».

sextan-, terme de nom de lieu; cf. irl. *secht* « sept », m. gall. *seith* [1].

sil, corr. de *sic* (Pline, XXVI, 42) « consoude ». Voir *halus*.

σιλοδοὐρους, var. σιλοδούνους, acc. pl., mot gaulois d'après Athénée (VI, 54), gardes du corps, chez les Sotiates. César (III, 22, 2) écrit *soldurios*.

simiso (*Coligny*, I, 9, At. 6), *simis* (2e mois compl. At. 5).

---

1. Si cette étymologie est exacte, il faut renoncer à expliquer *neptaco-, -capto-* par l'irlandais *necht, cacht*; mais la lecture de *neptaco-, capto-* n'est pas sûre. Voir Holder, *Altceltischer Sprachschatz*, II, col. 606, l. 29; col. 716, l. 19.

simissos, var. de *semissos*.

simivisonn, *simiviso*, *simivis*, *simivi*, *simiv*, *simi*, *sim* (*Coligny*) nom de mois ; indication de jour : *simivison gia* (III, 7, 1) *simivi tiocbr* (III, 7, 7) [1]. Voir *semivis*.

sin- (*Coligny*, I, 1, At. 2), premier terme de *sindiu* [2].

-sin (inscr. 33), *-σιν* (inscr. 7), second terme de *sosin*, σοσιν.

sindiu (*Coligny*, I, 1, At. 2), *sindi* (IV, 1, At. 2), *sind* (I, 10, At. 10), indication de jour : *trinosam sindiu* (I, 1, At. 2), *prini sam sindi* (IV, 1, At. 2), *sind ivos* (I, 10, At. 10) *sindiu ivo* (IV, 11, At. 10).

singilion, σινγιλίων (éd. de Dioclétien, fragm. Megalopolit.) sorte de linge ou drap gaulois.

siro-, terme et thème de nom propre ; irl. *sir* « long », bret. *hir*.

sirona-, *dirona-*, thème de nom de déesse ; cf. gall. *seren*, bret. *sterenn* « étoile » ?

-slugo-, pour *slougo-*, *slōgo-* ?, second terme de nom de peuple ; irl. *slóg*, *sluag* « armée », gall. *llu*.

smero-, terme de nom propre ; irl. *sméraim* « j'enduis », *smér* « mûre », gall. *mwyar*, bret. *mouar*, si l'*e* est long ; ou irl. *smir* « moelle », gall. *mer*, si l'*e* est bref.

smerto-, *smertu-*, terme de nom propre ; gall. *ar-merth* « provision », bret. vann. *ar-merh* « épargne » [3]. Cf. *Marti Smertrio*.

so-, premier terme de *so-sin*, *so-sio* ; irl. *-so*, particule démonstrative.

soca- ; v. fr. *seuwe* « corde » ; le breton *sug* « corde », gall. *syg* « chaîne » semble emprunté au bas latin [4].

---

1. Thurneysen (*Zeitschrift für celtische Philologie*, II (1899), p. 535) propose de rapprocher *simivi-*, *semivi-* du latin *semi-*, et compare *sonn* à *sonno-cingos*.

2. Thurneysen (*Zeitschrift für celtische Philologie*, II, p. 530) compare le latin *sim-ul*.

3. J. Loth, *Revue archéologique*, XXIV (1914), p. 227-228.

4. J. Loth, *Les mots latins dans les langues brittoniques*, p. 209, 232. A. Thomas, *Essais de philologie française*, p. 389.

*socco- ; fr. *soc*, irl. *soc*, bret. *soc'h* « soc » [1].

σοκσοκαμ. συκυμα, dans une formule magique (Marcellus, X, 69).

soli-, terme de nom propre. Voir *suli* ?

sonna (*Coligny*, 1ᵉʳ mois compl. 2). Voir le suivant.

sonno (*Coligny*), terme de composé : *sonno-cingos* ; cf. got. *sunno* « soleil » ? [2], irl. *for-sunnud* « illumination » [3].

sonnocingos (*Coligny*, 2ᵉ mois compl., en tête), « marche du soleil » ? Voir *sonno*, *cingos*.

sosin (inscr. 33), σοσιν (inscr. 7), *sosi* (inscr. 42), peut-être pour *sosion, *sosio (cf. v. lat. *alis, alid* pour *alius, aliud*) ; démonstratif. Voir *so-, sin*.

sosio (inscr. 47 ; *Rom*, A 6, 7, 9 ; B 4, 10) démonstratif ? Voir *sosin*.

-spantium, second terme de nom de lieu ; cf. gall. *yspant* « flaque d'eau » ?

sparnaco-, thème de nom de lieu ; bret. *spernec* « lieu planté d'épines », fr. *Épernay*.

sparno-, terme de nom de lieu ; bret. *spern* « épines ».

sparus (*C. Gl. Lat.*, II, p. 435, 22), nom de poisson ; gall. *ysbar* « lance » ; diminutif *sparulus*, bret. *sparl* « barre », fr. *sparaillon*. Ces deux mots semblent d'origine germanique, v. h. a. *sper* « lance ».

*srocna-, *srocno- ; v. fr. *froigne*, irl. *srón* « nez », gall. *froen* « narine », m. bret. *froan* [4].

---

1. Thurneysen, *Kelloromanisches*, p. 112. Le gallois *swc'h* est emprunté au latin. Le gallo-romain *socco- est sans doute identique au gaulois *succo-*.

2. Thurneysen, *Zeitschrift für celtische Philologie*, II (1899), p. 535.

3. J. Loth, *Comptes rendus de l'Académie des inscriptions et belles-lettres*, XXVI (1898), p. 175-176. Cf. Stokes, *Wortschatz der keltischen Einheit*, p. 306.

4. Schuchardt, *Zeitschrift für romanische Philologie*, IV (1880), p. 126 ; Meyer-Lübke, *ibid.*, XX (1896), p. 530 ; Schuchardt, *ibid.*, XXI (1897), p. 199-205.

stagnum, « étain » (Pline, XXXIV, 159) ; irl. *stán*, gall. *ystaen*, bret. *sten* [1].

στολούτεγον, var. de τολούτεγον (Arrien, *Tact.*, XLIII, 2), manière de lancer le javelot en retraite ; cf. gall. *ystle* « retraite », et *tego-*, irl. *conú-tgim* « je construis », lat. *tego* « je couvre » [2].

sturgidam, dans une formule magique (Marcellus, XII, 24) ; lat. *turgidam* ?

su.. (*Coligny*, 1ᵉʳ mois compl. At. 9).

su-, terme de nom propre ; irl. *su-*, v. bret. *hu-* « bien », bret. *hé-*, gall. *hy-*. Cf. *su-apte* ? (Virgile le Grammairien, p. 116, 13) « à bon droit » [3].

su-ademti, sua-demti (*Rom*, A 10).

σουβίτης (Dioscoride, II, 210), « lierre » ; cf. irl. *suib* « fraise », gall. *syfi* « fraises », bret. *sivi* ?

subron (inscr. 2 bis), sans doute latin.

sucaro-, thème de nom propre ; irl. *sochar*, gall. *hygar*, bret. *hegar* « aimable ». Cf. *ducario-*.

succo-, thème de nom propre ; irl. *socc* « cochon », gall. *hwch*, bret. *houc'h* « verrat ».

sucello-, thème de nom de dieu. Voir *su-*, et cf. lat. *-cello* « je frappe » [4].

**sūdia-* ; fr. *suie*, v. irl. *súide* [5].

suession-, thème de nom de peuple. Voir *su-*.

σουιβίτης, σουιβίτις, var. de σουβίτης.

suli-, thème de nom de divinité assimilée à Minerve ; irl. *súil* « œil », cf. gall. *haul*, bret. *heol* « soleil » ; *Sulcviae* est un nom de déesses-mères.

---

1. Schuchardt, *Revue celtique*, V (1881-1883), p. 492.
2. Watson, *The Celtic review*, IV (1907-1908), p. 384.
3. K. Meyer, *Sitzungsberichte der königlich preussischen Akademie der Wissenschaften*, 1912, LI, p. 1144.
4. V. Henry, *Journal asiatique*, XI (1893), p. 329. Cf. H. d'Arbois de Jubainville, *Revue celtique*, XVII (1896), p. 49.
5. Thurneysen, *Zeitschrift für romanische Philologie*, XXIV (1900), p. 428-429.

σουρ ωρβι, dans une formule magique (Marcellus, VIII, 192).

svadu-, terme et thème de nom propre ; irl. *Sadb*, lat. *suavis*, gr. ἡδύς.

sveiotiet (*Rom*, A 8), verbe ?

-svelta-, terme de nom propre ; irl. *-sel* « tourner », gall. *chwel-*.

sviorebe, dat. pl. (inscr. 48) ; gall. *chwiorydd* « sœurs » [1]. Voir aussi *iorebe*.

T

-ταβάτιον, terme de composé ; cf. gall. *tafod* « langue », m. bret. *teaut*? Voir ταρβοταβάτιον.

talamun, nom de lieu ; irl. *talam*, gén. *talman* « terre ».

-talo-, terme de nom propre ; irl. *taul*, bret. gall. *tal* « front ».

**tamēsio-* ; fr. *tamis* ; le bret. *tamoes* est emprunté [2] ; cf. bret. gall. *tamm* « morceau » ?

tannare (*C. Gl. Lat.*, II, p. 566, 14), « tanner » ; bret. *tann* « chêne » ; mot d'origine germanique? cf. all. *tanne* « sapin » [3].

taran-, thème de nom propre ; gall. bret. *taran*, cf. irl. *torann* « tonnerre » [4].

taratrum (Isidore, *Orig.*, XIX, 19, 15), « tarière » ; irl. *tarathar* « terebra », gall. *taradr*, m. bret. *tarazr*, v. fr. *tarere* [5].

ταρβηλοδάθιον, var. ταρβηλοθάδιον (Dioscoride, II, 152),

1. Rhys, *The Celtic inscriptions of Gaul, additions and corrections*, p. 60.

2. Thurneysen, *Keltoromanisches*, p. 80.

3. V. Henry, *Lexique étymologique des termes les plus usuels du breton moderne*, 1900, p. 260.

4. Rhys, *Lectures on the origin and growth of religion*, p. 57-58 ; 69-72.

5. Thurneysen, *Keltoromanisches*, p. 80.

« plantain » ; corrigé en ταρβοταβάτιον [1]. Voir *tarvo-*, *-ταβατιον*.

tarinca, *taringa* (*Acta Sanct.*, 31 oct., XIII, p. 783 a). *taringae* « sudes ferreae » (Ducange) ; cf. irl. *tairnge* « clou », fr. *taranche* [2], n. prov. *tarenco*.

taro-, terme de nom propre ; cf. irl. *tara* « actif » ? Voir plutôt *tarvos* ?

tarv-, *tarvo-*, terme de nom propre. Voir *tarvos*.

tarvos (inscr. 50), irl. *tarb* « taureau », bret. *tarv*, gall. *tarw*; *tarvos trigaranus* « le taureau aux trois grues ».

[τασκός] « πάσσαλος », « pieu » (Épiphane, II, 14), chez les Galates d'Asie Mineure.

tasgetio-, terme de nom gaulois ; dér. de *tasgo-*.

tasgo-, terme de nom gaulois ; cf. irl. *Tadg*.

tau gallicum (Virgile, chez Quintilien, VIII, 3, 28. Ausone, *Technopaegnion*, XIII, 5).

tauro-, terme de nom gaulois. Voir *tarvo-*.

ταυρούκ (Dioscoride, IV, 99) « glaïeul ».

tava-, thème de nom de rivière; gall. *taw* « silence, tranquille », bret. *tao* « silence ».

taxea, « lard » (Afranius, fr. 284) ; mot gaulois (Isidore, *Orig.* XX, 2, 24).

te (*Rom*, B 1, 2, 3, 6, 7) « toi » ?

tecco, « saumoneau » (Polemius Silvius, *Laterc.*),` fr. *tacon* ; gall. *techu* « se cacher ». Cf. *Tecco*.

tecto-, terme de nom propre ; cf. irl. *techt* « aller », gall. *taith* « voyage », bret. *tiz* « allure », « hâte » (pour *ticto-*, *tictā-*).

-tegia-, terme de composé ; irl. *teg*, v. bret. *-tig*, bret. *ti* « maison ». Voir *at-tegia*.

teuta-, terme et thème de nom propre. Voir *teuto-*.

teutalo-, thème de nom gaulois (Silius Italicus, IV, 199); irl. *Tuathal*. Voir *teuta-*.

1. Zeuss, *Grammatica celtica*, 2ᵉ éd., p. 77.
2. Thomas, *Mélanges d'étymologie française*, 1902, p. 149. C. Marstrander, *Festskrift til Alf Torp*, Christiania, 1913, p. 242-243.

teuto-, terme de nom gaulois ; irl. *tuath* « peuple », gall. bret. *tut* « gens ». Voir *-tuti-* [1].

teutona, arme de jet (var. *tautanus, tautonus, teutanus*) (Isidore, *Orig.* XVIII, 7, 7).

teuxitemon (Pseudo-Apulée, 19), var. de θέξιμον.

θέξιμον (Dioscoride, III, 6), « clématite ». Voir *dexsi-* ?

thyrmi-, thème de nom gaulois (Silius Italicus, XV, 721).

θῶνα, var. θώναν (Dioscoride, II, 211), « grande chélidoine ».

tigerno-, thème de nom de lieu ; v. britt. *tigerno-*, irl. *tigerne* « seigneur », v. bret. *Tiern-*.

tinad (*Coligny*, 1er mois compl. 7).

tinca (Ausone, *Moselle*, 125), nom de poisson ; fr. *tanche*.

tiocobrextio (*Coligny*, IV, 8, 7), *tiocobrext* (III, 12, 15), *tiocobrixt* (I, 12, 15), *tiocob* (1er mois compl. fin ; III, 10, 8), *tiochr* (III, 7, 7), indication de jour.

tit.. (*Coligny*, 1er mois compl. At. 7).

titumen, « armoise » (Pseudo-Apulée, 10).

to, dans *beto to divo* (*Acta Sanct.*, 22 Aug., IV, p. 497 c), possessif 2e p. sg. ?

tocca-, thème de nom propre ; fr. *toque* ? d'où bret. *toc* « chapeau » [2].

togi-, terme de nom propre ; irl. *toig* « aimable ».

togonio-, thème de nom gaulois (Tacite, *Ann.*, VI, 2).

toles, « goitre » (Isidore, *Orig.* XI, 1, 57 ; Marcellus, XV, 67).

τολούτεγον, manière de lancer le javelot (Arrien, *Tact.*, XLIII, 2). Voir στολούτεγον.

tonna (var. *tunna*) (*Acta Sanct.*, Febr. I, p. 202 c),

---

1. Cf. les *matres Ollototae sive transmarinae* d'Angleterre, dont Stokes corrige le nom en *allototae* et l'explique par le gallois *alltud* « étranger ».

2. Thurneysen, *Keltoromanisches*, p. 80.

sorte de vase ; irl. *tond* « peau », gall. *ton*; prov. *tona* [1] « tonne ».

tougeno-, thème de nom de peuple.

-tougo-, terme de nom propre ; irl. *tuag* « arc » ?

-touta-, terme de nom propre ; irl. *tuath* « peuple », gall. *tud* « terre », bret. *tud* « gens ». Voir *teuto-*.

toutanno-, terme de nom propre ; irl. *Tuathan*, dér. de *tuath*. Voir *touto-*.

τοουτιους (inscr. 7, cf. 22), sorte de magistrat ; cf. *toutio* (inscr. de Briona) [2]. Voir *-touta-*. Cf. *Toutiorix*, v. gall. *Tutri*.

touto-, terme de nom propre. Voir *touta-*.

-trago-, terme de composé ; cf. irl. *traig*, acc. *traigid* « pied », gall. pl. *traed*, fr. *triège* [3]. Voir *ver-tragus*.

tragula (César, I, 26, 3), sorte de trait ; fr. *traille*.

trebo-, terme de nom de peuple ou de lieu ; irl. *treb*, v. gall. *treb* « ville », v. bret. *treb-* « village ».

treide, « pede », var. *treicle* (*Glossaire de Vienne*). Voir *trago-*.

**tremon-*; fr. *trimer*, bret. *tremen* « passer » ?

tri-, terme de nom propre ; irl. *tri* « trois ». Voir *trigaranus*, τρι-μαρκισία, *tri-nanto*.

tricontis, abl. pl. (*C. I. L.*, XIII, 2494) ; irl. *tricha*, gén. *trichat* « trente » ; bret. *tregont* [4].

trigaranus (inscr. 50), « aux trois grues » ; cf. gr. τρυγέρανος (Athénée, XIII, 57, p. 590 A) [5]. Voir *tri-*, *garanus*.

---

1. Thurneysen, *Keltoromanisches*, p. 87. La filiation des sens est : peau, outre, vase, tonne.

2. En gotiqué *thiudans*, qui a la même racine que τοουτιους, traduit βασιλεύς.

3. Schuchardt, *Zeitschrift für romanische Philologie*, IV (1880), p. 125.

4. J. Loth, *Comptes rendus de l'Académie des inscriptions et belles-lettres*, 1909, p. 21-26.

5. Vendryès, *Revue celtique*, XXVIII (1907), p. 123-127.

[τριμαρχισία], « ensemble de trois cavaliers » (Pausanias, X, 19, 11). Voir τρι-, μαρχισία.

trinanto, « tres valles » (*Glossaire de Vienne*). Voir *tri-*, *nanto-*.

trinosam (*Coligny*, I, 1, At. 2), indication de jour. Voir *trinuxsamo*, *samo-*.

trinuxsamo (*Coligny*, II, 1, At. 2), indication de jour.

tritio-, terme de nom propre ; gall. *trydydd* « troisième », bret. *trede*.

trogo-, thème de nom gaulois ; irl. *truag* « misérable », gall. *tru* ; dér. fr. *truand*.

troucillo-, thème de nom gaulois.

⁕trougan- ; bret. *truant*, fr. *truand*, prov. *truans* ; dér. de *trougo-* ; cf. irl. *trógán* [1].

trougo-, thème de nom propre. Voir *trogo-*.

⁕trugno- ; fr. *trogne*, gall. *trwyn* « nez » (pour *⁕trocno-*) [2].

[*tucceta*, var. *luceta*] (Schol. de Perse, II, 42), « porc farci », en Cisalpine ; cf. ombr. *toco* [3].

tunna. Voir *tonna*.

turco-, thème de nom propre ; cf. irl. *torc* « sanglier », gall. *twrch* « porc », bret. *tourc'h* « verrat ».

-tutis, second terme de nom propre ; irl. *tuath* « gauche », « magicien » ; gall. *Tut* [4].

U

uritu. Voir *vritu*.

uro-, terme de nom propre. Voir *urus*.

⁕urta- ; fr. *hurter*, *heurter*, prov. *urtar* [5] ; les formes celtiques, irl. *ord* « marteau », v. bret. *ord*, bret. *horz* « maillet » remontent à *⁕ordo-*.

1. Thurneysen, *Keltoromanisches*, p. 81.
2. Schuchardt, *Zeitschrift für romanische Philologie*, XXI (1897), p. 201.
3. Bréal, *Les Tables Eugubines*, 1875, p. 259.
4. J. Loth, *Revue celtique*, XXXIII (1912), p. 258.
5. Thurneysen, *Keltoromanisches*, p. 81.

urus, « bœuf sauvage » (César, VI, 28), mot gaulois (Caecina chez Macrobe, *Sat.*, VI, 4,23).

useilo.. (inscr. 50).

usuben (Pseudo-Apulée, 28), οὐσουβέμ. (Dioscoride, IV, 147) « lauréolé » ; var. *eugubim, usubim, usibim, usiben, eugulim.*

uxello-, terme de nom propre [1] ; gall. *uchel*, bret. *uc'hel* « élevé », irl. *uasal* « noble » (pour *ouxelo-*). Le superlatif irlandais *huaislim-em*, avec un double suffixe, a pour équivalent le superlatif gaulois latinisé *Uxellimus* (*C. I. L.*, III, 5145), qui correspond au *summus* d'autres inscriptions (*C. I. L.*, X, 3805).

uxisama-, terme de nom de lieu. Cf. *Uxama*, nom de lieu d'Espagne, gall. *uchaf* « très haut » [2].

uzietiao? (*Rom*, B 12).

<h1 style="text-align:center">V</h1>

-vaco-, terme de nom de peuple.

valentia-, thème de nom de lieu ; cf. irl. *fáilte* « bon accueil ».

valetiaco-, thème de nom gaulois ; dér. de *valetio-* ; cf. irl. *fáilid* « joyeux ».

-valo-, thème de nom propre ; v. bret. *-wal, -gwal* dans des noms propres [3].

-vareto-, terme de nom propre. Voir *voreto-*.

---

1. Sur les noms français de lieux dérivés de ce mot gaulois, voir F. Lot, *Mélanges H. d'Arbois de Jubainville*, p. 169-185. Sur l'étymologie de *uxello-*, voir L. Duvau, *Mémoires de la Société de linguistique de Paris*, VIII (1894), p. 256-259.

2. Rhys, *Celtic Britain*, 2e éd., 1884, p. 280. J. Loth, *Revue celtique*, X (1889), p. 350-352 ; XXIV (1903), p. 294.

3. J. Rhys (*Lectures on Welsh philology*, 1879, p. 379) compare aux noms bretons *Cat-gual, Gur-gual, But-gual, Tut-gual* les noms germaniques *Hatho-wulf, Wara-ulf, Bot-olf, Theud-ulf* et conjecture que *gual* == *valpo-, *velpo-*, serait un des noms celtiques du loup.

varro-, terme de nom propre ; irl. *farr* « poteau de lit », gall. *gwar* « nuque ».

varro, βάρρων, « viril » (Herennius, chez Laurentius Lydus, *Des mag.*, I, 12 ; 23).

**vassallo-* ; fr. *vassal* ; dérivé de *vasso-*.

-vasso-, terme de nom propre ; gall. *gwas* « jeune homme », bret. *gwaz* « homme », irl. *foss* « serviteur », dér. fr. *vassal*. Cf. « delybrium illud quod Gallica lingua *Vassogalatae* vocant » (Grégoire de Tours, *Hist. Franc.*, I, 29) ; Deo Mercurio Vassocaleti (*C. I. L.*, XIII, 4130).

οὔατεις, nom. acc. pl. (Strabon, IV, 4, 4), « devins » ; irl. *fáith* « prophète ».

-ve-, terme de composé ; irl. *fo* « sous », gall. *go-*. Voir *ve-redus, vo-*.

veadia (inscr. de fusaïole), pour **vegiadia* ; cf. irl. *fige* « tisser », v. bret. *gueig* « tisseuse », bret. *gwéa*, gall. *gweu* « tisser » [1].

vecti-, terme de nom propre ; cf. irl. *fecht* « combat » (pour **victā-*).

vegeiorum [2], gén. pl., « genus flubialium nauium aput Gallos » (*C. Gl. Lat.*, IV, p. 191, 13 ; V, p. 518, 13 ; 613, 32) ; var. *vehiegorum, vehigelorum*.

vegnio-, terme de nom propre ; irl. *fén* « chariot », gall. *gwain* « voiture ». Voir *co-vinnus*.

vela, sorte de sésame (Pline, XXII, 158), chez les Gaulois ; cf. fr. *vellar, vélar*.

veleda-, thème de nom propre ; cf. irl. *file*, gén. *filed* « poète ».

velio-, terme de nom propre ; irl. *féle* « modestie », gall. *gwyledd*.

1. J. Loth, *Comptes rendus de l'Académie des inscriptions et belles-lettres*, 1916, p. 174.

2. Le texte porte *vegetorum*, mais une mosaïque qui représente ce genre de bateau à rames porte *vegeiia* (P. Gauckler, *Monuments Piot*, XII, 1905, p. 137-138. Voir Saglio, *Dictionnaire des antiquités grecques et romaines*).

vellauno-, terme de nom propre ; v. gall. *-wallawn*, v. bret. *-wallon*. Voir *vello-*.

vellavo-, thème de nom propre. Voir *vello-*.

vello-, var. de *velio-*; ou bret. gall. *gwell* « meilleur ».

velo-, var. de *vello-*.

venalo-, *venello-*, terme de nom propre ; cf. irl. *fannal*, gall. *gwennawl*, m. bret. *guennel* « hirondelle », fr. *vanneau*.

vendo-, variante de *vindo-* ?[1].

veneto-, thème de nom de peuple ; bret. *Gwéned* « Vannes ». Voir *veni-*.

veni-, terme de nom propre ; irl. *fin-* « famille », cf. m. bret. *gouenn* « race »[2].

vepo-, terme de nom propre ; gall. *gwep* « visage » ?

ver-, terme de nom propre ; irl. *for*, gall. *gwr*, bret. *gour-* « sur », particule intensive[3].

verbi-, terme de nom de lieu ; irl. *ferb* « vache »[4].

vercingeto-, terme de nom gaulois. Voir *ver-*, *-cingeto-*.

vercobreto (monnaies des *Lixovii*), var. de *vergobretus*. Voir ci-dessus, p. 121.

veredus (Festus, p. 379), « cheval d'attelage » ; gall. *gorwydd* « coursier ». Voir *reda*, *para-veredus*.

vergo-, terme de composé ; v. bret. *guerg* « efficace », « qui accomplit »[5]. Voir *vergo-bretus*.

vergobretus, magistrat suprême des Éduens (César, I, 16, 5). Voir *vergo-*, *-breto-*.

1. Cf. *Vendus*, *Vindus* ; *Vendobona*, *Vindobona*. Voir p. 58, add.

2. H. d'Arbois de Jubainville, *Mémoires de la Société de linguistique de Paris*, VII (1892), p. 295. Le mot breton *gouenn*, irl. *fiann*, représente *veinnā, il peut être d'une autre racine que *fin-* qui représente *veni ou *vini. J. Loth, *Revue celtique*, XIII (1892), p. 506-508.

3. J. Loth, *Revue celtique*, XV (1894), p. 100.

4. Vendryès, *Mémoires de la Société de linguistique de Paris*, XII (1903), p. 40.

5. Sur le v. fr. *vierg*, voir A. Thomas, *Mélanges d'étymologie française*, p. 164-166.

verna, « aulne » (*C. Gl. Lat.*, III, p. 596, 35) ; irl. *fern* « aulne », gall. bret. *gwern* « aulnes, marais », fr. *verne*, *vergne*. Le sens de « mât horizontal » est commun à l'irlandais et au français.

vernemetis, abl. pl., « fanum ingens » (Fortunat, I, 9). Cf. *Vernemetum*, ville de Grande-Bretagne, et *Gornivel*, nom d'homme gallois. Voir *ver-*, *nemeto-*.

vernetus (Marcellus, IX, 131), plante herbacée ; dérivé de *verno-*.

verno-, terme et thème de nom propre ; var. de *verna* « aulne ».

-vernus, « obsta » (*Glossaire de Vienne*).

vĕro-, terme de nom propre. Voir *viro-*.

vēro- (*ē = ei*), thème de nom propre ; irl. *fiar*, gall. *gwyr*, bret. *gwar* « courbe », v. fr. *verge*[1].

versi-, terme de nom propre ; irl. *ferr* « meilleur » ?

vertaco-, thème de nom propre ; gall. *gwerthiog* « précieux ».

vertamo-, terme de nom propre ; cf. gall. *gwrddaf*, superl. « très vigoureux » ?

verticon-, thème de nom gaulois. Voir *verto-*.

vertisco-, thème de nom gaulois.

verto-, terme de nom propre ; v. bret. *uuert* « valeur, prix », bret. *gwerz* « vente », gall. *gwerth* « prix »[2].

οὐέρτραγοι, nom pl. « chiens rapides » (Arrien, *Cyn.*, 3, 6) ; v. fr. *veltre*, *viautre*[3]. Voir *ver-*, *trago-*.

vertraha (Grattius, *Cyn.*, 203), var. de *vertragus*.

veru-, terme de nom gaulois ; cf. gr. εὐρύ « large » ?

verutio-, thème de nom gaulois, var. de *vertisco-*.

vesu-, var. de *visu-*.

vettonica, « bétoine » (Pline, XXV, 84) en Gaule ; cf. *Vettones*, nom d'un peuple celtibère.

---

1. Thurneysen, *Keltoromanisches*, p. 82.
2. Ces mots seraient en celtique d'origine germanique, d'après Thurneysen.
3. Ascoli, *Archivio glottologico italiano*, XIII (1893), p. 288.

vi (*Coligny*, 1er mois compl. 7).

vibia-, terme de nom propre ; cf. irl. *fib* « airelle » ?

-vic-, terme de nom gaulois. Voir *vico-*.

vico-, terme de nom propre ; irl. *fich* « combat ».

-vicon-, terme de nom gaulois. Voir *vico-*.

-victo-, terme de nom propre ; gall. *gwyth* « colère ».

vido-, terme de nom propre ; gall. *gwydd* « science ».

vidu-, terme de nom propre ; irl. *fid*, v. gall. *guid* « arbre, bois », bret. *gwézen*, gall. *gwydden.*

vidubium (Schol. de Juvénal, III, 311), « houe, hoyau » ; irl. *fidba* « faucille », gall. *gwyddif* « serpe », fr. *vouge*, prov. *vezoig* [1] « bêche ». Voir *vidu-*, *bio-*.

vigentia, *vigentiana*, « millefeuille » (Pseudo-Apulée, 89) ; var. *vincentia*. Voir οὐίγνητα.

οὐίγνητα, « millefeuille », (Dioscoride, III, 138). Voir *vigentia*.

vimpi (inscr. de fusaïole), gall. *gwymp* « joli » [2].

-vindo-, terme de nom propre ; irl. *find*, gall. *gwynn* « blanc ».

-vinnus, second terme de composé ; cf. irl. *fén* (pour *vegno-*) « chariot ». Voir *co-vinnus*.

virdo-, var. de *virido-*.

virga, « purpura » (Servius, *ad Aen.*, VIII, 660).

virido-, terme de nom gaulois.

virio-, terme de nom propre. Cf. *viro-*.

viriolae, nom. pl., « bracelets » (Pline, XXXIII, 40) ; fr. *virole*, cf. irl. *ferenn* « ceinture ». Le nom dont *viriolae* est dérivé était *viriae* en celtibère.

-viro-, terme de nom propre ; irl. *fer*, gall. *gwr*, bret. *gour* « homme » (pour *viro-*). Voir *vero-*.

1. A. Thomas, *Essais de philologie française*, p. 123, 254 ; *Mélanges d'étymologie française*, p. 33. Meyer-Lübke, *Zeitschrift für romanische Philologie*, X, p. 173. H. d'Arbois de Jubainville, *Les mots gaulois chez César et Hirtius*, 1891, p. 213.

2. J. Loth, *Comptes rendus de l'Académie des inscriptions et belles-lettres*, 1916, p. 173.

viro-, terme de nom propre ; irl. *fir*, bret. gall. *gwir* « vrai ».

vissu-, var. de *visu-* ; ou irl. *fiss* « science » (pour **vistu-*).

visu-, terme de nom propre ; irl. *fiu* « digne », gall. *gwiw* « apte », cf. bret. *gwiou* « gai ».

visumarus, « trèfle » (Marcellus, III, 9) ; irl. *semar* « trèfle » ; cf. gaul. μερι-σειμόριον.

-vix, second terme de nom gaulois. Voir *vico-*.

vlato-, thème de nom propre ; irl. *flaith* pour **vlati-* « puissance », gall. *gwlad* « pays », bret. *gloat* « biens ».

vlatos (monnaie des Rèmes), « chef ». Voir *vlato-*.

vo-, terme de nom propre ; irl. *fo*, v. bret. *guo-* « sous », gall. *go-*.

vo-, terme de nom de peuple, « deux » ? Voir *Vo-contii*, cf. *Vo-corii* en Grande-Bretagne ; *Vo-carana*, Trévire (cf. *Tri-garanus*).

vocontio-, thème de nom de peuple ; bret. *ugent* « vingt » [1]. Cf. *tri-contis*.

volaema, var. de *volema*.

volca-, *volco-*, terme de nom gaulois ; irl. *folg* « actif » ; v. h. a. *Walah*, d'où *wahalisc* « Welche » [2]. .

volema, var. *volaema* (Servius, *ad Georg.*, II, 88), « bona et grandia » ; cf. osq. *valaemon* « optimum ». Voir *velio-*.

volto-, terme de nom propre ; irl. *folt*, gall. *gwallt* « chevelure ».

voravimo (*Rom*, B 1, 9), verbe, 1e p. pl. ; mot latin ?

voreto-, terme de nom propre ; v. bret. *-uuoret* dans des noms propres ; irl. *foirithim* « je secours », composé de irl. *fo-*, v. bret. *uuo-*, *guo-*, et irl. *rethim* « je cours ».

---

1. Jullian, *Revue des études anciennes*, VIII (1907), p. 172-174. Pour la phonétique, voir J. Loth, *Annales de Bretagne*, XX (1904-1905), p. 542.

2. H. d'Arbois de Jubainville, *Les premiers habitants de l'Europe*, 2e éd., II, 1894, p. 420.

vosego-, thème de nom gaulois (Silius Italicus, IV, 213).
Cf. *Vosegus*, *Vosagus*, nom de montagne et de dieu.
Voir *vo-*, *sego-*.

ˊvraca-; cf. m. bret. *gouris* « ceinture », gall. *gwregis* [1].
Var. de *braca*.

vrido-, var. de *virido-*?

vritu [2] (sur des poteries), *-vritus*, terme de nom propre ;
verbe ? cf. irl. *feraim* « je donne » ; ou gall. *gwres*, *gwrys*
pour *ˊvriss* [3] « chaleur »?

vroica-, thème de nom de déesses locales ; irl. *froech*
« bruyère », gall. *grug*, prov. *bruc*. Voir la forme gallo-
romaine *ˊbruca*.

X

ξύνημα, manière de lancer le javelot (Arrien, *Tact.*,
XLII, 4) [4]; mot grec ? cf. ξυνίημι « lancer ensemble »,
ἧμα « javelot ».

Y

ysarnodori. Voir *isarnodori*.

Z

zia (*Rom*, B 9).

1. Schuchardt, *Zeitschrift für romanische Philologie*, IV (1880),
p. 148.

2. Peut-être faut-il lire *uritu* ; cf. Ουριττακος dans l'inscription de
Saint-Remy.

3. J. Loth, *Archiv für celtische Lexikographie*, III (1905), p. 42 ;
vritu pourrait être un verbe signifiant « il a cuit » ; cf. sl. *vrěti*, lit.
virti « cuire ». Mais comment expliquer EVRITVS F(acit) (*Revue
archéologique*, XXVII (1895), p. 394), où *Evritus* est sûrement un
nom propre?

4. Watson, *The Celtic review*, IV (1908), p. 384.

βxνατα f. (éd. de Dioclétien, fragm. Megalopolit.), sorte de linge ou drap gaulois.

βεδοξ m. (éd. de Dioclétien, fragm. Megalopolit.), sorte de linge ou drap gaulois.

-calium, second terme de composé. Voir *epo-calium*, *callio-marcus*.

-carana, second terme de composé ; dérivé de *caro-*, ou variante de *-garanus*.

dedorto ? (Coligny, 1er mois compl., fin). Voir *pogde-dorton*.

dorto ? (Coligny, 1er mois compl., fin). Voir *pogdedor-tonin*.

gaesos, acc. pl., « viros fortes » (Servius, *ad Aen.*, VIII, 660) ?

malina (Bède, *De temp. rat.*, 29), « flux ». Voir *ledo*.

pento-, thème de nom propre ; « cinquième » ; cf. lat. *quintus*, gaul. πεμπε- [1].

pinto-, thème de nom propre ; variante de *pento-* ?

*resco- ; fr. *rêche* ? cf. v. h. a. *frisc*.

santon-, thème de nom de peuple ; cf. irl. *sant* « désir », gall. *chwant* ?

*scolpo- ; fr. *escopel*, bret. *scolp* « copeau ».

1. H. d'Arbois de Jubainville, *Revue celtique*, XXVII (1906), p. 125.

CONCLUSION

Les débris de la langue gauloise qui sont parvenus jusqu'à nous se répartissent sur plusieurs siècles. La plupart
des noms de personnes et un certain nombre de noms de
lieux remontent aux temps les plus reculés de l'histoire
des Gaulois [1]. Les noms communs que nous ont transmis
les Anciens sont attestés, les uns dès le IIe siècle avant
notre ère [2], d'autres depuis la conquête de la Gaule jusqu'au IVe siècle de notre ère. Les inscriptions datent de
l'empire romain, du Ier au IVe siècle de notre ère [3]. Si les
éléments dont nous disposons se trouvaient successivement aux diverses époques, nous pourrions étudier, dans

1. Le plus ancien nom de Gaulois est celui de *Brennos,* roi des
Senons, qui prirent Rome en 390. Un autre *Brennos* commandait en
279 les Tolistoboges qui envahirent la Grèce. Sur ce nom, qui a été
à tort rapproché du gallois *brenhin* « roi » et considéré comme un
nom commun par des historiens français, voir J. Loth, *Annales de
Bretagne,* I (1886), p. 84. Les noms des inscriptions de l'époque
gallo-romaine sont, pour une bonne part, des noms d'imitation
conservés par la tradition. Le système de dénomination, sous l'influence romaine, s'est d'ailleurs modifié (ci-dessus, p. 33). La plupart des noms gaulois de lieux remontent à l'époque de l'établissement des Celtes en Gaule. Mais la forme de tous ces noms propres
est antérieure à l'époque où l'on en constate l'emploi.
2. Le mot le plus anciennement attesté est δρυίδας, chez Sotion et
le Pseudo-Aristote. Celui qui est rapporté des plus anciens Gaulois
est τριμαρκισία, usité chez les Gaulois au temps des invasions.
3. Si l'on ne tient pas compte des fragments de mots, il y a dans
les inscriptions votives et funéraires gauloises environ 115 noms
propres et 52 noms communs (plusieurs, comme *ieuru* et δεδε,
figurant dans un grand nombre d'inscriptions). Le calendrier de
Coligny offre environ 40 mots dont 12 noms de mois.

ses grandes lignes, le développement historique du gaulois. Mais, de l'époque la plus ancienne nous ne connaissons guère que des noms composés et dérivés [1] ; nous ne recueillons quelques phrases qu'à l'époque la plus récente [2] ; le reste comprend la matière de quelques vocabulaires techniques [3]. Il nous est donc impossible d'étudier l'histoire soit de la composition et de la dérivation des mots, soit de la déclinaison et de la conjugaison, soit de la formation de la langue [4] et de la syntaxe. Le raccourci sous lequel nous apparaît le passé linguistique des Celtes ne nous permet pas de distinguer, dans le groupe confus des siècles, les phases successives de son existence.

Il nous reste toutefois assez de noms gaulois pour avoir de la phonétique gauloise des notions générales. Mais, là encore, il nous est difficile de suivre avec quelque précision l'évolution des sons. L'introduction du latin en Gaule a pu troubler profondément les habitudes de prononciation des Gaulois, et l'on hésite parfois devant un fait intéressant, sans savoir si l'on doit l'attribuer à la phonétique romane ou à la phonétique gauloise. N'exagérons pas, toutefois, cette ligne de démarcation. Ce sont, pour la plupart, les mêmes gens, qui parlaient celtique et qui ont appris le latin. Le latin, qui a été enseigné aux plus instruits d'entre eux, et qui, de ceux-là, a pénétré dans le peuple gaulois, était le latin classique des écoles. Admettons encore que le latin populaire de l'Italie ait fourni des éléments à la langue latine de Gaule ; si ces éléments

---

1. Voir ci-dessus, p. 105-113.

2. Voir ci-dessus, p. 32, 71.

3. Surtout des noms de plantes, des noms d'animaux, des noms de véhicules. Voir G. Dottin, *Manuel pour servir à l'étude de l'Antiquité celtique*, 2ᵉ éd., p. 88-90.

4. A peine entrevoyons-nous quelques traits de phonétique historique et dialectale dans les variantes des manuscrits et des inscriptions, dont quelques-unes peuvent être anciennes. Voir ci-dessus, p. 37, 57-67, 101, 125.

n'ont pas été prépondérants — et rien ne prouve qu'ils
l'aient été — toutes les formes vulgaires que restituent
les philologues pour expliquer les mots français qui ne
viennent pas du latin classique et dont la provenance
latine n'est pas garantie, sont, sans doute, au fond, des
mots celtiques plus ou moins influencés par le latin [1]. On
ne doit pas s'étonner outre mesure de ne pas toujours
retrouver ces mots celtiques dans le celtique insulaire,
car nous connaissons celui-ci à une époque où certains
éléments de l'ancien vocabulaire ont pu disparaître de la
langue ou ne pas nous avoir été transmis.

Quoi qu'il en soit, si l'on met à part les noms propres,
dont la forme archaïque nous amène à l'origine même du
celtique continental, la phonétique gauloise historique
nous est moins bien connue que la phonétique gauloise
préhistorique, laquelle est souvent solidement établie par
la comparaison avec les autres langues celtiques. Nous ne
savons pas si le celtique continental était, à l'époque historique, toujours aussi conservateur que les hypothèses
étymologiques, fondées sur des noms propres nécessairement archaïques, nous le feraient supposer. Le *Glossaire
de Vienne* nous apprend que le mot latin *ponte* a pour
équivalent le mot gaulois *brio*; *Briva Isarae* est, dans l'Itinéraire d'Antonin, le nom ancien de Pontoise. Le *Glossaire
de Vienne* est du ve siècle, et l'Itinéraire d'Antonin du
ive siècle; il est évident que les dates de ces documents
ne sont point en rapport avec les dates des formes qu'ils
nous ont conservées. Sur des monnaies mérovingiennes,
on trouve, d'une part, *Briva* Brives (Indre) et *Brio-dro*
Brières, qui remonte sans doute, comme Briare, à un ancien
Brio-derum, *Brivo-durum*. A quelle date, dans le nom
commun *briva* ou **brivo*, le *v* intervocalique est-il tombé?
Est-ce seulement au temps de l'empire romain, ou bien à

---

1. Voir ci-dessus, p. 32, 121, 129.

une époque beaucoup plus ancienne, où le *v* de *brivo-*, *briva* subsistait figé dans la toponomastique, mais avait disparu dans la langue usuelle ?

La phonétique préhistorique du gaulois présente, elle aussi, parfois, des difficultés analogues. La comparaison des langues brittoniques avec les langues gaéliques ne nous amène pas toujours à un seul prototype et il faut admettre des divergences dialectales, au delà desquélles nous ne pouvons plus remonter. Ainsi, « langue » se dit en irlandais *tenge*, thème **tengăt-*, et en breton *teod*, thème **tavăt-*. Le gaulois disait-il **tavăt*, **tabăt*, comme l'a supposé Zeuss [1], ou **tengăt* ? Là même où les deux familles de langues celtiques s'accordent, on peut se demander si le gaulois, dès son origine, présentait une forme identique à la forme commune aux langues celtiques insulaires, ou s'il présentait une forme encore plus archaïque. Ainsi, l'irlandais *fiuss* « savoir », *ro-fess* « il a été su », le gallois *gwys* « il est su » remontent également à des formes par *ss*, qui remontent elles-mêmes à des formes par *st* ; le gaulois disait-il **vissu-*, **visso-* ou **vistu-*, **visto-* ? ou même, encore plus archaïquement, **vitstu*, **vitsto*? L'irlandais *loathar* « bassin » et le moyen breton *louazr* remontent l'un et l'autre à un prototype **lavatro-* ; la seule forme attestée en gaulois est la forme contractée *lautro*, que nous conserve le *Glossaire de Vienne* ; **lavatro* a-t-il jamais existé en gaulois, et à quelle date a-t-il été remplacé par *lautro* ?

L'ignorance où nous sommes de l'histoire du gaulois, depuis l'époque où il était identique au vieux-celtique jusqu'à la date des plus anciens noms qui nous aient été transmis, ne nous empêche pas néanmoins d'entrevoir les caractères généraux de la langue des Celtes de Gaule comparée aux autres langues indo-européennes [2].

1. *Grammatica celtica*, 2ᵉ éd., p. 77.
2. Voir ci-dessus, p. 126-132, 141.

Le vocalisme est, dans son ensemble, bien conservé [1]. Le gaulois n'a pas, comme le germanique et le lituanien, confondu *a* et *o*, mais il confond *ō* et *ā* et change *ē* en *ī*. Parmi les diphtongues, *ou* tend à se réduire à *ō*, *ū*, et *ei* tend à se réduire à *ē*.

Le gaulois a créé deux nouvelles spirantes : une gutturale (*x*, *χ*), une dentale (*đ*, *θ*) [2]. Le consonantisme ne présente rien de semblable à la mutation des consonnes sourdes et sonores en germanique. Les sonores aspirées indo-européennes, *bh*, *dh*, *gh*, sont devenues des occlusives sonores : *b*, *d*, *g*. Les occlusives sourdes ont subi quelques modifications : le *kʷ* indo-européen est devenu *p*, et le *p* indo-européen est tombé. C'est là le trait le plus remarquable de la phonétique gauloise et qui n'a aucun analogue dans les autres langues indo-européennes : on n'en peut rapprocher que le changement, en arménien, de *p* initial en *h* et de *p* intervocalique en *w* [3]. Quelques traces d'affaiblissement des consonnes apparaissent après l'ère chrétienne [4].

L'accent tonique ne semble pas avoir eu d'action sur le

1. Toutefois, comme on peut le voir dans le Glossaire, bon nombre d'étymologies supposent en gaulois (comme en gaélique et en brittonique) certaines confusions entre *e* et *i*, *o* et *u*.

2. Comme il semble que, dans certains cas, *đ* remonte étymologiquement à *ts* (voir ci-dessus, p. 62), cette spirante a pu avoir anciennement la valeur d'une affriquée (J. Loth, *Revue celtique*, XXXII (1911), p. 416).

3. Sur l'explication de ce fait, voir A. Meillet, *Esquisse d'une grammaire comparée de l'arménien classique*, Vienne, 1903, p. 8, 11. Il est possible que le *p* celtique ait passé, comme le *p* arménien, par *ph* avant de devenir *h* puis de disparaître, mais l'occlusive labiale sourde est sujette à perdre son caractère occlusif. Le changement de *p* en *ph* est le premier degré de la mutation consonantique germanique. Arrivé à ce degré, le celtique (au lieu d'aboutir au changement du *p* en *pf*, *f* (comme en germanique), aurait perdu l'occlusive labiale pour ne plus conserver que l'aspiration. Sur la mutation germanique, voir A. Meillet, *Caractères généraux des langues germaniques*, 1917, p. 34-38.

4. Voir ci-dessus, p. 61-62, 101, 125.

vocalisme ou sur le consonantisme. Les alternances vocaliques, caractéristiques de la morphologie indo-européenne,
n'apparaissent que dans quelques thèmes de noms composés, mais cela suffit pour que nous en supposions l'existence dans la déclinaison et la conjugaison, sans pouvoir
affirmer qu'elles y ont joué un grand rôle. Les suffixes
nominaux, nombreux et variés, nous attestent la vitalité et
la force d'expansion du gaulois. Les thèmes et les désinences de la déclinaison indo-européenne semblent bien
conservés ; le datif pluriel a gardé l'ancienne désinence
par $b(h)$. Les noms composés présentent la structure et le
sens des plus anciennes formations indo-européennes. La
conjugaison a gardé surtout, semble-t-il, les désinences
secondaires. L'ordre des mots est libre, comme il arrive
dans toutes les langues où la flexion et l'accord suffisent à
marquer les rapports entre les diverses parties de la
phrase.

Il semble donc que le gaulois — si l'on fait abstraction
de la chute du p, qui donne aux langues celtiques une
physionomie spéciale — ait été fort peu différent de l'ancienne langue des Indo-Européens, et beaucoup moins
novateur que le celtique des Iles Britanniques, tel du
moins qu'il nous apparaît à l'époque historique. Une riche
gamme de voyelles, un consonantisme simple et varié en
faisaient une langue sonore, aussi sonore que le grec [1]. Le
gaulois pouvait encore rivaliser avec le grec pour la
richesse de la dérivation et de la composition, grâce
auxquelles on exprimait les moindres nuances de sens, sans
rompre le lien naturel qui unissait les mots de la même
famille. La liberté de construction de la phrase permettait
de mettre en relief, aux places importantes, les mots les

―――――――

1. Les Celtes, à Delphes, s'entretuaient dans l'obscurité, ne recon-
naissant pas leur langue et croyant que leurs adversaires parlaient
grec. Pausanias, X, 23, 8. Voir C. Jullian, *Histoire de la Gaule*, II,
p. 371-375 et ci-dessus, p. 117.

plus significatifs, et de calquer l'ordre des mots sur l'ordre des pensées. Le vocabulaire, varié et abondant en termes précis[1], avait fourni des ressources suffisantes à une littérature poétique, d'inspiration religieuse, historique ou romanesque, que nous connaissons seulement par des allusions ou de courts résumés, mais où tous les genres cultivés chez les Anciens étaient représentés[2]. La langue gauloise n'était pas inférieure aux langues illustres de Rome et d'Athènes. C'est pour sa valeur propre autant que par piété filiale envers nos ancêtres que nous devons regretter de ne pas mieux la connaître[3].

1. Voir ci-dessus, p. 29-30.
2. Voir ci-dessus, p. 145, note.
3. Imaginons ce que serait notre connaissance du grec si nous n'avions à notre disposition qu'une cinquantaine de courtes inscriptions votives ou funéraires, un calendrier, un glossaire d'une quinzaine de mots, 200 noms communs, et quelques milliers de noms propres !

INDEX ALPHABÉTIQUE [1]

A 50, 54.
a 57, 58, 67, 96 add.
-a 117.
aball (irl. gall.) 86.
Aballo 86.
abaques 157. Voir chapiteaux.
ablatif 41. Voir déclinaison.
Abnoba 109.
-*abo* 118.
Abona 109.
Αββω 157.
-ac (fr.) 107.
Académie celtique 4, 9.
acaunumarga 105.
accent de hauteur 104, 307.
accusatif 31, 40. Voir déclinaison.
-*ach* (irl.) 107.
'Ακιχώριος 25.
acrisos 214.
Acta Sanctorum 224, 230, 233,
   252, 262, 272, 286, 291, 292.
-*acus* 107.
ad (lat.) 78.
ad- 106.
ad- (irl. gall.) 106.
Adbogius 107.
Addedomaros 80.
Adelung 10, 133.
Αδγεννοριγι 40, 151.
Αδγεννοου 157.

Αδγενoου 40, 157.
Adiato- 115.
'Αδιατόριξ 25.
Adiatu- 115.
Adiatunneni 208.
Admagetobriga 65, 107.
Adnamatus 58, 106.
Αδοβογιωνα 25.
Αδρεσσικνος 39, 158.
Aduatici 59.
ae 60. Voir ai.
aed (irl.) 90, 97.
Aed (irl.) 90.
Aedrini 60 add., 181, 191, 194,
   200.
Aedui 60 add., 90, 97, 98, 128.
aer (gall.) 99.
Aestii 128, 259.
Aesus 60.
af-, *an-* (gall.) 106.
Afranius 291
Agedila 66.
Agedincum, 59, 110
Agedo- 110.
Agedomapatis 43, 58.
Agedovirus 117.
agriculture 131. Voir champs.
agro- 99.
ai 97.
-*αι*,- *ai* 118.
ail (gall.) 101.

---

1. Les mots du Glossaire ne sont pas relevés ici. M. L. Conduché, biblio-
thécaire à l'Université de Rennes, a bien voulu m'aider à corriger les
épreuves de cet index.

21

forteresse 85.
Fortunat 28, 249, 298.
foss (irl.) 92, 96.
Foy (W.) 97.
français 5, 8, 9,12, 17-19, 34, 65,
   221, 223, 225, 227, 230, 231,
   232, 233, 234, 235, 236, 237,
   238, 239, 240, 242, 243, 246,
   247, 250, 251, 252, 254.
Fribourg 213.
frison 8.
Frontin 223.
Frontu 39, 96, 170.
froud (bret.) 99.
fusaïoles, fuseaux 70, 210.
futur 18, 124, 130.

g 48, 63, 67, 99, 109.
gabalus 61.
gabi 122, 210.
gabor (irl.) 86, 93, 99.
-gabr (bret.) 86, 93, 99.
Gabrilla 93.
Gabritius 110.
gabro- 99.
Gabromagus 86.
Gabrosentum 80, 258.
Gabrus 110.
gabul (irl.) 61.
gáe (irl.) 97.
gaem (gall.) 99, 111.
Gaesatae 91, 110.
gaesum 90, 91, 97, 110.
gafl (gall.) 61.
gái (irl.) 91.
gaib (irl.) 122.
Gaidoz (H.) 34, 244.
Γαισάται 116.
Γαίσατοι 90, 91.
γαῖσον, *gaison* 90, 91, 129.
gal (irl.) 91, 110.
Galatae, Γαλάται 25, 91, 110.
Galates 69, 253, 258, 265, 294.
.Galatie 25, 224, 247, 253, 261.
Galba 93, 258.
gallice (lat.) 30 add.
Gallicenae 286.

gallois 6, 8, 9, 10, 218.
gaor (bret.) 99.
garan (gall.) 99.
-garanus 96, 99.
Garcin 151, 153.
Gargas 52, 137.
Γαρμα 161.
Garofalo (Fr. P.) 22.
Garrigues 136.
-gas 120.
gasaria 214.
Gauckler (P.) 296.
gavim 261.
gavr (bret.) 99.
gd 103.
géants 90.
Geidumni 55.
gein (irl.) 92.
gen (gall.) 108.
Genabum 63.
genau (gall.) 86, 108.
Genava 86, 108.
geni (gall.) 92.
génitif 39, 45, 117-120, 130.
-genos 92.
Genouilly 50, 51, 52, 61, 137,
   165, 166.
genres 114, 115-116, 117, 121.
gentilices 33, 114.
géographiques (noms) 84-87, 94.
Gergovia 16.
Gérin-Ricard (H. de) 149.
Germains 5, 6, 7, 8, 9, 10, 14, 231.
germanique 5, 6, 8, 10, 14-16,
   48, 128, 225, 238, 243, 244,
   245, 271, 296, 300, 307.
Germer-Durand (Fr.) 150, 154,
   156, 159.
-ges 119.
Gesoriacum 55 add.
gestlo- 129.
Geyer 28, 33.
Γεζατόριξ 25.
-gi 120.
Giamillos 111.
Giamilos 42.
Giamius 111.

Segusiavi 55, 285.

segusius 66, 285.

seigle 24, 229.

Sein 286.

Seine 91.

sel 222.

selago 109.

Selani 167.

Selvanecti 56.

sémantique 35, 84, 221-222 add.

semicano 180.

Semiv, Semivis 58,180, 199. Voir *Simivis*.

σεμνόθεοι, semnothées 5, 32.

sen (irl.) 85, 93, 96, 99.

Senacus 107.

Senani 39, 117, 168.

sénat 27.

Senectius 109.

Σενιχιος 157.

Senmag 85, 105.

Seno- 96, 99, 109, 111.

Senobena 118.

Senocarus 105.

Senocondius 59.

Senognatus 93.

Senomagus 85, 105.

Senones, Senons, Σήνωνες 56, 111, 303.

Senorix 107.

Sequana 91, 98.

Sequani, Σηκοανοί 57, 91, 98.

Sequanian 45.

Séraucourt 136, 161, 166.

serpent 169.

serr (irl.) 222.

Serranco 222.

Serrure (C. A.) 12.

serviteurs 30, 93.

Servius 28, 33, 225, 226, 239, 243, 244, 256, 299, 300.

Σεσ...λαμα 161.

Settegast 71 add.

Setubogius 117.

Seymour de Ricci 44, 45, 172, 250.

sg 103.

si (lat. ?) 214.

Siauve 170.

Sidoine Apollinaire 23, 70, 271.

Siegfried 140, 155, 210, 211.

Silius Italicus 145, 217, 232, 237, 244, 253, 258, 264, 266, 273, 277, 281, 291, 301.

Σιλουχνος 41, 152.

Silvanecti 56.

Silvanus 56.

Simivis, Simiviso, Simivison, 58, 179, 180, 185, 191, 192, 198, 199, 205, 207.

sin 170. Voir *sosin*.

sind, sindi, sindiv 176, 187, 192, 195, 200, 206.

Singidunum 24.

singulatif 124.

Σινόριξ 25.

Sirona 63.

Sisenna 27, 271, 284.

Sitzungsberichte der k. Akademie der Wissenschaften in Wien, 103, 127.

Sitzungsberichte der k. preussischen Akademie der Wissenschaften 107, 234, 248, 289.

Skutsch 244.

sl 102, 103.

slave 11, 127, 131-132, 301.

slóg, sluag (irl.) 90.

-slugi 90.

sm 102, 103, 109.

Smaragdus 250.

Smerius 110.

σμερτειοτο 43.

Smerto- 110.

Smert[ri]o[s] 168, 169, 287.

Smertucus 109.

Smertulitanus 108.

Smertullus 108, 109.

sn 103.

sochar (irl.) 106.

société 27, 92, 93, 95, 132.

Solima 47.

sonna, sonno 175, 191.

soro 214.

ABRÉVIATIONS

a.	allemand.
acc.	accusatif.
Acta Sanct.	*Acta Sanctorum.*
aquit.	aquitain.
a. s.	anglo-saxon.
At.	Atenoux (Calendrier de Coligny).
basq.	basque.
b. lat.	bas-latin.
bol.	dialecte italien de Bologne.
bret.	breton (d'Armorique).
c.	colonne.
celt.	celtique commun (restitué par la comparaison des langues celtiques).
cf.	conférez.
C. Gl. Lat.	*Corpus glossariorum latinorum.*
C. I. L.	*Corpus inscriptionum latinarum.*
cod.	*codex*, manuscrit.
Coligny.	Calendrier gaulois de Coligny (inscr. n° 53).
corn.	cornique (breton de la Cornouaille anglaise).
corr.	correction.
dat.	datif.
dér.	dérivé.
dial.	dialectal.
éc.	écossais.
éd.	édition.
esp.	espagnol.
f.	féminin.
ferr.	dialecte italien de Ferrare.
fr.	français.
gall.	gallois.
gaul.	gaulois.
gén.	génitif.
germ.	germanique.
gl.	glose.

G. L.	*Grammatici latini*, éd. Keil.
got.	gotique.
gr.	grec.
guy.	dialecte de Guyenne.
i. e.	indo-européen.
inscr.	inscription.
irl.	irlandais, spécialement moyen-irlandais (1100-1500).
it.	italien.
lat.	latin.
léman.	dialecte lémannique (Suisse de langue française).
lim.	dialecte limousin.
lit.	lituanien.
m. bret.	moyen-breton (1100-1659).
m. gall.	moyen-gallois (1100-1530).
M. G. H.	*Monumenta Germaniae historica.*
ms.	manuscrit.
n., nom.	nominatif.
n.	note.
ogham.	inscriptions du vieil-irlandais en caractères oghamiques.
ombr.	ombrien.
osq.	osque.
p.	page.
p.	personne (d'un verbe).
parm.	dialecte italien de Parme.
pic.	dialecte picard.
pl.	pluriel.
prét.	prétérit.
prov.	provençal.
R. C.	*Revue celtique.*
schol.	scholiaste.
sg.	singulier.
skr.	sanskrit.
sl.	slave.
Stokes.	*Celtic declension*, dans *Beiträge zur Kunde der indoger-manischen Sprachen*, XI (1886).
var.	variante.
v. bret.	vieux-breton (800-1100).
v. celt.	vieux-celtique (1er siècle av. J.-C.-viie siècle apr. J.-C.).
v. fr.	vieux-français (ixe-xive siècle).
v. gall.	vieux-gallois (800-1100).
v. h. a.	vieux-haut-allemand (740-1100).
v. irl.	vieil-irlandais (800-1100).
v. prov.	vieux-provençal.
v. sl.	vieux-slave.

Le lieu de publication n'est pas indiqué pour les livres édités à Paris.

ADDITIONS ET CORRECTIONS

P. 5, note 10, lire *Cormœriaceni.*

P. 27, ajouter en note à la ligne 21 : Le traité de Dioscoride sur la matière médicale a été interpolé à diverses époques et il semble bien que les noms des simples en plusieurs langues, parmi lesquelles la langue celtique, ont été introduits dans les manuscrits après Dioscoride.

P. 28, n. 4, ajouter : Dans sa préface, Marcellus déclare avoir emprunté des recettes aux gens de la campagne et aux gens du peuple.

P. 30, n. 13, ajouter : *gallicus, gallice* peuvent signifier « en latin de Gaule », et non « en celtique de Gaule ».

P. 33, n. 4, ajouter : On peut citer aussi un nom de fonction : *platiodanni* (*C. I. L.*, XIII, 6776), *dannum* (*C. I. L.*, XIII, 4228).

P. 37, l. 17, ajouter en note : on a, dans une inscription de potier, CINTWERV qui contient peut-être une variante de *ieuru.*

P. 42, n. 3, ajouter : M. Héron de Villefosse (*Bulletin archéologique du Comité des travaux historiques*, 1887, p. 324-325) a rapproché *Rutenus av* (*C. I. L.*, XIII, 10010, 1670 b 1) de *Ruten(us) fecit* (*ibid.*, 1670 b 2), ce qui semble assurer le sens soit de « a fait », soit de « fabricant », sur des poteries. Mais comment expliquer la mention analogue : *Boudillus avot*, sur un des boucliers gaulois de l'arc de triomphe d'Orange ? Voir aussi Rhys, *Additions*, p. 38-40.

P. 44, note 1, ajouter : Un fragment d'un autre calendrier gaulois a été trouvé au lac d'Antre. Voir ci-dessous, inscr. 54.

P. 48, n. 5, l. 2, au lieu de : gothique, lire : gotique.

P. 49, n. 3, ajouter : On le trouve dans les inscriptions de Briona et de Todi (ci-après, n° 17 *bis*).

P. 53, l. 27, ajouter : Saint-Remy (n° 5).

P. 54, l. 10, col. 1, ajouter : Alleins (n° 6), L'Isle-sur-Sorgue (n° 9), Cavaillon (n°ˢ 12-14), Nimes (n°ˢ 20, 23), Alise (n°ˢ 35, 36).

P. 55, note 1, ajouter : On peut citer encore : *Portus Itius, Gesoriacum, Bononia*, noms successifs du port de Boulogne.

P. 55, l. 15, ajouter : *Ambibari* et *Ambari, Brannovices* et *Blan-*

novices, *Lugotorix* et *Cingetorix*, chez César, *Vertamocori* et *Vertacomacori*, chez Pline.

P. 55, l. 17, ajouter en note: par exemple Nevers, appelé chez César *Noviodunum*, et dans l'Itinéraire d'Antonin *Nevirnum*. Il est possible que *Nevirnum* soit une forme hypocoristique de *Neviodunum*.

P. 58, l. 2, ajouter : *Vosegus* chez César, *Vosagus* dans la Table de Peutinger et chez Fortunat.

P. 58, l. 30, ajouter : on peut encore citer, sans doute, *Centus* et *Cintus*, noms de potiers ; *Cento* et *Cinto* dans des inscriptions ; *Centusmia* à Lyon, *Cintusmia* à Rome ; *Centaretus* nom de Galate chez Pline, *Cintaretus* chez Solin ; *Escengo-* et *Escingo-* ; peut-être aussi *Centigenus* à Bourges, *Cintugenus* nom de potier; *Pentius* à Bâle, *Pintius* à Zahlbach.

P. 60, l. 17, ajouter : *aedrini, edrini* dans le calendrier de Coligny ; *Aedui, Edui* dans les manuscrits de César.

P. 61, l. 7, ajouter en note : *Vridolanos*, sur une monnaie, semble une faute pour *Virdolanos* ou *Viridolanos*.

P. 62, l. 7, au lieu : de κούρμι, lire κοῦρμι.

P. 62, l. 11, ajouter : *bascauda*, variante *mascauda*, chez Juvénal:

P. 63, n. 1, lire : de *g* en *c*.

P. 66, l. 3, ajouter : cf. peut-être *Deiotarus* pour *Deivotarus*.

P. 67, l. 1, ajouter en note : L'*i* correspondant à *e* gaulois pourrait être une ancienne variante dialectale de *e*.

P. 71, n. 3, ajouter : Voir Settegast, *Zeitschrift für romanische Philologie*, XXXV (1913), p. 186-195.

P. 78, note 1, ajouter : Cf. Bourciez, *De praepositione ad casuali in latinitate aevi merovingici*, 1886.

P. 80, note 1, ajouter : Parmi les noms de personnes communs à la Grande-Bretagne et à la Gaule, on peut citer : *Cingetorix, Caratacus, Bilicatus, Caletus, Carantus, Carantinus, Cintugenus, Cintusmus, Divicatus, Meddillus, Vindus.*

P. 84, l. 20, ajouter en note : H. Gröhler, *Über Ursprung und Bedeutung der französischen Ortsnamen*, I, Heidelberg, 1913, p. 71-229. J. Soyer, *Bulletin de géographie historique et descriptive du Comité des travaux historiques*, 1912, p. 56-74.

P. 86, l. 20, au lieu de : v. gall., lire : v. bret.

P. 88, l. 10, ajouter : *Moso-magus* « le champ de la Meuse ».

P. 88, l. 13, ajouter : ou identiques à des noms de divinités : *Belisama* Blesmes, *Nemausus* Nîmes, *Bibracte* le Mont-Beuvray, sans qu'on puisse distinguer s'il s'agit de divinités éponymes ou de villes divinisées.

P. 91, l. 21, ajouter : noms de divinités : gaul. *Dexiva* déesse, *Dexivates* « les gens de Dexiva », *Tricoria* déesse, *Tricorii* « les gens de Tricoria ».

P. 92, l. 10, au lieu de : *fos*, lire *foss*.

P. 95, l. 28, ajouter en note : La quantité ne peut être déterminée directement que par les transcriptions grecques et les variantes, et indirectement que par la comparaison avec les autres langues celtiques. Voir p. 56.

P. 96, l. 4, ajouter en note : *o* celtique répond à *a* indo-européen dans gaul. *more* « mer », irl. *muir*, gall. bret. *mor*, cf. lat. *mare*; *o* irlandais répond à *a* gaulois et brittonique dans gaul. *Taranis*, Ταρανοου, irl. *torann* « tonnerre », gall. bret. *taran*.

P. 96, l. 12, ajouter en note : *i* final est devenu *e* en gaulois dans gaul. *are-* « devant », irl. *air-*, gall. bret. *ar-*, cf. gr. πέρι ; gaul. *ate-* « re- », irl. *aith-*, gall. bret. *ad-*, cf. gr. ἔτι ; gaul. *ande-* (augmentatif), irl. *ind-*, v. gall. *and-*, et, d'après le Glossaire de Vienne : gaul. *more* « mer », irl. *muir*, gall. bret. *mor* ; gaul. *prenne* « grand arbre », cf. *prinni* dans le calendrier de Coligny.

P. 96, l. 20, lire : irl. *máithrib*.

P. 96, l. 21, ajouter en note : *ó* irlandais répond à *a* gaulois et brittonique dans : gaul. *-maros*, irl. *mór* « grand », gall. *mawr*, bret. *meur*.

P. 97, l. 6, lire : gall. *lliw*.

P. 97, l. 6, ajouter : Les exemples sûrs en gaulois de *n, m, l, r* voyelles sont rares. On peut toutefois citer : gaul. *Ambi-*, irl. *imb-*, gall. *am-* « autour », cf. gr. ἀμφί ; gaul. *Ande-*, irl. *ind-*. v. gall. *and-* (augmentatif) ; gaul. *Litano-*, irl. *lethan*, gall. *llydan* « large », cf. gr. πλάτανος.

P. 97, l. 25, ajouter : Les alternances vocaliques, si importantes dans la morphologie des langues indo-européennes, nous sont mal connues en gaulois. Nous avons cité des exemples de l'alternance *e-o* (p. 58, 60, 97) ; on peut y ajouter : *ieuru, -iourus* ; *cerv-esia*, κόρμα; cf. *Belgius* (Justin), Βόλγιος (Pausanias). Comme exemple de l'alternance *e-o* dans la voyelle thématique, on peut citer *Ollecnus, Ollocnu(s)*, dans les inscriptions ; *Sego-dunum, Sege-duno*.

P. 97, fin. Des diphtongues gauloises peuvent provenir de la chute d'une consonne intervocalique ou de la contraction de voyelles originairement distinctes : *launo*- peut être une contraction de *laveno-*, gall. *lawen* « joyeux ». Voir p. 66, 67, 100, n. 3.

P. 98, l. 3, ajouter en note à θ : Il faut distinguer le θ équivalent de *d* (p. 62), du θ (*th*) de certains noms ou mots gaulois comme *Thyrmis*, Θέξιμον, Θῶνα, dont la valeur exacte n'est pas connue.

P. 98, l. 5, ajouter en note : il est difficile de déterminer la valeur de *h* en gaulois. On le trouve à l'initiale dans *Haedui*, var. *Aedui ; Helvetii*, var. *Elvetii ; Hercynia*, cf. Ἀρκύνια ; et entre deux voyelles dans plusieurs noms qui semblent de provenance germanique ou ibérique. Il semble avoir été parfois introduit sous l'influence d'étymologies populaires, par exemple du latin *haedus* « bouc » pour *Haedui*, du latin *helvus* « jaune » pour *Helvetii*. En tout cas, *h* est d'origine récente dans les autres langues celtiques, où il est, d'ordinaire, la transformation d'un ancien *s*, et les étymologies de *Aedui, Elvetii, Ercynia* par le gaélique ou le brittonique ne comportent point d'*h*. Sur *th*, voir p. 125 et Additions.

P. 99, l. 25, ajouter en note : *nn* semble remonter à *gn* dans gaul. belg. *covinnus* « char de guerre », cf. gall. *cy-wein* pour **co-vegno-*, irl. *fén* pour **vegno-*.

P. 100, l. 4, ajouter en note : il semble que *nd* et *nn* soient des variantes phonétiques d'un même groupe primitif ; *Mandu-essedum* (cf. *Tarv-essedum*) s'explique facilement par *mannus* « petit cheval ».

P. 100, n. 2, ajouter : il semble que *ve*, *vi* initial ait une tendance à se réduire à *u* : *Unelli* (César), *Venelli* (Pline) ; *Verbigenus*, *Urbigenus* ; ·*Vibisci*, *Ubisci* ; cf. *Uriconium*, *Viroconium* ; *Viriatos*, *Uriaticum* ; *Vicati*, *Ucati* ; *Virdorix*, *Urdorix*.

P. 105, l. 22, ajouter : *Mori-dunum* (gall. *Myrddin*).

P. 105, n. 2, ajouter : Il semble y avoir quelques composés, peut-être plus récents, où c'est le second terme qui détermine le premier, comme il arrive dans les composés en vieux-breton, par exemple gaul. *callio-marcus*, en latin *equi ungula*, en français « pas d'âne », tandis que *epo-calium* qui a le même sens, offre l'ordre inverse ; mais le rapport syntactique que nous imaginons dépend souvent de la traduction : *Penno-vindos* signifie aussi bien « blanc de tête » que « tête blanche » et *Penno-lucos* peut aussi bien s'interpréter par « le lac du bout » que par « le bout du lac ».

P. 108, l. 10, ajouter : en *-rn* : *Nevirnum* (*Novio-dunum*).

P. 109, l. 2, ajouter : *Bergusia* (cf. *Bergus*).

P. 114, n. 1, ajouter : Il est peu probable qu'on ait un premier terme en *-a* dans *Epa-manduodurum* (Itinéraire d'Antonin), variante de *Epomanduo* (Table de Peutinger).

P. 116, l. 11, lire : Γαισάται.

P. 124, l. 24, ajouter en note : peut-être, toutefois, doit-on considérer comme un collectif, comparable aux collectifs brittoniques (d'où l'on forme des singulatifs), *avallo*, traduit par le pluriel latin *poma* dans le Glossaire de Vienne.

P. 125, l. 2, ajouter : peut-être aussi dans *Athubodua* pour **Catubodua* ? *Cathirig(ius)* pour *Caturigius* ?

P. 126, l. 5, ajouter : L'inscription de Rom, autant qu'on en peut entrevoir le mouvement général, semble offrir, me fait observer M. Jullian, une syntaxe et une construction proches de la syntaxe latine.

P. 129, n. 3, ajouter : M. A. Walde (*Ueber älteste sprachliche Beziehungen zwischen Kelten und Italikern*, Innsbruck, 1917), s'appuyant sur des concordances qu'on observe entre le gaélique et le latin, d'une part, entre l'osco-ombrien et le brittonique, de l'autre, a essayé de démontrer qu'entre la période d'unité italo-celtique et la séparation des parlers italo-celtiques il y a eu un groupement dialectal de ces parlers en latino-gaélique et en osco-ombrien-brittonique.

P. 131, n. 1, ajouter : peut-être aussi *vatis* « devin ».

P. 138, n. 1, l. 3, au lieu de : inveniat, lire inveniet.

P. 148, n. 2, l. 4, au lieu de : p. 12-7, lire p. 127.

P. 155, l. 10, lire : p. 36.

P. 156, n. 1, ajouter : Cette inscription, perdue depuis le temps de
   Séguier, a été retrouvée en 1898 par M. Bourguet, *Revue épigraphique du midi de la France*, IV (1900), p. 227.

P. 165, n. 2, ajouter : Thurneysen, *Zeitschrift für celtische Philologie*, VI (1908), p. 558.

P. 166, n. 2, ajouter : *Corpus inscriptionum latinarum*, XIII, 10017, 70.

P. 169, n. 1, ajouter : Voir *Revue des études anciennes*, XX (1917),
   p. 179.

P. 209, l. 14, au lieu de : **MVCVRVE**, lire **DVCVRE**.

P. 219, n. 2, ajouter : De même, si l'on s'en tenait à la rigoureuse
   distinction de $\breve{o}$ et de $\breve{u}$, de $\breve{e}$ et de $\breve{i}$, si souvent confondus dans
   les langues celtiques, on devrait renoncer à un bon nombre d'éty-
   mologies séduisantes : *-bretus* (*vergo-bretus*), par l'irlandais *breth*
   et le gallois *bryd*, qui remontent à *brita-* ; *-dulon* (*-δουλα*) par
   l'irlandais *duille* et le gallois *dail*, qui remontent à *dolio-*, *dolia-*.
   On ne pourrait pas non plus rendre un compte exact de la formation du mot gaulois *petor-ritum*, voiture à quatre roues, car le premier terme *petor-* ne répond exactement ni à l'irlandais *cethir* =
   ketvores, ni au gallois *pedwar* = *petvares*, et le second terme
   -ritum ne s'explique rigoureusement ni par l'irlandais *rith* =
   retu- « course », breton *red* = *reto-*, ni par l'irlandais *roth* =
   roto- « roue », breton *rod*.

P. 220, note, ajouter : Nous n'avons, en général, pas tenu compte de
   la différence qu'il y a entre une consonne simple et une consonne
   double, le doublement ou la simplification des consonnes semblant
   dépendre le plus souvent du bon plaisir du scribe.

P. 222, l. 2, ajouter : De même, *-dunum* avait-il, en gaulois, le sens
   d'« enceinte fortifiée » qu'il a en irlandais, au lieu du sens d'« endroit saillant » ? Quelle a été la signification primitive de ce mot
   et à quelle date cette signification s'est-elle modifiée ? Voir plus
   haut, p. 84, 254.

P. 225, l. 12, ajouter en note à *Alisanos* : au dieu *Alisanos* (*C. I. L.*,
   XIII, 2843) comparez le dieu *Fagus* (*C. I. L.*, XIII, 33), Mars *Buxe-
   nus* (*C. I. L.*, XII, 5832) et le dieu *Robur*. J. Toutain, *Pro Alesia*,
   III, 1916-1917, p. 133.

P. 225, l. 24, ajouter : (III, 5, At. 3 ; IV, 5, At. 3).

P. 226, dern. l., ajouter : (Paul Diacre, p. 19).

P. 229, l. 11, ajouter : Voir *ate-*.

P. 232, n. 2, ajouter : L. Herr, *Revue de philologie*, XVII (1893),
   p. 208-212.

P. 232, l. 21, ajouter en note : J. Vendryès, *Mémoires de la Société
   de linguistique de Paris*, XXI (1918), p. 43-44.

P. 243, l. 13, ajouter : irl. *carr*.

P. 248, l. 4, ajouter : *-contio-* second terme de composé. Voir *ro-
   contio-*, *tri-contis*.

P. 249, l. 28, au lieu de : κούρμι, lire κοῦρμι, et ajouter : *curmi* (inscr.
   de fusaïole).

P. 251, l. 2, ajouter : *decameto-* « dixième ». Voir *petru-decameto.*

P. 252, l. 18, ajouter : Voir *isarno-dori.*

P. 255, l. 5, ajouter : Pictet (*Revue archéologique*, XV (1867), p. 397) compare le sanskrit *dvāraka-* « porte », *dvārika-* « portier ».

P. 257, l. 5, lire : *eubages,* mauvaise lecture de *euhages* (Ammien Marcellin, XV, 9).

P. 263, l. 9, ajouter : *inter* « inter » (*Glossaire de Vienne*), si ce n'est pas le mot latin.

P. 272, n. 2, ajouter : Ernault, *Revue celtique*, XVI (1895), p. 189.

P. 275, l. 2, ajouter : *ver-nemetis.*

P. 275, l. 5, ajouter en note : Voir p. 103, n. 1.

P. 285, l. 3, au lieu de : *ysgau*, lire *ysgaw.*

P. 289, l. 24, ajouter : ou cf. irl. *sé*, gall. *chwe* « six » ?

P. 298, l. 5, ajouter en note :

> nomine *vernemetis* voluit vocitare vetustas
> quod quasi *fanum ingens* gallica lingua refert.

P. 306, l. 27, ajouter : Une forme gallo-romaine * *bruca* « bruyère » répond à une forme vieille-celtique * *vroica*, conservée par l'irlandais *froech* et peut-être aussi par le nom des *matres Vroicae* ; les deux formes * *bruca* et * *vroica* appartenaient-elles à des dialectes gaulois différents ?

TABLE DES MATIÈRES

DEUXIÈME PARTIE

TROISIÈME PARTIE

MACON, PROTAT FRÈRES, IMPRIMEURS.

9 782013 616690